북아트 지도사 1급 자격 취득 교재

북아트교실 2

FUN & USEFUL BOOKARTS CLASS

김나래 지음
Kim Na-rae

종이나라

북 아트는 통합교육활동으로써
창의적 사고력을 기를 수 있는 예술 분야!

이 준 서

(재)종이문화재단 평생교육원 원장
(교육부 미술교과서 심의위원
한국미술교육연구회 회장역임)

북 아트 교육의 발전을 위하여 수준 높은 북 아트 도서의 출간을 바라던 터에 『북아트교실 1』에 이어, 『북아트 교실 2』가 출판됨을 기쁘게 생각합니다.

북 아트는 교육과정에서의 요구이듯이 통합 교과 운영 활동으로써 아동, 청소년, 성인에 이르기까지 창의적 사고력을 기를 수 있는 통합 예술 분야라고 할 수 있습니다. 그러므로 북 아트 활동은 언어발달에서의 논리적 글쓰기나 자기의 생각을 그림으로 표현하고 디자인하여 완성해 나가는 과정에서 스스로 모든 문제를 자기 주도적으로 자신감 있게 해결할 수 있도록 그 능력을 배양하게 하는 교육활동이며, 자기의 생각과 느낌, 상상력을 자극하여 창의적 사고의 발달에 도움이 되는 자료라 하겠습니다.

그런 점에서 교육 현장에서 북 아트 교육은 각자의 요구와 능력 등에 알맞도록 기회를 마련해 주고, 학교나 사회에서 보고, 느끼고, 경험한 것을 다각적인 면에서 서로 비교 교육해 보는 계기는 물론 자신감을 가지고 자발적으로 학습에 참여하게 하여 창의성을 발휘할 수 있도록 해야 합니다. 또, 북 아트 교육을 통하여 교과에서의 내용을 통합 운영할 수 있는 방법 모색과 지식 정보를 처리하는 문제 해결 능력, 논리적인 글쓰기 등으로 지적 성장을 도와 자기 가치감을 높일 수 있도록 하는 데 힘써서 수요자로 하여금 만족감을 갖도록 해 주어야 할 것입니다.

이론, 실습, 교사노트 세 분야로 구성된 이 책을 통해 학교에서는 물론 가정, 직장에서 더욱 다양하고 흥미롭게 전개되리라 생각됩니다.

이와 같이 교재 활용을 통해 학생들은 학교에서 이루어질 수 있는 북 아트 교육활동에서, 성인들은 가정이나 직업 활동에서 활성화되어 한층 전문화 되는 계기가 되고, 더 나아가 마스터 과정까지 연구 심화하여 문화예술로 발전하기를 바랍니다.

좋은 북 아트 자료를 펴내기 위해 애쓰신 분들께 고마움을 표하며, 북 아트 교육 자료로 널리 활용되길 기대합니다.

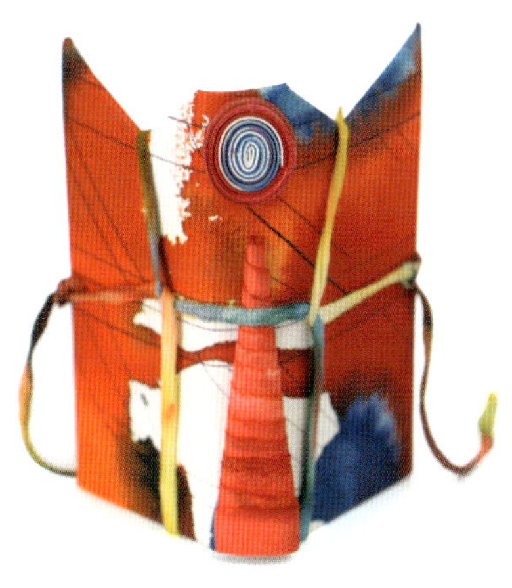

contents..

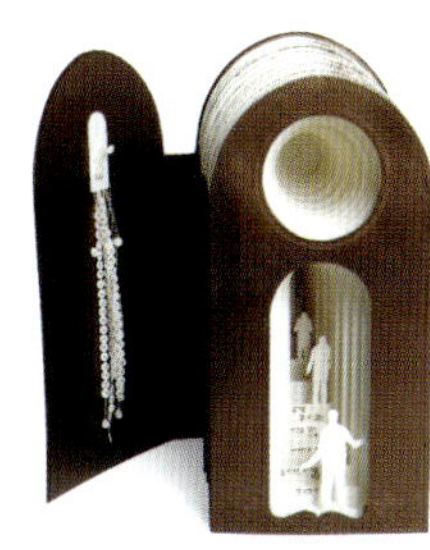

>> Bare Light. 홈프린트. 2004

| 이 책에 대해서 |

북아트 지도사 1급 자격증 교재 –「북아트교실 2」
는 북 아트 지도사 자격증 교재 지도서입니다.

이 책은 앞서가고 있는 유럽과 미국의 북 아트에
버금가는 현대의 경향을 잘 전달하여 재창작 될 수 있
도록 하였으며, 또한 전문인으로 자리매김을 할 수 있
도록 신중하게 집필했습니다.

앞으로 이 나라에 북 아트가 자리잡고 기틀을 다지
기 위해서는 교육기관, 문화센터, 세미나, 전시, 페어,
공모전 등이 많은 힘을 실어 주어야 합니다. 그보다 더
중요한 것은 훌륭한 인재들이 정확한 북 아트의 이론
및 실기를 전달하여 학교 교육의 유용한 도구로 활용
될 수 있도록 새장을 열어나가야 하겠습니다.

아울러 북아트 활성화를 위하여 북 아트 자격증에
심혈을 기울이신 종이문화재단 이사장 노영혜님과
평생교육원 원장 이준서님, 그리고 도서출판 종이나라
임직원 여러분들께 감사의 말씀을 전합니다.

지은이
김 나 래
대한북아트 협회 회장

>> 수잔캐퍼신스키 작

I

이론편..

현대의 북아트의 개념은 너무 개념적이고 때때로는 부자연스럽기까지 하다. 대량생산의 예술품으로써의 북 아트로 한정짓기에는 다양한 예술 분야와 디자인 그리고 다른 일에 종사했던 비전공자들까지 일일이 북 아트의 개념을 설명하기에는 힘들다. 책을 제작한다는 아이디어는 초기 20세기 아방가르드 예술운동에서 중요한 이슈였다. 그러나 책을 대량생산의 예술품으로써 생각하는 개념은 1945년 후반 예술과 문학운동의 후반기에 등장하게 되었다. 결국, 책은 19세기에 산업혁명으로 인한 인쇄기술의 기계화로 만들어진 활판, 주물 주조, 고속 인쇄기, 종이 제작 등이 등장하기 전까지는 수작업의 생산 공법이 많은 부분을 차지했다. 북 아트의 관점에서 책을 본다면, 책은 여전히 희귀한 상품이었고, 비싸고 노동력이 많이 들어가는 상품이다. 산업화된 상품으로, 책이란 민주화와 함께 '민주적인' 대량 출판된 20세기의 개념을 뒷받침해 준다.

01
| bookarts concept |

북 아트의 개념

1. 근대의 북 아트

1) 리브르 다 티스트 Livre d´artiste

리브르 다티스트라는 부류도 있다. 리브르 다티스트(Livre d'rtiste)란 예술가의 책이란 뜻의 불어로, 북 아트와는 개념적인 차이로 인해 리브르 다티스트라는 용어 그대로 통용된다. 방식은 각 분야의 훌륭한 작가들의 합작으로 책을 제작하여, 하나의 완성된 예술품의 가치를 지닌 책을 만들어 내는 것이다. 자본금은 출판업자의 몫이고, 인쇄는 인쇄업자가, 그림은 화가가, 시는 작가가 쓴다. 그들은 서로 모여서 작업하지 않고, 최종적으로 원고를 받아 인쇄업자가 인쇄를 하고, 제본가는 제본을 해서 완성되는 분업화된 방식으로 제작된다.

각 분야를 담당하고 있는 사람들은 서로의 얼굴을 마주할 이유나 기회가 필요치 않으므로, 예술가와 작가는 종종 만나거나 혹은 몇몇 편의라는 애정 없는 기계적인 혼인과 같은 프로젝트의 연결에 의해 만나게 된다. 화가는 자신이 그리고 있는 그림의 텍스트를 반드시 알아야 할 필요는 없었다. 리미티드 에디션스 클럽이 제작한 제임스 조이스의 율리시스는 마티스가 그림을 그렸으나, 현대의 더블린이 아닌, 고대의 그리스가 배경이 된다. 고급 소장본으로, 큰 사이즈에, 손으로 채색하고, 판화와 섬세한 바인딩, 희귀한 재료의 사용, 세련되고 지적인 사람들에게 공급하기 위한 텍스트 혹은 이미지– 텍스트 혹은 요소를 구비한 이러한 책들은 모리스와 블레이크의 작품 등 리브르 다티스트 이전에도 존재했다.

리브르 다티스트의 뿌리는 19세기 프랑스에서 유명한 화가들의 그림과 고전 문학 작품으로 책을 만드는 것에서 유래했는데, 19세기 말 프랑스의 아트 딜러(화상) 암브로이즈 보라드와 출판업자 D.H. 칸 웨일레르에 의해 리브르 다티스트(livre da'rtiste)라는 책의 신개념이 등장했다. 파리의 화상이었던 암브로이즈 볼라드는 1894년 파리의 라피트 가에 최초로 자신의 화랑을 연 뒤 세잔, 반 고흐, 고갱의 전시회를 열며, 예술가들과 안목을 쌓아 갔다. 화상으로써 활동하며 축척한 자본을 바탕으로 출판사를 세우고, 이 출판사에서는 부와 명성을 얻은 신흥 귀족들을 위한 한정본(limited edition)을 선보였다. 1913년 그는 피카소의 판화 14점으로 이루어진 『곡예사들』을 출판하고, 1922년부터는 개인 저택인 마르티냐크 가 28번지를 사 들여 더욱 큰 규모로 출판업을 발전시켜 나갔다.

여기서 출간된 책들은 유명 화가인 아폴리네르, 파블로 피카소, 피에르 보나르, 앙리 마티스, 호안 미로, 막스 에른스트 그리고 큐비즘 작가의 드로잉과 작가들의 작품에 유명 작가의 시를 넣어 만든 시화집 형태의 한정본이다. 책의 가격과 가치를 높이기 위해 가죽 양장제본과 섬세한 바인딩에, 희귀한 재료를 사용했으며, 내용 또한 한장 한장 프린트(동판, 석판 등)로 찍어 낸 최고의 시화집은 예술 작품처럼 고가에 팔려 나갔다.

유명 미술가, 문학가들의 작품과 고급스런 취향을 만족시키는 외관을 가

진 리브르 다티스트는 산업 성장, 자본의 축적, 정교한 소비재에 대한 교육받은 중산층을 만족시켰던 다른 고급품의 수요와 함께 19세기 성장했던 시각예술, 즉 페인팅, 드로잉, 조각에 대한 수요 증대와 함께 발전했다.

리브르 다티스트 작품의 장점은 출판업자에게는 이러한 책들이 새로운 품목으로써, 아티스트에게는 그들 자신이 좀처럼 만들 의사가 없거나 혹은 만들지 못하는 그러한 작업의 가능성이 제공된다는 점이다. 그들의 책은 정교하고 훌륭하게 만들어진 것이었으나, 북 아트 개념에서 볼 때에는 아티스트 북으로 간주하기에 미미한 점이 없지 않다.

즉, 작가 개인의 주관적 사상과 그에 따른 책의 형태적인 측면으로 본다면 북 아트라고는 할 수 없고, 책의 형태를 통해 부가가치를 창출하고, 한정본 이라는 점에서만 아티스트 북과 일맥상통한다. 그 의도, 주제 혹은 북 워크를 통해 책의 개념과 형식 자체에 대해 의문을 던지는 리브르 다티스트를 찾기란 쉬운 일이 아니다.

물론, 출판사로써는 좋은 활자에 뛰어난 화가의 그림과 사인이 든 책을 출판하는 것보다 더 좋은 일이 어디 있겠는가마는, 북 아티스트들은 전혀 다른 방식으로 작업에 접근한다. 즉, 책을 개개의 텍스트, 삽화, 활자 등이 독자적으로 존재하되, 그것을 담고 있는 용기로써 책을 보는 것이 아니라,

그 모두를 하나로 아울러서 본다. 아티스트 북은 오프셋이든, 원 오브 어 카인드(One of a kind : 한 권만 제작, 세상에서 한 권밖에 없는 책)이든, 바로 책 자체가 예술품이 된다는 말이다. 물론, 결과물은 예술품으로 가치도 있으며, 그 자체로도 귀중품이 된다.

아티스트 북은 비주얼한 형식에서부터 문장으로 쓰여진 형식까지 다양한 형태를 띤다. 북 아트에서는 이미지, 이미지와 텍스트, 혹은 텍스트만으로도 구성되는 것을 전부 북 아트라고 보기 때문에, 텍스트만 쓴다고 혹은 이미지만으로 구성되어 있다고 해도 북 아트 작품으로 충분히 간주될 수 있다. 그리고 시, 팝 아트, 컨셉추얼 아트(Conceptual art : 개념 예술), 사진 이미지, 일러스트, 판화, 드로잉, 회화, 바인딩, 수제 종이, 실험적인 활자(Letterpress : 활판 인쇄)와 같이 다양한 형식을 응용하게 된다.

따라서 아티스트 북을 단순히 예술가가 만들어 낸 책이라고 말하는 것은 아티스트 북의 본질적인 성격, 모양, 목적에 대해 설명해 주지 못한다. 북 웍스(Bookworks : 책 작업이란 말로, 책을 이용한 모든 예술 작품들, 책을 이용한 설치 작업, 북 아트작업등 총체적으로 포괄하는 개념)란 모든 재료와 요소들을 전부 통합한 것이 메시지가 되는, 표현적인 하나의 통일체(Unity)가 되는 책이라는 의미이다.

2) 1960년대 북 아트의 시작

책이 우리에게 주는 개념은 상당히 포괄적이고 낯익은 소재이므로, 이미 이전부터 보아 온 것처럼 상당히 친숙하게 다가온다. 북 아트는 이미지, 텍스트, 인쇄, 바인딩, 페이지 세팅, 다양한 접지 구조, 콜라주, 드로잉 책 만드는 데 들어가는 모든 요소에 균등한 위치를 부여하여, 각 부분들의 연계성을 잃지 않도록 하고 있다. 따라서 독자들은 완벽한 연결은 아닐지라도, 적어도, 텍스트의 안과 밖에서 어떤 연관성을 찾아야 한다. 읽는 방법 및 보는 방법을 연구해야 된다. 북 아트의 주제는 실로 다양한데, 대중매체라든가 과학, 기술, 환경오염, 정치, 사회에 관한 문제들이 많다. 그러나 여성들의 경우 'Woman studio workshop(W.S.P)'의 경우는 페미니즘작 이슈 혹은 가정 혹은 가족에 대한 이야기를 다루면서 평범한 일상에서 북 아트의 주제를 끄집어내고 있다.

1960년대 아티스트 북이 등장했을 때 많은 작품들이 가능한 빠르고 경제적인 방법(저렴한 대량 생산)으로, 논지를 전파하거나 북 아트를 팸플릿처럼 값싸게 대량으로 판매하는 것으로 생각했다. 이는 아트스트 북을 가장 저렴하고 값싼 대중 예술이라고 규정지었기 때문이다.

페릭스 라비세(Felix Labisse)가 냉소적으로 이름붙인 '혈통이 결여된 평범한 종이'에 에드가 루스차는 주유소에 사람들이 밀려드는 모습을 흑백 스냅 사진으로 찍어 인쇄한 '26개 주유소(Twentysix gaoline station 1962)'는 문학적이나 그래픽적인 편집을 배제하고 무제한적인 대량생산을 창조해 냈다. 26이란 숫자는 알파벳 수를 의미하는 것으로, 이는 기존 예술, 문학, 타이포그래피(인쇄)를 거부하고 소비주의(Consumerism)에 대항하는 팸플릿으로써의 기능을 나타낸다. 이러한 관점에서 '26개 주유소(Twentysix gaoline station 1962)'는 마르셀 뒤샹이 시도했던, 오리지널 아트(정통 예술)를 기성품(레디메이드)으로 대체시켜 버렸던 예술계의 혁명과도 무관하지 않다.

또 60년대 북 아트의 근원인 플럭서스 아트의 아티스트 딕 히긴스(Dick Higgins)의 표현을 빌리자면, 아티스트 북은 예술과 인쇄의 중간 매개체(Intermedia)로써 예술의 모든 모드를 독특하고 새로운 방식으로 조합하고 있다고 했다. 어떤 경우, 아티스트들은 책 모양(Form)을 이용하기도 하고, 또는 혼합적인 재료와 다양한 책의 특성을 이용하여 보다 섬세하고 복잡하게 작품을 제작하기도 한다. 북 아티스트에 의해 만들어졌다고 해서 전부 아티스트 북이라고 분류할 수는 없다. 20세기 후반에는 책의 판매를 종종 작가의 역량에 의존했고, 갤러리에서도 책은 값싼 부수적인 라인에 불과했던 것은 사실이다. 그러나 이미지의 단순한 모음, 인쇄 포트폴리오, 독창적이거나 복제한 이미지의 배열이라고 하여 전부 아티스트 북은 아닌 것이다.

» 1960년대 아티스트 북.

» 히긴즈의 환상적인 건축물 (섬띵엘르프레스). 1967년.

20세기에 들어서 아티스트 북의 요소가 들어 있지 않은 예술운동을 찾아보기는 힘들 것이다. 1950년대와 60년대가 아티스트 북의 성장에 있어서 유동성 있게 여러 예술작업과 위치에서 자리매김을 하고, 저렴한 흑백 인쇄의 예술 형식으로부터 발전되었다면, 70년대에 와서 북 아트는 북 아트라는 용어의 정립과 함께 하나의 예술장르로써 자리매김하게 되었다. 기욤 아폴리네르와 피에르 알베르비로는 큐비즘 미술의 맥락 안에서 책을 제작했는데 반해, 러시아와 이탈리아의 미래파는 벨리미르 클레브니코프와 나탈리아 곤차로바로부터 프란체스코 데페로와 필리포 마리네티에 이르기까지, 책을 주요 작품으로써 제작했다. 이러한 경향은 동·서부 유럽의

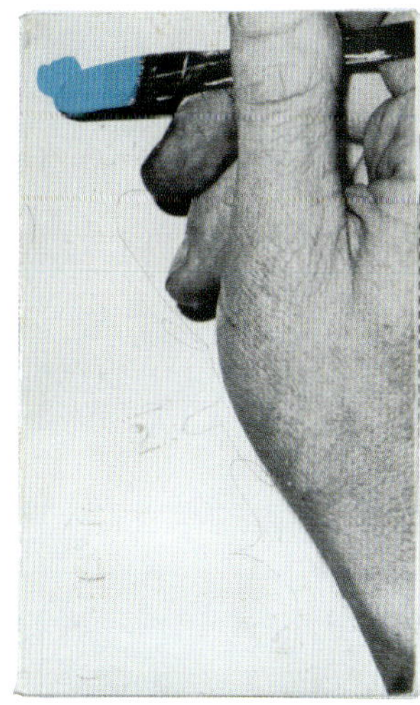

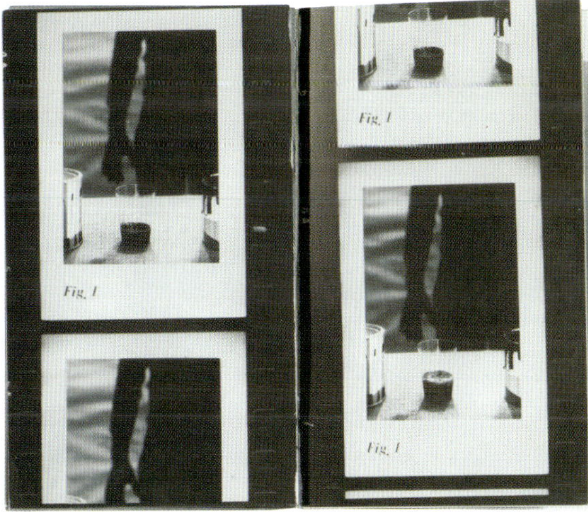

>> 1970년대 초 아티스트북. 헬렌 더글러스.

>> 아이리스.

>> 1980년대 말 유명했던 아르데코 스타일의 책커버들.

>> 석판화를 이용한 드로잉 북.

표현주의와 초현실주의, 유럽과 미국의 다다이즘뿐만 아니라 전쟁 이후의 예술 경향인 플럭서스 아트(Fluxus art), 팝아트(Pop art), 개념론(Conceptualism), 미니멀리즘(Minimalism), 여성 예술운동(The women's art movement), 포스트모더니즘(Postmodernism)에서 오늘날의 다문화주의(Multiculturalism)를 포함하고 있다.

또 다른 북 아트 작업의 종류로, 원래 텍스트나 삽화의 일부를 지우고, 그 자리에 새로운 단어나 이미지를 집어넣는다. 탐 필립스(Tom Philips)는 후기 빅토리아 소설을 이런 방식으로 바꾸는 작업을 해오고 있는데, 영국과 미국의 출판사들이 그의 작업을 상당량 출판한 바 있다. 다른 작가들은 싱글 카피에만 이렇게 하는 데 그친다. 존 에릭 브로더스(John Eric Broaddus)와 같은 작가는 원본을 여러 회화로 변형했는데, 그래도 여전히 원전의 흔적이 남아 있다.

이런 작업을 예술적인 자기표현이라 할지 모르나, 그럼에도 불구하고 이러한 작업은 문화적, 철학적인 복선을 깔고 있다. 이러한 변형된 책은 고유성을 거부함으로써 모든 미술과 문학은 서로의 상호성에 대해 역설하고 있다.

2. 근대 한국의 북 디자인

모든 역사 연구에서 그러하듯이 한국 근대 도서 장정사 연구에서도 시대 구분은 연구의 제 일차적 과제이다. 시대를 어떻게 구분하느냐 하는 것은, 곧 그 역사가가 역사를 인식하는 태도 내지 방법에 달려 있다고 할 수 있다. 이처럼 시대 구분은 어떤 통일된 기준이 없으며, 학자에 따라 그 견해를 달리하고 있다. 물론 지금까지 한국 출판사사의 시대 구분에 관해 여러 가지 견해가 있어 왔으나, 여기서는 한국 근대 도서 장정사의 시기를 1883 년부터 1953년까지로 한정하고, 다음과 같이 구분했다.

개화기: 1883 -1910년
일제기: 1910 -1945년
광복기: 1945 -1950년
6.25 한국전쟁기: 1950 -1953년

1) 개화기 1883-1910

1876년 조선왕조는 마침내 일본과 조일수호조약을 체결함으로써 수백 년 동안 굳게 닫혔던 쇄국의 문이 열리게 되었다. 이같이 문호가 개방되자 일본의 침투와 더불어 서양 신문화의 물결이 밀려오기 시작했다.

1883년 8월 외무에 관한 일을 담당하던 관청인 통리아문에 신문·잡지 등의 편찬과 인쇄를 맡아 보는 기관인 박문국이 설치되었고, 그해 10월 1일 한성순보가 창간되었다. 이것이 우리나라 최초의 신문이었고, 또 신식 인쇄시설에 의한 최초의 인쇄물이었다.

1884년 3월경 우리나라 최초의 민영 출판사인 광안사가 설립되어, 1884 년 첫 번째 출판물인 『충효경집주합벽』을 간행했다. 그 후 1885년 안종수의 『농정신편』, 1886년 정병하의 『농정촬요』 등을 출판했다. 『충효경집주합벽』은 신식 활판 인쇄술인 연활자로 출판된 최초의 단행본이었고, 『농정촬요』는 국한문으로 쓰인 최초의 단행본이었다.

1882년 조미수호통상조약이 체결되었고, 1886년 조불수호통상조약이 체결됨으로써 조선 선교를 주도해 왔던 프랑스의 파리외방전교회와 미국의 장로교·감리교 선교부의 선교활동이 어느 정도 보장받게 되었다. 선교 초기 가장 효과적인 전도 방법은 문서를 통한 것이었다.

따라서 국내에 정착한 외국 선교부는 문서 선교사업을 위한 출판사 설립에 관심을 집중시켰다. 먼저 가톨릭의 경우, 일본 나카사키에 있던 성서활판소를 1886년 서울로 이전하여 출판사업을 본격화했다.

감리교 선교부는 1998년 배재학당 안에 삼문 출판사를 설치하여 『미이미교회문답』 『구약공부』 등 교리서를 간행했다. 그 외에도 『독립협회회보』, 『협성회보』, 『독닙신문』, 『Korean Repository』도 인쇄했다.

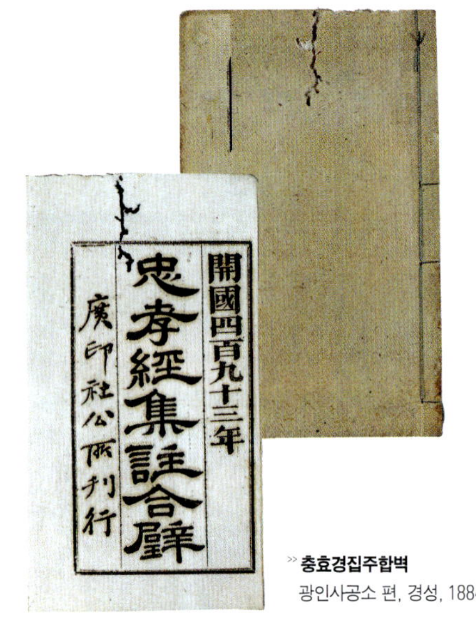

» **충효경집주합벽**
광인사공소 편, 경성, 1884

» **심춘순례** 최남선 저, 백운사, 경성, 1926
» **폭풍전야** 함대훈 저, 김환기 장정, 세창서관, 경성, 1938

조선야소교회서는 1890년에 발족하여 그해 『성교찰리』, 『미이미교회강례』, 『나병론』, 1893년에 『장원량우상론』 등 초교파적인 출판활동을 벌였다. 그밖에 영국 성공회는 1891년 서울 낙동(지금이 히현동)에 인쇄시설을 갖추어 1894년『조만민광』, 『망세문답』 등을 간행했으며, 안신교의 시조사 인쇄부는 김승원과 김규혁이 일본에서 인쇄기술을 배워 와 1909년부터 안식교의 모든 문서들을 직접 인쇄했다. 한편 광안사에 이은 민영 출판사로 탑안사, 휘문관, 보성관, 우문관, 광학서포, 광덕서관, 신문관, 회동서관, 신구서림, 정리사, 흥문사, 한양서관, 동문관, 광한서림, 박문서관, 옥호서림, 동문사, 광동서국, 대창서원, 일신사, 광문사, 광면서관, 황성신문사, 국민교육회, 휘문의숙인쇄부 등이 있다. 이처럼 개화기에 관·민·종교단체가 주체적으로 신식 인쇄술을 도입하고 아울러 근대적인 도서출판을 했고, 민간에서는 영리를 추구하는 기업 위주의 출판사들이 잇따라 생겨났다.

이상의 출판사들은 개화 이래 밀려오는 새로운 사상과 문화를 출판을 통해 대중에게 전달하는 역할을 담당했다. 따라서 당시 출판물의 내용은 농업, 산림, 토목, 박물 등 에서부터 역사, 지리, 사상, 의학 등에 이르기까지 개화와 계몽을 위주로 한 도서출판이 중심이었다.

개화기 초기에 나타난 장정은 종전의 것과 크게 다르지 않았다. 그러던 것이 1890년대로 접어들어 신식 인쇄술이 전래되면서 점차 양장본 형태로 바꾸기 시작했다. 양장본이란 '서양책' 또는 '서양 책 스타일로 만들어진 책'을 말하는데, 보통 양장본은 양지로 인쇄한 책장을 가지런히 포개어, 등을 실로 꿰매고 그 위에 두꺼운 종이로 표지를 씌워 만든다. 서양에서 출판문화가 본격적으로 등장한 것은 15세기 중엽 구텐베르크의 인쇄술 발명 이후이다. 15세기에 이르기까지 서양의 모든 책들은 필사본이었으나, 그 이후로는 대부분이 인쇄되었다. 그 후 서양의 출판문화는 장정 분야에서도 지속적인 발전을 보여, 종이를 비롯해 가죽, 비단 ,철판 등의 소재를 장정 재료로 이용하기도 했다. 그동안 서양에서 만들어진 양장본의 장정을 살펴보면 대체로 장정의 기능에 부합되는 요건을 두루 갖추고 있다. 이러한 현상은 특히 문학과 종교, 예술 ,아동 관계 도서에서 잘 나타나고 있다. 또 양피지를 사용해 만든 표지라든가, 화려한 채색을 사용하면서 금·은박을 압인으로 처리한 장정 기법 등은 서양 출판문화의 발전된 면모를 보여주고 있다.

개화기 초기의 신식 인쇄기술의 보급과 전파는 서양 선교사에 의해 일본의 영향을 받은 것이 사실이다. 당시 출판물의 주종을 이룬 기독교 관계 서적과 교과서류의 출판에서 그 흔적은 여실히 나타나고 있다. 이러한 양상은 당시 일본의 그것과 크게 다르지 않으며, 장정 또한 마찬가지다. 당시의 장정에서는 표지의 장식적인 요소는 거의 보이지 않고, 서명 또는 저자만을 표기하고 있을 뿐이다. 그 후 신소설의 등장으로 장정에 대한 인식이 서서히 바뀌게 되었다. 대표적인 신소설로는 이인직의 『귀의 성』, 『혈의 누』, 『은세계』 이해조의 『자유종』 등이 있다. 이 책들의 장정은 주로 문자를 이용해 매우 세련된 타이포그래피의 면모를 보여준다. 이러한 변화에도 불구하고 이 시기에는 아직 장정에 대한 의식이 부족해 장정한 이의 이름이 표시되어 있지 않았다.

2) 일제기 1910-1945

일본은 조일합병이 되기 이전인 1909년 2월에 공포한 '출판법'에 의해 모든 출판물의 원고에 대한 사전 검열은 물론, 출판한 뒤의 납본 검열을 실시했다. 따라서 민족의식을 고취하는 양서의 출판은 거의 불가능했다. 설령 출판이 되었다 하더라도 판매금지 또는 압수 등으로 그 책은 유통될 수 없었다. 이러한 까닭으로 일제시대에 출판된 단행본 가운데 가장 많은 것은 족보였다. 그 다음으로는 소설·문집 등이었고, 정치 법률 관계나 그밖에 전문서적은 부진했다.

이렇게 볼 때 이 시기의 출판은 우리나라 민족의 수난기 양상을 그대로 반영하는 것이었다. 그런 가운데에서도 독립정신과 항일 애국운동을 진작시키고자 하는 일부 뜻있는 출판인에 의해 나름대로 발전을 보이기도 했다. 특히 최남선은 1907년 신문관의 설립에 이어, 고전의 보급과 민족문화의 선양을 목적으로 1910년 12월 조선광문회를 발족시켜 민중을 계몽, 교도하는 내용의 책을 출판했다. 그밖에 이 시기에 주요 출판사로는 박문서관, 조선일보사출판부, 인문사, 삼문사, 동광당서점, 이문당서점, 영창서관, 한성도서주식회사, 신조선사, 문장서, 대동출판사, 창문사, 학예사, 조선어학회 등이 있었다.

이 시기에 이르러 비로소 장정한 이의 이름이 표시되기 시작했다. 잡지에서는 1914년 10월 『청춘』 창찬호의 표지 그림으로 고희동의 서양화를 처음 사용했다. 단행본의 경우에는 1922년 김영보의 『황야에서』가 그 효시로 본다.

그후 고희동, 노수현, 오일영, 안석주, 이상, 구본웅, 임홍은, 김환기, 길진섭, 김용준, 이인성, 이주홍, 정현웅, 최목랑, 김규택, 이승만, 이상범, 임학선 등이 이 시기의 장정을 주도했다. 이들은 당시의 화단과 문단에 잘 알려진 화가와 문인들로, 초기 우리나라 장정의 개척사 역할을 했다. 뿐만 아니라 출판문화발전에 끼친 영향 또한 크다 하겠다. 이들 가운데 특히 이상은 1931년 총독부 건축과 기관지 『조선과 건축』 표지 도안 현상모집에 입상하는 등 일찍이 장정에 대한 남다른 능력을 갖고 있었다. 그는 1936년 구본웅의 아버지가 경영하던 창문사에 근무하면서 김기림의 『기상도』 장정을 맡았다. 그러나 얼마 가지 않아 창문사를 그만두었기 때문에 더 이상

》 **물새발자옥** 임홍은 편집, 이인성 장정, 교문사, 경성, 1939
》 **세조대왕** 이광수 저, 김규택 장정, 박문서관, 경성, 1940

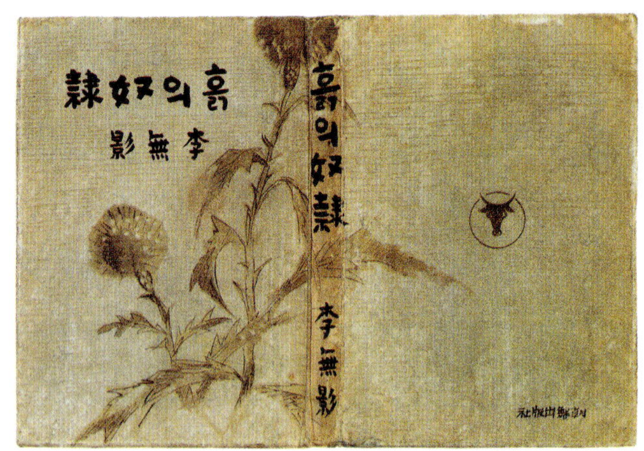

》 **청록집** 박목월·조지훈·박두진 공저, 김용준 장정, 을유문화사, 서울, 1946
》 **흙의 노예** 이무영 저, 정현웅 장정, 조선출판사, 경성, 1946

장정 작품을 남긴 것 같지는 않다.

이러한 장정에 대한 관심과 노력은 장정가와 저자는 물론, 출판사의 이해 없이는 불가능하다. 당시 장정에 각별한 관심을 보였던 출판사로는 조선 도서주식회사, 백운사, 동광사, 삼중당서점, 한성도서주식회사, 삼천리사, 박문서관, 동광당서점, 청색지사, 아이생활사, 세창서관, 문장사, 학예사, 교문사, 영창서관야담사, 조선일보사출판부, 명성출판사, 조선출판사, 조광사, 성문당서점, 매일신보사, 남창서관 등이었다.

3) 광복기 1945-1950

이 시기는 정치, 경제, 사회, 문화 등 모든 분야에 걸쳐 극심한 혼란기였다. 출판계도 예외는 아니었다. 종이의 생산 능력은 거의 마비된 상태였으며, 일제의 조선어 말살정책으로 한글 활자가 대부분 인쇄소에서 없어진 상태였다. 뿐만 아니라 인쇄 자재가 거의 없어 인쇄소가 운영되지 못할지

경에 처해 있었다. 이러한 악조건에도 불구하고 해방으로 인해 분출된 대중들의 정치적 열기와 변혁의 요구뿐만 아니라, 일제하에서 말살당했던 우리 말과 글에 대한 대중의 갈구 또한 엄청난 것이어서 출판 자유의 물결을 타고 각종 출판물과 팸플릿 등이 홍수처럼 쏟아져 나왔다. 그러나 이러한 의욕도 당시의 상황하에서는 그 한계를 드러낼 수밖에 없었다. 해방 무렵 활동을 시작한 출판사로는 일제의 탄압으로 일시 활동을 중단했다가 다시 출발한 정음사, 영창서관, 한성도서주식회사, 박문서관, 삼중당서점, 덕흥서림 등이 있었고, 새로 설립한 출판사로는 고려문화사, 을유문화사, 동지사, 일성당, 학생사, 대성출판사, 문화당, 민중서관, 생활사, 동심사, 공업문화사, 탐구당, 백양당, 이문각, 건국사, 국제문화협회출판부, 백민문화사, 서울출판사, 서울신문사출판부, 동방문화사, 조선공업도서, 숭문사, 창안사, 국제출판사, 문우인서관, 동명사, 금룡도서주식회사, 대양출판사, 헌문사, 총문각, 문건사 등을 꼽을 수 있다.

해방 후부터 1984년 정부수립 때까지 실질적으로 활동한 출판사 수는
1945년 45개, 1946년 216개, 1947년 212개 , 1948년 165개 였다. 이 가운
데 가장 대표적인 출판사로는 정음사아 을유문화사를 들수있다.
정음사는 1928년 최현배가 설립했으나 1940년 『한글갈』 간행 후 일제의
탄압으로 강제 휴업당했는데, 8.15 해방이 되자 장남 최영해가 그날로 정
음사를 다시 차렸다. 이때 정음사는 역사의 관한책과 한글에 관한 책을 제
일 먼저 출판했다. 권덕규의 『조선유기』를 복간하고 『우리말본』『한글갈』
등을 출간해 해방 후의 문화공백기를 메우는데 큰 역할을 했다. 을유 문
화사는 1945년 12월에 설립하여 1946년 1월 홍우백이그린 『어린이 한글
책)과 이각경이 쓴 『글씨체본』을 처음으로 출판했으며, 1947년 4월에는
문화총서 제1권으로 손진태의 『조선민족설화의 연구』를 간행했다.
이 시기의 장정가로는 일제부터 이미 활동한 노수현, 김환기, 길진섭, 김
용준, 이주홍, 정현웅, 이승만 등이 있으며 한상진, 박서운, 김호현, 배정
국, 조병덕, 최재덕, 김기창, 정홍거, 정순모, 김창섭, 이복순, 박문원, 김
용환, 박성규, 이순동, 김영주, 장환, 최영수, 김용환, 배운성, 박상진, 정
종녀, 김경린, 박래현, 장민영, 남관, 이대원, 이동운, 정주상, 김호성 등이
있다. 특히 김환기, 김용준, 이주홍, 정현웅 등은 장정 작품의 양과 질적인
면에서 뚜렷한 업적을 남겼다.
한편, 이 시기의 장정을 주도한 대표적인 출판사는 단연 을유문화사이고,
그 다음으로 정음사, 백양당, 박문출판사 등을 꼽을 수 있다.

4) 6.25 한국전쟁기 1950-1953

6.25 한국전쟁기는 1950년 6월 25일부터 1953년 7월 27일 휴전협정을 맺
을 때까지의 시기를 말한다. 6.25 한국전쟁이 일어나자 출판문화의 중심지
인 서울은 단 사흘만에 점령당했다. 전쟁 초기의 3~4개월 동안은 출판계
의 공백상태라고 할만큼 출판활동이 정지되었으나, 대구·부산 등지에 본
거지를 둔 몇몇 서적업자들이 아동만화, 참고서, 소설, 사전류를 간행하는
한편, 피난 온 출판인들로부터 묵은 지형과 반출한 서적을 헐값으로 사 들
여 활발한 활동을 벌였다. 서울 수복 후 공보처에서 출판사 재등록을 실시
했는데, 1949년에 847개사이었던 것이 겨우 785개사가 재등록을 마쳤고,
연말까지 18종의 도서가 출판된 것으로 집계되었다.
6.25 한국전쟁은 대구·부산 등지의 출판에 활기를 불어넣는 계기가 되었
다. 당시 대구에는 60여 출판사가 있었으며, 여기에 서울에서 피난 온 탐
구당, 백영사, 장왕사, 삼지사, 대동문화사, 대양출판사 등이 합세하여 활
약했다. 한편 부산 자체의 출판업계는 부진했으나 서울에서 피난 온 정음
사, 수문화사, 민중서관, 동국문화사, 조문사, 민교사, 홍지사 등의 활동
이 두드러졌다.

>> **해변의 시** 김동석 저, 이대원 장정, 박유출판사, 서울, 1949

>> **시집구상**
구상 저, 이순석 장정, 청구출판사, 대구, 1951

당시 제작의 본거지는 대구였으나 판매는 부산을 중심으로 이루어지는 양
상을 보였다. 그러나 이 시기의 출판은 주로 교과서와 참고서에 국한 될
수밖에 없었으며 일반 교양물이나 학술서적의 출판은 거의 기대할 수가
없었다. 따라서 이 시기에는 장정에서도 그 발전을 기대하기 어려웠다. 그
런 와중에서도 일부 뜻있는 장정가에 의해 그나마 장정의 맥을 이어 왔고,
김환기, 이주홍, 박성규, 김영주, 이순석, 백영수, 이준, 전성보, 임옥인,
변종하, 조동화, 변영원 등을 들 수 있다.
특히 김환기, 이주홍은 일제기부터 광복기를 거쳐 6.25 한국전쟁기에도 계
속 장정 작품을 남겼다 . 이 시기의 대표작품으로는 이순석이 장정을 하고
오상순이 제자를 쓴 『시집구상』을 꼽을 수 있다. 이 작품은 한국 근대 도
서 장정사에서 특별히 기록되어야 한다. 이순석은 1931년 도쿄우에노미술
학교 도안과를 졸업했다. 그는 당시의 졸업작품으로 장정 각종 도안 15점
을 제출했을 정도로 장정에 대한 관심이 깊었으며, 우리나라에서 장정을
체계적으로 공부한 유일한 장정가였다. 그러나 『시집구상』 이외에는 찾아
볼 수가 없다.

출처 우리책의 장정과 장정가들(열화당: 박대헌). p16~19

3. 현대의 북 아트 개념

1) 책의 구조 Book structure

아티스트 북은 표현 방식이라든지 구조적인 면에서 독창성을 보여, 일반 책들과 구분된다. 또한 북 아티스트들은 기존의 책의 구조(structure: 책의 형식으로 흔히 서점에 진열된 코덱스(Codex) 방식의 낱장, 낱장의 페이지가 넘어가는 방식)와는 틀린 방식을 도입하기도 한다. 전통적인 코덱스 포맷을 따르기보다, 아티스트 북은 그 자신의 독특한 규칙을 만들어낸다. 가장 대표적인 방식으로는 아동 서적의 유희적인 특징을 차용하는 것이다. 어린이 책의 디자이너들은 종이를 다루는 테크닉이 매우 탁월한데, 이 역시 아티스트 북의 구조에 영향을 끼쳤다. 아티스트 북에서 나타나는 팝 업이나 아코디언 폴드 방식을 대표적인 예로 볼 수 있다. 이런 것들은 장난감을 연상시켜 어린아이들의 관심을 끄는 실용적인 목적을 가지고 있는데, 아티스트 북에서는, 미학적으로 표현적인 목적을, 또 성인들로 하여금, 읽기란 무엇인가에 대해 의문을 던지게 한다. 팝 업(Pop-up: 입체북이라고도 하며, 사람을 깜짝 놀라게 하며 무엇이 번쩍 튀어 나온다는 의미의 동사다. 이것은 전혀 예상하지 못했던 일이 벌어지는데 경이감을 불러일으키면서 줄거리나 내용을 따라가도록 구상된 고도의 기술을 요하는 책 형태라 할 수 있다. 팝 업 북은 종이를 접거나 밀거나 당겨서 플랩 형태로 만들어 2차원적 형태에서부터 3차원적 이미지를 구현할 수 있는 것까지 그 방법은 실로 다양하다), 플래그 방식(Flag: 제본가 게리 프로스트와 헤디 카일이 짧은 기간에 널리 보급시킬 수 있는 새로운 책의 구조로 만들어낸 방식으로, 번갈아 가면서 한 장의 종이를 접어 간지를 여러 장 끼우고 끝을 풀로 붙이는 플래그 방식은 독특한 작업을 원하는 수백 명의 예술가들에 의해 이용되고 있다. 쉽고 입체적이기 때문에 어린이들을 위한 북 아트 워크샵에서 많이 이용되는 바인딩기법이다), 터널 방식, 블라인드 방식 등 다양한 방식들이 이용되고 있다.

버지니아 바렛은 샌프란시스코에 살고 있는 작가로, 한정본만을 출판하는데, 아주 단순화된 스타일에, 개인적인 경험을 가장한 이야기를 동화의 어조로 이야기한다. 일반적으로, 동화책에서 빌려 온 테크닉을 고상한 방식으로 차용하는 이런 시도는 텍스트의 목적과 충돌을 일으킨다. 위트니스 로널드 킹의 푸른 수염 사나이의 성(Bluebeard's Castle)은 바르톡의 오페라와, 민속 전래 동화에 기반한 자신의 작품 Anansi Company를 바탕으로 한 것이다. 테크닉 측면에서의 발명성(Inventiveness)은 그 목적이 무엇이든 간에, 담화의 여지를 낳는다. 예를 들어 스콧 맥카니, 테리 브론스테인, 자넷 즈위그와 같은 작가의 작품들은 비주얼한 면을 강조한 작품들이다. 북 아티스트들, 특히 유럽 쪽의 작가들은 전통 일본서의 방식을 모델로 하기도 한다. 접혀진 방식으로 보아 아코디언 폴드와 비슷한데, 전통 일본서는 펼치면 큰 아코디언만큼이나 굉장히 거대하다. 그러나 텍스트와 그래

>> **타라 브라이언**(Tara Bryan). **토끼굴로 내려가다**(Down the Rabbit hole).

>> 박운화. 무제.

>> 시그리드 블럼(Sigrid Blohm). 9개 응용(Nine Variation).

픽은 한 면에만 나타난다. 우아하기도 하고, 다루기도 쉬운 페이지 상의 특성으로 인하여 북 아티스트 들은 마진 부분을 백분 활용하여, 오버랩 효과, 텍스트와 이미지의 연속성(Continuity) 효과도 줄 수 있다.

변형 플릭북(Flick book)은 계속 펼친 상태로 있을 수 없도록 디자인되어, 스프링 북의 정반대라고 할 수 있다. 북 작품과 일반 출판 북 사이에 역동적인 차이점을 창조해 냄으로써 역시 일반 책과 아티스트 북을 구별한다. 케빈 오스본은 'Tropos'라는 작품에서 작품을 의도적으로 조작한다. 나무와 플라스틱으로 제본하며, 구멍 사이를 그대로 드러내며, 일본서 방식의 폴드에 반항적인 색채를 쓰고, 괴상한 필체의 글씨를 쓰는 등 거의 판독이 불가능한 작품을 만들었는데, 이 작품은 오랫동안 뿌리 박힌 읽기의 습관에 대해 심각하게 의문을 던진다. 이 작품은 테크닉의 측면에서 보았을 때, 포스트모던뿐만 아니라 탈구조주의 이론의 범주 안에서도 논의될 수 있는 작품이다.

이러한 방식들을 볼 때, 아티스트 북은 독자로 하여금 일종의 책 읽는 방법의 재해석을 요구한다. 마치 스테이지에서 공연되는 연극 작품을 해석하듯이 독자는 작품의 내적, 외적인 요소들을 '읽어' 내고, 모든 요소들을 조합하여 작품을 액티브하게 해석하게 되는 것이다. 작가가 사고의 틀을 깨는 방식으로 접근하여 기존의 작품을 재해석하거나, 새로운 작품을 만들어 내는 등의 행위는 작가가 아티스트 북을 통하여, 예술 자체, 기존의 책에 대한 개념, 읽기와 해석에 대한 개념, 예술 자체에 대한 질문을 던지고 철학적, 미학적으로 고찰한 작가의 예술 작품이라고 보아야 한다.

원래 연습장이나 비즈니스 매뉴얼에 쓰였던 스프링 제본은 많은 작가가 사용했다. 이 방법은 비용도 저렴하면서 실용적이고 여러 가지 장점이 있다. 예를 들어, 페이지가 꺾이지 않고 완전히 평평하게 있을 수 있다는 것이다. 더 중요한 것은 아티스트가 여기에 입체감을 가미할 수 있다는 것이다.

버트랜드 도니(Bertrand Domy)는 스프링을 잘 활용했는데, 평평하게 널 수

있는 피라미드 북을 제작했다. 또한 우리는 이러한 책들을 2차원, 혹은 3차원으로 볼 수 있다. 많은 북 아티스트들이 고전적인 콥틱 바인딩(Coptic binding)으로 돌아가, 접착 바인딩이 가진 유용성을 활용하기도 했다.

2) 인터넷을 통한 북 아트 커뮤니티

"하나의 구조는 1000점의 드로잉과 같다"고 에이어티스 릴스트롬은 매체의 복잡성에 대해 이렇게 말했다. 아티스트 북은 북 아티스트들이 만든 책을 지칭한다. 북 아트란 판화, 출판, 북바인딩, 활판 인쇄, 디자인, 그래픽 아트 등에서 시작하여, 디지털 테크놀로지와 매스 미디어로 그 영역이 넓어졌다. 북 아트는 20세기에 등장한 새로운 신미술사조이다.

음식도 퓨전 스타일이 있듯이 예술 분야도 서로의 연계성 및 분야의 통합이 이미 이루어지고 있다. 국내도 아티스트 북을 만드는 사람들이 늘어나면서 정부 기금의 국내외 북 아트 페어, 전시회, 강좌 등이 북 아트라는 미명하에 이루어지고 있다.

그리고 한국의 경우 북 아트가 급속도로 퍼지게 된 이유는 바로 세계 최강의 인터넷 국가이기 때문이다. 인터넷이란 가상공간은 소통과 커뮤니케이션의 속도를 더욱 빨라지게 했고, 재현과 소유에 관한 논의를 더욱 복잡하게 했다고 볼 수 있다. 북 아트는 진화하고 있고 인터넷으로 발전하는 북 아트의 모습을 전 세계가 발맞추어 나아가게끔 길을 안내해 주고 있다. 또한 외국의 경우는 인터넷으로 서로 다른 나라의 작가들이 공동 작업을 하는 것도 가능한 시대까지 왔다.

그 한 예로 호주 작가인 다이안 포그웰의 경우도 독일의 울리케 스톨츠라는 작가와 인터넷으로 공동 작업을 했는데, 서로 한 번도 직접 만나 본 적이 없다. 울리케는 독일의 대표적인 북 아티스트이며, 독일의 '아름다운 북디자인' 공모전을 개최하고 있으며, 제1회 서울 세계 북 아트 공모전에서도 입선했다. 독일의 Braunschweig 소재, Huchule fur Vildenkunste대학

에서 타이포그래피를 강의하며, 가상공간에서 여러 명의 작가와 공동 작업을 한다. 60년대에는 상상도 할 수 없었던 일이 현실화 되면서 앞으로는 인터넷상의 전 세계적인 커뮤니티로 인해 각 나라의 북 아트 현황도 실시간 알아볼 수 있게 되었다. 그 역할을 하는 것 중 하나가 웹진(인터넷 잡지)으로, 앞으로 각 나라를 대표하는 하나의 북 아트 웹진만 있어도 일일이 전 세계 작가들의 싸이트나 협회를 방문하지 않아도 전시 소식이나, 페어, 공모전, 작가들의 포럼 등을 한눈에 확인할 수 있다.

저자의 경우는 영국에서 발행되는 '북 아트 뉴스레터'를 받아보면서 매달 미국과 유럽의 북 아트 소식을 접하고 있다. 물론 국내에서 개최되었던 '서울 세계 북 아트 페어' 소식도 기사와 광고로도 실었고, 편집장인 '사라 보드만'이 한국을 방문하기도 했다.

3) 아티스트 북의 방향

북 아티스트들이 기타 상업적 출판업자들의 책과 아티스트 북을 구별하는 하나의 방법은 그 독특한 개성에서 찾아볼 수 있다. 오늘날 많은 작가들이 우리가 예전에는 상상할 수 없었던 기발한 오브제를 가지고 창조적인 작업을 해 나가고 있다. 북 아트 작품과 일반 출판물 사이에 역동적인 차이점을 창조해 냄으로써 역시 일반 책과 아티스트 북을 구별한다.

아티스트 북을 '아티스트에 의해 창조된 책'이라고 불명확하게 규정지으려면 적어도 가능한 의미와 기능에 관하여 더욱 소상하게 설명할 필요가 있다. 우리는 결코 아티스트 북 작품을 평범한 일러스트레이션이나 평범하게 인쇄된 책이라든지 리브로 다티스트라고 규정해서는 안 된다.

많은 아티스트 북은 책 그 자체를 매개로 시공을 초월하여 독자에게 어떤 개인의 경험을 드러내고 전달해 준다. 이 책들은 일반적인 텍스트나 표시를 통해서가 아니라, 책 속에 있는 우연한 공간, 간격 등을 통해 독자와 교류한다. 그러나 동시에 이러한 책들 자체의 일생은 작자의 삶을 넘어서 어떤 영향력 있는 자율성을 가진다. 책 스스로 존재하고 순환하는 능력은 움직이지 못하는 책이라는 물체에 어떤 생명력을 불어넣는다. 내가 잃어버린 책, 찾은 책, 기원은 불분명하나 나의 소유가 된 책 등은 책이 다른 예술 작품과는 달리, 독립성과 유동성을 가지고 이 세계에서 존립할 수 있는 능력을 증명해 주는 것이다. 천경자의 작품이나 이중섭의 작품을 내가 쌓아둔 소지품 더미에서, 혹은 중고 서점의 책장 선반에서 우연히 '발견'하게 되는가? 아니다. 다른 예술 작품들은 그 작품이 전시될 공간이 마련되고, 관람자가 그 공간에 관람의 목적을 가지고 방문하지 않는 한, 우리의 일상에 자연스럽게 흘러들어오기 어렵다. 물론 아티스트 북 중 귀중한 책으로써 잘 보관된 경우라면 이러한 작품들과 마찬가지로, 다른 책들이 누리는 자유로운 삶을 가질 수 없을 것이다. 그러나 이러한 책들도 후에 우

>> **리즈 멜혼보**(Lise Melhorn Boe). A good wife wouldn't.

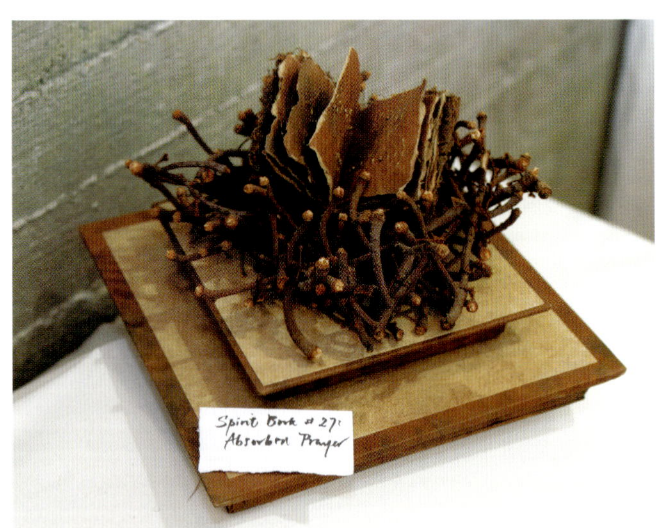

>> **수잔 캐퍼신스키. 영혼 시리즈.**

연한 장소에서 발견되지 않으리라는 보장은 없는 것 아닌가.

책은 배터리를 갈 필요도, 소프트웨어처럼 업그레이드 할 필요도, 칩처럼 바꿔 끼울 필요도 없이, 각각의 새로운 만남을 이루어 간다. 이러한 책의 영속성(Durability)은 그 가치를 스스로 드러내 주는 것이며, 코덱스 형식의 우아한 단순성(Elegant simplicity)은 이 영속성의 일부라 할 수 있겠다. 그러나 책의 영속성의 가장 핵심부에 위치하는 것은 바로 책이 제공하는 정보이며, 그것도 직접적이고 친근한 방식으로 전달해 준다는 것이다. 에밀리 브론테의 소설 『폭풍의 언덕』에서 화자인 록우드는 어린 캐서린 언쇼의 책을 읽으면서 그녀가 책에 적어 놓은 메모를 읽게 되고, 순간 그 책의 옛주인이었던 캐서린 언쇼와 교감하는 듯한 느낌을 가진다. 도서관의 책을 읽을 때, 누군가가 책의 빈 가장자리에 써 놓은 메모를 읽어 보고 내가 모르는 누군가가 이러한 생각을 했구나 하고 생각했던 경험, 누군가가 내가 공감하는 부분에 형광펜으로 줄을 그어 놓은 것을 보고 이렇게도 생각

이 통할 수도 있다는 것을 느껴 본 경험이 누구에게나 있을 것이다. 책이 주는 정보 외에, 이 책을 읽었던 누군가와의 교감, 혹은 책을 쓴 작가와의 교감이 독서라는 행위를 통해서 함게 이루어진다.

최근 전자 북의 도래로 책읽기에 혁명과도 같은 일이 발생했지만 여전히 우리는 종이책의 촉감에서 느끼는 친근함과 정감을 느끼고 싶어 한다. 또 일회성 소모품이 주종을 이루는 자본주의 사회에서 우리는 때로 일상적인 사물에서 큰 의미와 희소성을 발견하고 싶어 한다. 대량 소비사회 속에서 삶에 지친 현대인들에게 북 아트의 출현이 신선하게 다가왔던 것은 바로 이런 이유 때문이 아닐까? 북 아트는 뭔가 새로운 것을 추구하는 사람은 누구나 시도할 수 있으며, 그 출발점은 바로 우리의 생활 곳곳에서 찾아볼 수 있다. 투박한 솜씨로나마 정성껏 카드를 만들어 친구에게 보내는 일, 여행을 다니면서 일지를 작성하거나 간단한 스케치를 남겨 스크랩해 놓는 일, 손수 아이 앨범을 예쁘게 작성하는 일, 편지를 색다르게 쓰는 일 등등 …. 마치 우리가 어머니의 빛바랜 옛 사진 뒤에 쓰여진 메모나, 일기장에 쓰여진 그녀의 필체와 사연을 발견하고, 지난날의 추억과 기쁨을 되새기며 어머니의 영혼과 교감을 느끼는 것처럼 북 아트의 기원은 우리의 일상과 밀접하기에 그 공감의 폭은 더욱 큰 것이다.

4) 국내의 한정본 시도

한국에서는 지난해 3만 6천 종의 신간도서가 발행됐고, 발행 부수는 1억 7천 50만 부에 달해, 출판량으로 보면 세계 10위권의 출판대국이다. 다양한 형태의 책이 등장하고, 책에 대한 기호도 고급화 되어 가는 출판시장의 추세로 볼 때 이러한 한정본 시장은 상당히 낙관적이다.

최근 국내에 고가의 수제품 책이 속속 제작되고 책을 하나의 예술작품으로 등극시킨 북 아트의 출연이 그리 무색하지는 않다. 국내에서도 고급 한정본에 관한 시도는 근래 10년 동안 꾸준히 이어 왔다.

이제 우리나라도 국민소득 2만불의 선진국 대열에 진입하여, 일부 부유층만이 아닌 일반인들도 온라인 동호회 등을 통해 다양한 컬렉션에 대한 관심을 보이고 있다. 그동안의 소유는 자동차, 돈, 동산 혹은 부동산을 말하지만 선진국에 집입하면서 '필수근생'의 소유가 아닌 돈으로 헤아릴 수 없는 '가치'에 관한 소유이며, 나만의 호사로 변하고 있다.

『형태와 색채의 양식』(타라안티쿠스 출간)은 고대부터 르네상스까지 동·서양 문명을 대표하는 건축과 장식 예술품 문양 1300여 점을 드로잉과 수채화로 복원한 1925년 이탈리아산(産) 일러스트집이 국내서 81년만에 원본과 동일한 형태로 재발간됐다.

고종희 한양여대 일러스트레이션과 교수가 총 84쪽에 이르는 본문과 도판 설명을 우리말로 옮겼다. 고대 이집트와 아시리아, 그리스, 중국, 일본, 비

잔틴, 아랍의 문양과 이탈리아의 로마네스크 – 고딕 – 르네상스 시대 회화와 조각, 도자, 건축물의 문양 등이 가로 310mm, 세로 425mm의 대형 도판에 펼쳐져 있다. 총 4권 한 질이 60만원이다

정현종 시인의 퇴임 기념 시집은 100부 한정본으로, 권당 가격은 35만원이다. 자필 수제본 시집 '정현종 시선'이다. 이 시집은 정 시인이 그동안 발표한 자작시 30편을 골라 전통 바인딩 방식에 따라 자필로 제작한 것. 연세대학교 국문학과 교수 정년 퇴임을 기념해 시와 시학사가 헌정시집으로 기획했다.

책은 고급 한지를 사용해 시인의 자필 원본을 실크인쇄 방식으로 제작했다. 수록 시 1편은 자필 원본을 그대로 수록하기 때문에 세상에 한 권 뿐인 책으로 만들어지는 셈이다. 한국식 전통 바인딩 방식인 오침 바인딩하고, 합지에 천을 배접한 전통 방식의 책갑 등으로 품격을 높였다. 이 시집은 주문 제작 방식으로 주요 서점에서 100부 한정본을 선착순 판매했다.

또한 2006년 출간된 야생화 화보집『꽃의 신비』(김 정명)는 우리 야생화를 42cm x 29.7cm 크기로 세 권의 책으로 묶었다. 한 질의 가격은 45만 원으로 제작비용만 10억 원이 들었다. 그러나 이 책은 제작 두 달만에 1500여 질이 판매돼 우리나라의 한정본 시장에 활기를 불어넣었다.

자서전이란 이름이 알려진 유명인들 외에 일반인들에게는 출판사에서 자서전을 낸다는 것은 상당히 어려운 일이다. 그리고 개인적인 이야기와 사생활이 그대로 노출되는 것이므로 서점에서 판매하기가 어려운 부분이다. 그러므로 가끔 명예훼손 등의 법적 공방까지 오가기도 한다. 그러나 북 아트 형식으로 한정본 제작을 한다면 굳이 출판사의 이윤을 맞추기 위해 3000부 이상을 인쇄해 서점에 내놓을 이유도 없고, 10권이나 20권 정도 원하는 권 수만 제작해 가족들이 서로 나누어 볼 수 있다. 규모 있는 기업을 중심으로 이러한 선례가 있어왔다.

요즘 북 아트 책 만들기의 한 방법으로 등장한 것이 자서전이다. 얼마 전 제록스 복사기에서는 가정용 인쇄기 시판을 앞두고 있고, 레이저 프린터기는 가격이 많이 내려갔다. A3사이즈용 레이저 프린트만 있으면 쉽게 가정에서도 책을 만들 수 있다. 다양한 바인딩 방법만 익힌다면 재본 후 원하는 책 표지까지 씌워 훌륭한 책을 만들 수 있다. 앞으로 한정본 시장은 조금씩 일반 출판시장과 마찬가지로 규모가 커질 것이며, 그렇기에 북 아트의 다양한 기법들은 더욱 유용해지리라 생각한다.

이외에도 2006년 안그래픽스 출판사의 '왕의 행차도'는 고급 인쇄용 한지에 50부 한정본으로, 가격은 50만 원이었으나 이미 예약판매가 끝나 저자도 아쉬워했지만, 앞으로 단행본 출판사들을 중심으로 이러한 한정본 책들이 출간된다고 하니 기대를 해 본다.

키스 스미스 Keith A. Smith (미국)

키스 스미스는 1967년부터 책을 만들기 시작했고, 지금은 파트너인 스콧과 조용히 뉴욕 로체스터에서 살고 있다. 그가 하는 일을 계속하기 위해 그는 두 차례 구겐하임에서 연구 장학금을 받았으며, 예술 자질을 키우기 위한 국가 기부단체, 뉴욕의 문학과 그 외 장르의 기부단체, 또 잭슨 폴록 재단 등과 관계를 맺고 있다.

그의 작품은 뉴욕과 샌프란시스코의 현대미술박물관에 소장되어 있고, 미국의 국회박물관, 런던의 빅토리아 & 알버트박물관, 캐나다 오타와의 국립갤러리, 파리의 퐁피듀센터 그리고 도쿄의 사진박물관 등에 소장되어 있다. 현재까지 240권 이상의 아티스트 북을 만들었지만, 그중에 200권은 한정판이고, 집에 소장되어 있다. 혹시나 이 한정판인 아티스트 북들이 전시되게 되면, 꼭 유리상자 안에 자물쇠를 걸고 전시한다. 책은 직접 보고, 만져 보고, 감상하는 작가와 보는 사람과의 일종에 대화 소통의 도구이다. 그러나 책이 아무리 좋아도 전시를 잘못하면, 책의 질보다 전시의 질이 떨어지는 것이다. 1982년부터 자신의 책들을 출판했고, 거의 100권의 한정판 책을 만들었다. 그는 또한 8권의 북 아트 참고서적을 출판했고, 그중 자서전적인 '200권은 책' 속에는 그가 만든 200권의 책들을 모두 열거해 놓았고, 500개의 사진을 넣어 독자들의 이해를 도왔다.

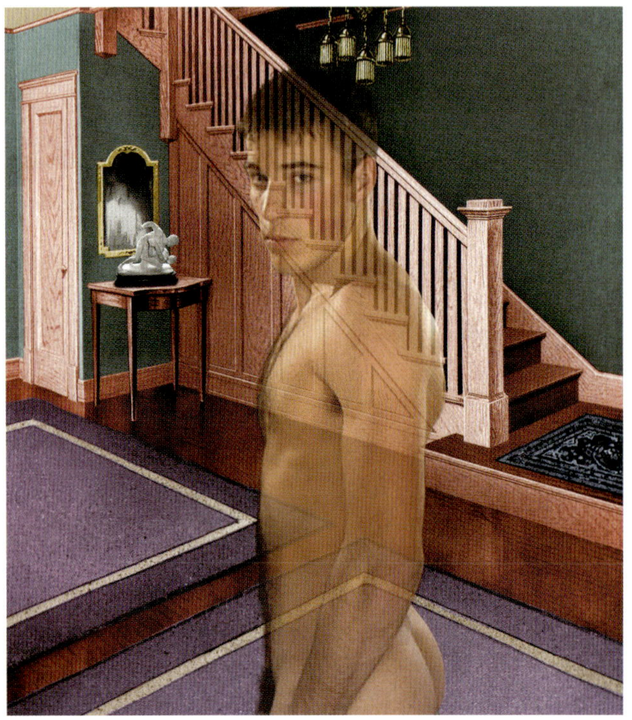

I have been making books since 1967. My partner, Scott McCarney and I live quietly in Rochester, New York. To help me continue my work I have received two Guggenheim Fellowships, a National Endowment for the Art award, a New York State LIFT grant in literature and other grants, including the Pollock/Krasner Foundation, Pilot Fine Art Still Photography Grant in 2002. My work is in the collections of the Museums of Modern Art of New York and San Francisco. Other museums include the Library of Congress of the United States of America; the Victoria and Albert, London; The National Gallery of Canada, Ottawa; Bibliotheque Nationale, Paris; and the Tokyo Metropolitan Museum of Photography. Yet, of the 240 books I have made, almost 200 of them exist as a single copy, seen by almost no one since few of those books have ever left the library in my home. If any of these one-of-a-kind books should be included in an exhibit they are displayed in locked glass cases. It is not the book that fails, but the type of display, or even the format, itself. Ideally, such books should be hand-held and experienced one to one?the bookmaker and his/her audience of one viewer at a time. A book is the most intimate of media. In 1982 when I began publishing my books, I had made nearly a hundred one-of-a-kind books, seen by next to no one because of the limitations of display. This sadness brought a change in direction in my work. Also, I published eight books-on-books and an autobiography titled 200 Books, An Annotated Bibliography as told through my first 200 books.

There are over 500 photo illustrations of my books in the autobiography so the reader can get an idea what each of the books are about.

By writing this memoir and also publishing eight textbooks I feel I am paying my debt for the joy books have brought to me. My textbooks give my readers much of the information I have learned in making so many books in the past 37 years.

>> Book No 204. 2002.

 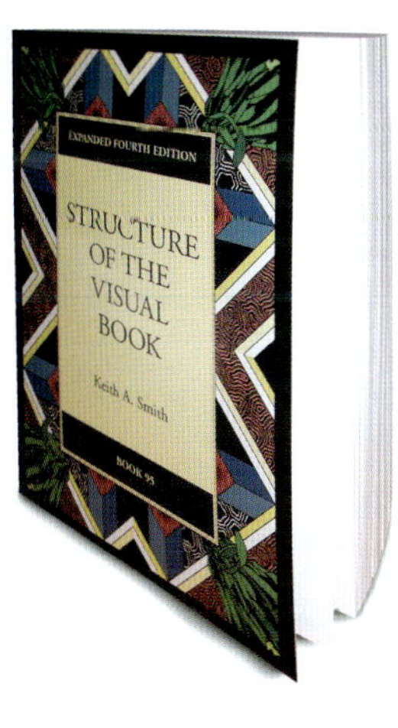   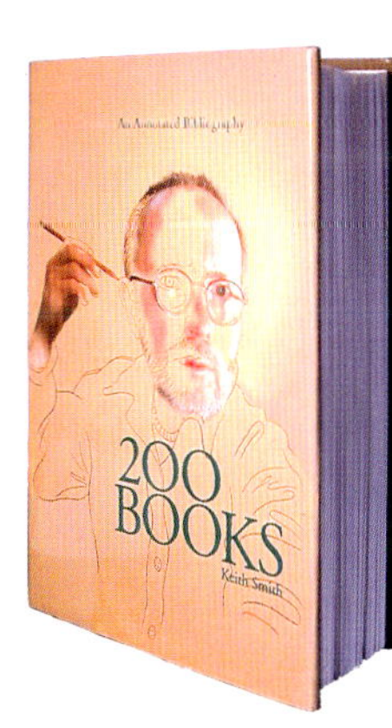

>> **키스 스미스의 저서들** (1985~2003).

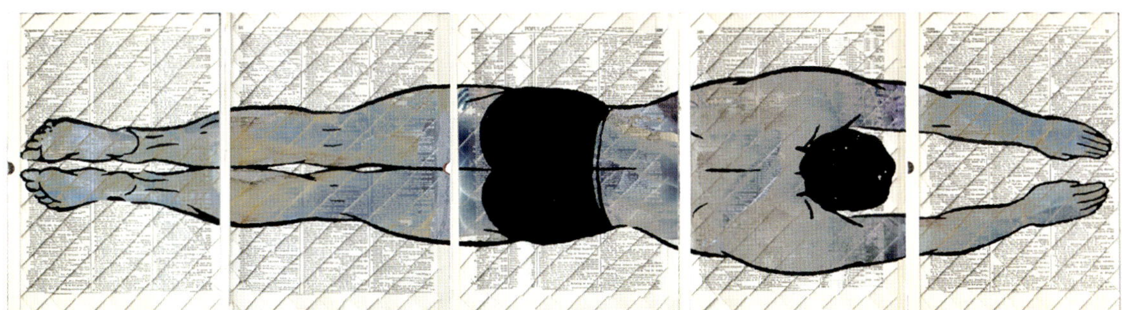

>> **스콧 맥카니**(Scott Macarney) '**수영하는 사람**'. 1999.

>> **스콧 맥카니**(Scott Macarney) '**기억상실**'. 1999.

>> **스콧 맥카니**(Scott Macarney) '**가로패턴**'. 1999.

료코 아다치 Ryoko Adachi (일본)

료코 아디찌는 일본에서 활동하고 있는 북 아티스트이며, 설치 예술가이
다. 독일에서 북 아트와 북 디자인을 전공했으며, 현재는 작업에 전념하고
있다. 대부분 그녀의 책은 인간의 본성과 인생에 관한 것을 주제로 하고
있다. 발행은 주로 한 권(On off a kind) 혹은 적은 한정본 작업을 주로 하
고 있다. 그녀는 타이포그래피나 사진, 향수(향료)나 다양한 재료들을 작
업에 이용하고 있다.

I am a book's and instalation's artist from Tokyo, Japan.
Most of my books have conceptual theme about nature and life.
Issue is one kind of book or a few editions books.
I use not only means as like typographic and photograph,
but also perfume and various materials.

>> **료코 아다치와 유키코 타카하니**(Yukiko Takahashi). 2004.

>> **아키코 사토**(Akiko Sato). **무제**. 2005.

>> **료코 아다치와 정신 일도**. 2004.

부클린 Booklyn (미국)

뉴욕 태생의 마샬 웨버는 행위 예술가이자 미디어 아티스트, 북 아티스트
로 전세계에서 활동하고 있다.

현재 부클린 그룹의 큐레이터로 활동하고 있으며, 서울 국제북아트페어에
서 부클린 작품을 큐레이팅했다.

서울 태생의 마리아 윤은 18세부터 미국 뉴욕에서 살고 있다.

이번 작품은 그녀의 한국인이자 미국인으로서의 정체성과 두 문화에 대해
고찰한 책 시리즈이다. 마샬과 마리아는 북 아트 페어의 오프닝 퍼포먼스
인 '…새들조차 불에 타고 있었다.'를 공동 기획, 연출했다.

부클린은 아티스트 북의 출판, 전시, 판매를 담당하며, 현재 60명 이상의
작가와 미국 내 12개 주 소재 인쇄소, 기타 6개국에서 활동하는 작가들로
구성되어 있다.

Born and living in New York City, Marshall Weber is an internationally
exhibited and collected performance, media and book artist.

He is a co-founder and a primary curator for the Booklyn Artists Alliance
and curated the exhibit of the twenty book artists presented by Booklyn at
this year's Seoul Artists Book Fair.

Born in Seoul, Maria yoon has lived in New York City since she was 18
years old. Yoon will present a series of books that explore the intersec-
tion of her korean and american identities and cultures.

Weber and Yoon will perform together at the opening of the Book Fair
in an interdisciplinary performance art work titled "…even the birds were
on fire…". Booklyn publishers, exhibits and distributes artists' books,
representing over 60 artists and presses from twelve states in the united
states and six countries from around the world.

》 **마셀웨버**(Marshall Weber). **유령의 집**. 2004.

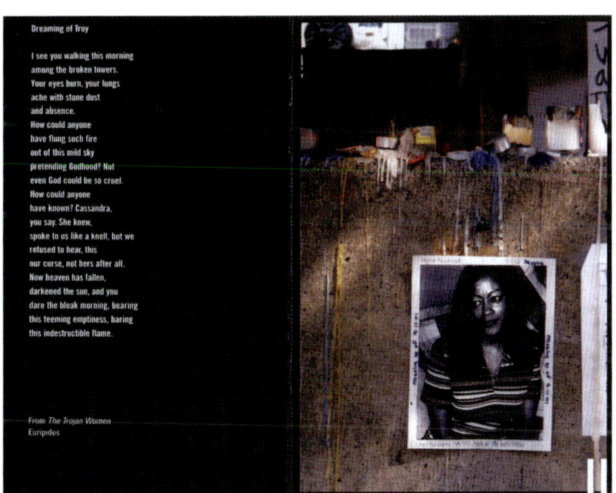

>> **마셜웨버와 이사벨 웨어**(Marshall Weber and Isabelle Weber). 'II'. 2002.

>> **마리아 윤. 결혼신청**. 2002.

>> **마셜웨버**(Marshall Weber). **기념품**. 2003.

헝가리안 북아트협회 (헝가리)

Hungarian Artists' Association of Book as Art object (구 Kelecsenyi Csilla)

헝가리안 북아트협회는 1993년에 세워졌다. 예술가 구성원들의 대부분이 그래픽 아티스트, 텍스타일 아티스트와 화가들이며, 아티스트 북을 만드는 데 두드러진 역할을 하고 있다.

헝가리안 북아트협회는 아티스트 북을 만드는 데 종이에서부터 금속까지 사용하며, 독특한 드로잉에서부터 사진과 텍스트, 낱장의 종이 작업에서부터 작은 시리즈의 프린트 작업까지 다양하다.

The Hungarian Artist's Book association was founded in 1993.
The members are artists, most of them graphic artists, textile artists and
painters, in whose life works the artist's book plays a salient role.

>> **실라 켈렉세이**(Csilla Kelecsenyi). **벽돌책**. 1998.

>> **로지 보네미자**(Rozi Bornemissza). **라틴어**. 2004.

>> **안드라스 보텍**(Andras Butak). **게임**. 2004.

>> **이스트반 다모**(Istvan Damo). Ostinato. 2004.

로빈 실버버그 Robin Silverberg (미국)

도빈 북은 로빈 에이미 실버버그에 의해 만들어졌으며, 자비출판과 적은 부수의 한정본 북 아트 책들을 공동 제작하고 있다.

공동 제작은 주로 미국, 오스트리아, 헝가리, 사우스아프리카 그리고 이스라엘 작가들과 하는데, 타이피스트리(수직– 색실로 짜는)에서부터 사진 작업까지 다양한 재료로 작업을 한다. 북 아트 책들을 다양한 주제로 발전시키지만 계속적이고 집중적으로 그들의 아이디어를 이야기하고 책의 구조, 디자인, 수공예로 만든 재료를 선택하거나 혹은 읽고 보는 과정을 탐구하고 있다.

Dobbin book is run by Robbin Ami Silverberg who published solo and collaborative artists books in small editions.Collaborations have been with artists from countries such as the US, Austria, Hungary, South Africa, and Israel, and working in a wide range of medium from tapestry, to photography. The Books explore a range of themes, but consistently & obsessively articulate there idear: Whether in the structure, design, the hand - crafted methods of production, the choice of materials or the consideration of the process of reading / viewing.

Much of my recent artwork, whether artist books, scrolls, or installations, focus on the image of text based on a Cabalistic belief which explains that two holy books were actually handed down: the Black Torah and the White Torah. The black one is made of all the black letters/words while the White Torah is made up of all the space between them. The meaning of the Black Torah is fixed but the White Torah-the whiteness surrounding the black letters-is constantly being re-interpreted. That is why we can never fully reconcile figure and ground and why we continue to obsess about the images themselves-the "letters."

>> **로빈 실버버그**(Robin Silverberg). **총채**. 2001.

>> **로빈 실버버그**(Robin Silverberg). **시를 통하여**. 2003.

로빈 실버버그(Robin Silverberg).
Spun into Gold:First 100 Words. 2001.

로빈 실버버그(Robin Silverberg).
From Dream to Ashes. 1999.

레드 폭스프레스 **Red Foxpress** (아일랜드)

레드 폭스프레스는 실크스크린을 이용한 한정본 책과 사진, 복사, 전사 기법, 꼴라주 등 다양한 기법을 이용해 북 아트 책을 만들고 있다.
1980년부터 2002년까지 룩셈부룩에서 작업했으며, 2002년부터는 아일랜드에서 작업을 해오고 있다.

Handprinted limited editions printed in screenprinting and artists' books in various techniques such as photography, photocopy, transfer, collage and screenprinting. Operating from 1980 to 2002 in Luxembourg, since 2002 in Ireland.

>> **레드 폭스프레스**(Red Foxpress). **천국문을 두드리다**. 2004.

» 레드 폭스프레스(Red Foxpress). **노마진**. 2003.

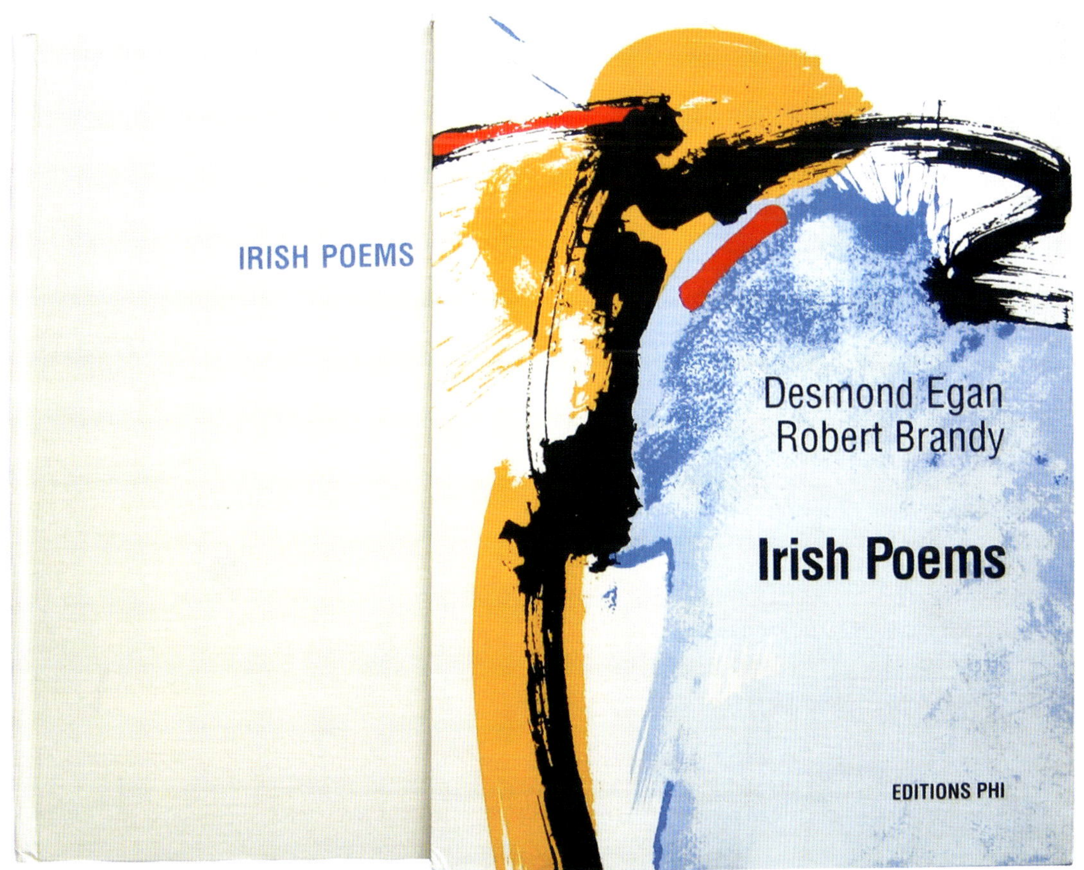

» 레드 폭스프레스(Red Foxpress). **아일랜드 전통시**. 1997.

론 킹 Ronald King (영국)

론 킹은 내 개인적인 관점에서는 상당히 성공한 북 아티스트이다. 써클 프레스의 지하와 지상, 1층, 2층을 작업실로 사용하여 암실, 활판인쇄, 실크스크린 등의 판화 시설, 수재 종이 만드는 곳, 에칭 프레스기 등 완벽한 시설을 갖추고 있으며, 그의 작업실을 작가들에게 개방하여 공동 혹은 단독 작업도 하게끔 하고 있고, 작가 서로간의 연결 고리를 만들어 주는 역할을 하고 있다.

그런 의미에서 작업실 이름도 써클 프레스(Circle press)이다.

1932년 영국인인 론 킹은 브라질에서 태어나 12살 때 가족을 따라 영국으로 이주했다. 그 후 영국에서 계속 자랐지만, 그의 브라질에 대한 애정과 깊은 향수는 작품세계에 꾸준히 나타난다. 론 킹의 대표적인 작품 이미지 중 하나인 마스크 또한 브라질에서 열리는 카니발 축제에서 영감을 받은 것이다. 그는 시각적으로 강한 인상을 남기는 소재를 좋아하지만, 반대로 상당히 무채색의 분위기가 느껴지는 작업들 또한 많이 있다.

그가 좋아하는 작업 중에 꼴라주로 인물이나 사물을 묘사한 것이 많다. 그 이유는, 1938년 그가 12살 때 아버지 서재에서 사람들 머리가 잘려진 끔찍한 사진들이 있는 책 한 권을 발견한 데 있다. 노상강도였던 람피오에 관한 실화였는데, 1920~30년대에 브라질 북부에서 꽤나 유명하게 활동했던 강도에 관한 책이었다.

론은 처음부터 책 만들기를 시작한 것은 아니다. 그의 열정은 늘 페인팅에 있었다. 1955년 첼시 아트 컬리지 동기였던 윌로우 레그와 결혼, 캐나다로 이민을 가서 잡지 책 일러스트레이션과 아트 디렉터로 일을 했지만, 페인팅은 멈추지 않았다. 영국으로 다시 돌아와, 아주 우연한 기회에 실크스크린 기계를 구입하면서 책 만들기를 시작했다. 판함 컬리지에서 그래픽 디자인을 가르치고 있을 때 판화를 가르치던 교수가 해외로 나가게 되어 그의 기계를 사게됐다. 몇 년 간의 작업은 그가 판화에만 전념할 수 있도록 재정적으로 도움이 되었고, 1967년 그는 첫 북 아트 작품, 프롤로그를 만들게 되었다. 그는 새로운 책의 특성을 보여줄 때마다 영국인들에 비해 미국인들의 자연스럽고도 호의적으로 받아들이는 태도에 주목했다.

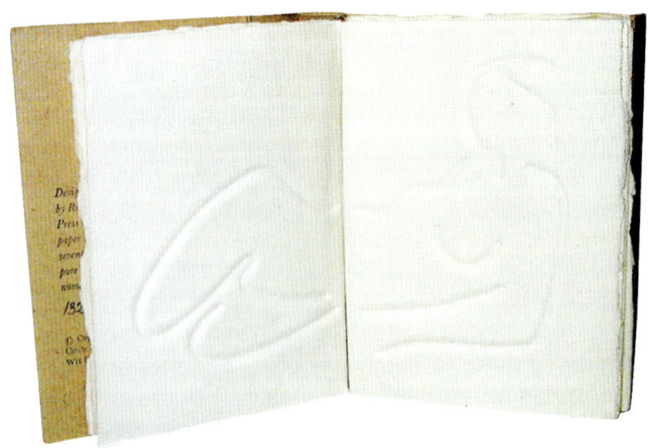

» **론킹. 나를 봐요.**

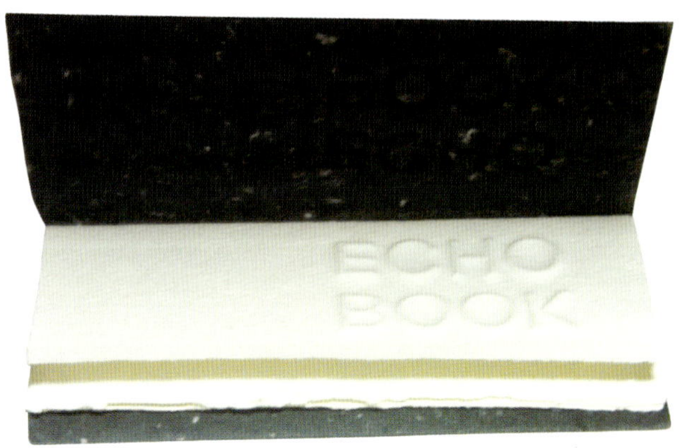

» **론킹. 메아리 북.**

홈 프린트 Homeprint (뉴질랜드)

존 브레버너(John Brebner)와 앨리슨 브레버너(Alison Brebner) 부부는 '홈 프린트'라는 아늑한 북 아트 공방을 운영하며 판화와 북 아트 강의를 하고 있다. 그들은 활판인쇄박물관, 개인 아트갤러리, 북 아트 워크샵 스튜디오에서 다양하고 창조적인 작업을 하고 있다. 뉴질랜드는 이웃나라 호주에 비해 북 아트가 그렇게 일반화 되지 않았음에도 불구하고 취미나 판화가 연결한 북 아트가 요즘 급속도로 활발하게 퍼지고 있다.
호주에서는 북 아트협회가 호주 판화가협회의 산하 단체로 있듯이, 북 아트는 판화와 밀접한 관계를 맺고 있다. 뉴질랜드도 마찬가지로 그러한 영향을 많이 받았다.

John and Allison Brebner are teachers, printmakers and book artists. They have combined their talents to develop a working letterpress printing museum, maintain a private art gallery and provide a studio for teaching book art and a wide range of creative activities.

02

| A Basic Techniques of Book design |

북 디자인의 기본 알기

1. 시각디자인론

1) 의미

단순히 미적 가치만 추구하는 것이 아닌 감각에 소구하는 형식을 통해서 보다 높은 심리작용을 이용하는 감화형식이기 때문에 시각전달디자인이라고 한다. 여기에서 커뮤니케이션은 사람과 사람간에 기호에 의해서 의미를 전달하는 과정을 의미한다.

2) 시각디자인의 분류

커뮤니케이션의 기능별 분류

- 지시적 기능: 신호, 문자, 활자, 통계, 도표, 지도, 패키지 등
- 설득적 기능: 포스터, 신문광고, 잡지광고 등
- 상징적 기능: 심벌마크, 패턴, 일러스트레이션 등
- 기록적 또는 표현적 기능: 사진, 영화, TV 등

차원에 따른 분류

- 평면 디자인: 타이포그래피, 픽토그래피, 에디토리얼 디자인, 신문·잡지 광고디자인, 포스터 디자인, 도표 디자인, DM, TV 광고 디자인, 애니메이션 디자인, 일러스트레이션, 컴퓨터 그래픽 등
- 준평면 혹은 준 입체 디자인: POP 디자인, 포장 디자인, 옥외 표지 디자인, 무대 디자인, 홀로그래픽 등

3) 시각디자인의 기능

- 설득적 기능
- 매스 커뮤니케이션 기능
- 유료적 기능
- 마케팅 기능

4) 시각디자인의 영역

일러스트레이션

시각디자인에 사용되는 삽화, 설명화, 만화 등 직접 그린 드로잉이나 사진 또는 도형적 이미지들로써 메시지를 전달하는 모든 표현을 총칭한다.

타이포그래픽

활자를 사용하는 것만이 아닌 글이 말하고자 하는 바를 드러낼 수 있도록 타이포그래피 요소에 의한 적절한 시각적 배려와 뉘앙스가 활자에 담겨야 한다.

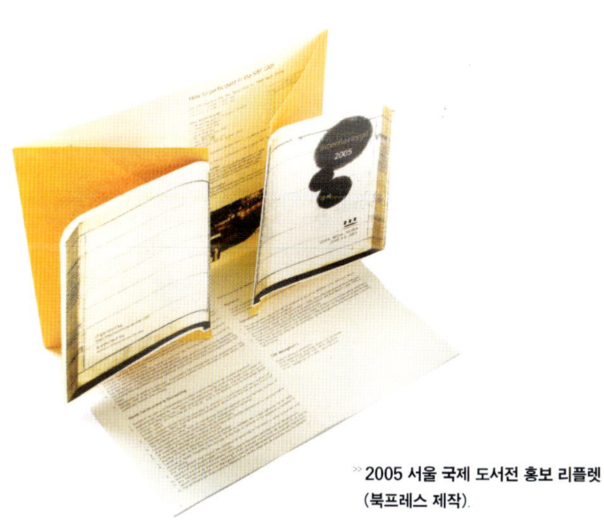

>> 2005 서울 국제 도서전 홍보 리플렛
(북프레스 제작).

편집디자인

신문, 잡지, 브로슈어, 서적, 홈페이지 등에서 시각물을 기능적으로 구성하고, 그 구성 속에 정보의 위계를 탄생시키는 분야이다. 편집디자인의 주요 관점은 페이지가 진행됨에 따라 내용이 순서대로 전개되기 때문에 일관된 흐름을 유지하는 가운데 전체적인 통일을 지향하는 것이 무엇보다 중요하다.

광고 디자인

기업의 판매 전략을 촉진시키기 위한 커뮤니케이션 활동이다.

포장 디자인

상품에 관한 정보를 소비자에게 명확히 전달하고, 상품을 안전하게 보호하는 역할을 한다.

아이덴티티 디자인

기업이나 단체, 조직 등의 '인격화'를 시각적으로 형상화시켜 대중에서 그 심상을 전달한다.

영상 및 멀티미디어 디자인

실제의 광경이 광학적 또는 전기적 방법으로 투영되거나 광점의 분포에 의해 생기는 순간적 현상이다.

기타 시각디자인

캘린더 디자인, 픽토그램, 다이어그램, 패턴 디자인, 캐릭터 디자인, 인터넷 배너광고, 디스플레이 등이 있다.

2. 디자인의 역사

1) 고대 사회

- 원시시대: 인간은 자연을 극복하는 수단으로 도구를 만들었고, 도구의 제자은 필요와 생활이 향산, 능률선을 위한 창조이식으로부터 출발했다. 자연에 새로운 형을 부여하려는 노력, 즉 디자인 의식의 발생을 가능케 했다.
- 고대시대: 이집트 문명은 종교적 상징을 장식의 주제로 많이 이용했다.
- 그리스 시대: 다양하고 많은 장식형을 만들어 내어 후일 유럽 디자이너들에게 큰 영향을 주었다. 장식은 색채보다 선과 형의 균형미에 중점을 두고, 도예품은 균형의 관련성에 염두를 두었다.
- 로마시대: 그리스 미술의 모든 형을 모방했으나 자신들의 위대함을 알리기 위해 장엄과 대담성, 호화로움이 나타날 수 있도록 진귀한 재료를 사용했다.

2) 중세 사회

내세 지향적인 기독교 사상이 성행하여 근대까지 유럽 디자인의 근원이 되었다. 중세의 미술은 초기 기독교형, 로마 미술과 동양의 혼합인 비잔틴형, 서구 유럽을 중심으로 발전한 로마네스크형, 중세 말기 서구에 만연된 고딕형으로 분류된다.

3) 근대 사회(르네상스)

- 산업혁명: 18세기 영국에서 일어난 산업혁명은 수공업적 가내공업을 공장제 대량생산으로 바꾸면서, 그때까지의 공예관에 커다란 혼란을 야기시켰다.
- 미술공예운동 **ART & CRAFT MOVEMENT**:

19세기 심미적 이상주의 사상에 뿌리를 둔 운동으로 모리스에 의한 미술, 공예 기법을 통한 최초의 품질회복운동이다. 모리스의 운동은 반기계라는 시대착오적인 면이 있기는 했으나 유럽으로 이어져 아르누보와 유겐트스틸양식으로 발전하였고, 독일에 이식되어 독일공작연맹을 창설케 했다.

>> 윌리엄모리스

- 아르누보: 1890년 경부터 약 20년간 벨기에, 프랑스를 중심으로 전개된 새로운 시대와 패러다임에 맞는 형식을 탐색했던 장식미술운동.
- 독일공작연맹: 독일을 건축가 헤르만 무테지우스와 피터 베렌스 등에 의해 모리스의 수공예운동과 신공예기술의 영향으로 설립·추진되었다.

>> 파이닝거의 목판화와 그로피우스가 작성한 바우하우스 선언문. 1919.

- 바우하우스: 독일공작연맹을 계승하여 공업과 예술을 결부시킨 것으로, 새로운 건축이나 공예를 창조한 학교이다. 1919년 월터 그로피우스를 중심으로 클레, 모흘리나기, 칸단스키, 요하네스 이텐 등이 바이마르에서 발족했다.

4) 현대 사회

- 입체주의: 형태의 구성과 탐구라는 새로운 조형의 방법을 추구했다.
- 미래주의: 반자연주의적이고 순수 형태를 지향하는 운동으로, 1914년 마리네티의 '미래파 선언'에 기인한다. 속도와 저돌성, 애국심과 전쟁을 찬양했다.
- 표현주의: 자연주의와 인상주의의 반동으로 일어난 사상으로, 작자의 마음 상태, 감정, 상상, 꿈 등의 표현에 중점을 두었으며, 매우 주관적이다.
- 구성주의: 제1차 세계대전 후 러시아에서 일어나 서유럽에 퍼진 추상예술로, 예술가는 근대산업의 재료와 기계를 사용하는 기술자이어야 한다고 주장했다.
- 신조형주의: 제1차 세계대전 중 네덜란드에서 발행된 새로운 미술운동의 기관지 이름에서 연유된 운동이다. 개성을 배제하는 주지주의적 추상미술운동으로써 자연으로부터 탈피, 인간의 정신 속에서 영감을 찾는 순수 조형주의 이론에 근거하고 있다.
- 모던디자인 운동: 민주주의를 근본원리로 하는 최초의 디자인 운동으로, 꾸밈과 장식이 없는 간결성, 명쾌성, 균등성, 순수성, 질서성, 합리성 등으로 표현되는 기하학적 형태를 추구했다.

3. 디자인의 구성요소와 원리

1) 디자인의 구성요소

① 형태

- 점: 점은 크기, 방향이 없고 위치만 존재한다. 점이 확대되면 면이 된다.
- 선: 위치, 길이, 방향의 개념은 있으나 폭과 깊이는 없다. 선은 점이 이동한 궤적이며 면의 한계, 교차에서 나타난다.
- 면: 길이, 폭, 위치, 방향을 가지나 두께는 없다.
- 입체: 보는 방향과 각도에 따른 공간에서의 외곽선이다.

② 질감: 어떤 물체가 갖고 있는 독특한 표면상의 특징이다.

③ 문양: 이차원적이거나 삼차원적인 장식의 질서를 부여하는 배열이다.

④ 공간: 점, 선, 면 등에 둘러싸여 성립하는 실제적 또는 환영적 공간이다.

2) 디자인의 형식 원리

① 크기(SIZE)

② 척도(SCALE): 가구, 실내, 건축물 등 물체와 인체와의 관계 및 물체 상호간의 관계를 말한다. 스케일의 기준은 인간을 중심으로 공간 구성의 제요소들이 적절한 크기를 갖고 있어야 한다.

③ 비례(PROPORTION): 부분과 전체 또는 부분 사이의 관계이다.

④ 균형(BALANCE): 균형은 실내공간에 편안감과 침착함 및 안정감을 준다.

- 대칭적 균형: 가장 완전한 균형 상태, 안정감, 엄숙함, 완고함, 단순함 등의 느낌을 준다. 좌우대칭(나비, 잠자리), 방사대칭(회전계단).
- 비대칭적 균형: 물리적으로는 불균형이지만 시각적으로는 균형을 이루는 것. 자유분방하고 긴장감, 율동감 등의 생명감을 느끼는 효과가 크다.

⑤ 리듬(RHYTHM): 규칙적인 요소들의 반복으로 나타나는 통제된 운동감.

- 반복: 색채, 문양, 질감, 선이나 형태가 되풀이됨으로써 이루어지는 리듬.
- 점진: 형태의 크기, 방향 및 색의 점차적인 변화로 생기는 리듬.
- 대립(교체): 사각 창문틀의 모서리처럼 직각 부위에서 연속적이면서 규칙적인 상이한 선에서 볼 수 있는 리듬.
- 변이(대조): 삼각형에서 사각형으로, 검정색이 빨간색 등으로 변화하는 현상으로 상반된 분위기를 배치하는 것.

⑥ 강조(EMPHASIS): 시각적인 힘의 강약에 단계를 주어 디자인의 일부분에 주어지는 초점이나 흥미를 중심으로 변화, 변칙, 불규칙성을 의도적으로 조성하는 것.

⑦ 조화(HARMONY): 둘 이상 요소의 동일한 것만이 아닌 서로 다른 성질이 한 공간 내에서 결합될 때 발생하는 상호관계에 대한 미적 현상.

⑧ 통일(UNITY): 공간이든 물체이든 질서 있고 미적 즐거움을 주는 전체가 창조 되도록 그 부분들을 선택하고 배열함으로써 이루어진다. 통일은 변화와 함께 모든 조형에 대한 미의 근원이 된다.

4. 인쇄

1) 인쇄의 정의

지적정보전달의 수단으로써 종이를 비롯하여 그 밖의 피인쇄체에 지식과 정보를 신속히 대량으로 값싸고 정확하게 전달·보존하는 대중매체이다.

2) 인쇄의 특징

- 고품질 화상과 문자 등을 대량으로 기록, 표시할 수 있다.
- 빠른 시간에 대량을 복제함으로써 비용이 적게 든다.

3) 인쇄의 역사

기록으로 보존하기 위해 고안된 것이 문자이다. 이 문자들로 뜻을 전달하여 기록을 남기기 위해 최초로 사용한 방법은 암석, 동물의 **뼈**, 조개껍데기, 나무 등 자연 물질의 표면에 그림을 조각하는 것이었다. 이런 것들은 그림이나 문자의 기원이며, 또 책자의 시초라고도 할 수 있다.

- 동굴벽화: 구석기 시대 및 선사 시대의 기록을 남기기 위한 방법이다.
- 점토판(Clay tablet): 기원전 4000~2000년 경 비빌로니아와 앗시리아에서 부드러운 찰흙 판에 문자를 새겨 볕에 건조시키거나 가마에 구워서 책을 만들었다.
- 파피루스(Papyrus): 고대 이집트 벽화에서 그 유래를 찾아볼 수 있으며, 8세기 이전까지 유럽에서 기록 매체로 이용되었다. 이집트에서는 5천 년 전부터 나일강 부근에서 자라는 파피루스라는 수초의 줄기를 쪼개어 속의 부드러운 것을 엷게 하여 가로 세로로 엮어 압력을 가하여 만든 것을 필기 재료로 사용했다.
- 양피지(Parchment): 어린 새끼 양과 송아지 가죽을 물에 담근 후 지방질을 빼고 안쪽을 석회로 처리하여 건조·표백한 다음, 긁어내고 경석가루를 갈아서 사용했다.
- 탁인법: 인도에는 오래 전부터 나무, 자기, 금속 표면에 그림 등을 새겨서 천이나 종이 표면에 찍어내는 날인법과 돌에 새긴 문자에 먹을 도포하여 종이로 찍어 내는 탁인법이 있었다.
- 압인법: 메소포타미아, 이집트 등에는 오늘날의 인장과 비슷한 원통의 표면에 문자와 그림을 조각하여 찰흙 판에 압력을 주면서 찍어 내는 압인법이 있었다.

4) 인쇄기술의 역사

- 목판인쇄: 7세기 중엽부터 시작한 것으로 추정한다.
- 세계 최고의 오래된 현존 목판 인쇄물: 무구정광대다라니경(서기 751년 간행, 신라)

- 찰흙활자: 1041~1048년 중국 송나라 필승, 찰흙에 문자를 새겨 이것을 구워서 활자를 만듦.
- 나무활자: 1312년 중국 원나라 왕정, 나무활자로 자신이 쓴 농업에 관한 책을 22권 간행.
- 구리(동)활자: 1234~41 동활자를 사용하여 상정고금예문 50권을 인쇄했다는 기록이 있다.
- 금속활자: 1445년 구텐베르크, 납활자 발명. 고려 우왕 3년(377년) 흥덕사에서 간행한 책으로, 세계에서 가장 오래된 현존 금속활자 인쇄본인 직지심체요절이 현재 프랑스 국립도서관에 보관되어 있다.

5) 인쇄기의 발달

- 구텐베르크 시대부터 18세기까지의 인쇄는 목재 평압기이다.
- 제임스 와트가 증기기관을 발명하여 동력을 사용하게 됨으로써 1811년에 외연기관을 사용한 최초의 철제 인쇄기가 발명됐다.
- 1798년에 제너펠더에 의해 대리석을 이용한 석판 인쇄 발명, 형판 인쇄의 시대를 열었다.
- 1430년 독일에서 최초로 세밀한 화선을 구리판에 조각하여 오목판을 탄생시켰다.
- 클리치(Klietsch, Karl, 1841~1926년)에 의해서 오늘날의 그라비어 제판법과 인쇄기가 발명되어 윤전 인쇄가 가능하게 되었다.
- 19세기에는 사진술이 발달함에 따라서 인쇄 제판에 널리 이용되었고, 20세기부터는 전자기술의 발달로, 인쇄는 전자 시대를 맞게 되었다.

6) 인쇄물의 5대 요소

원고, 인쇄판, 인쇄 잉크, 피인쇄체, 인쇄기

7) 인쇄의 4형식

- 볼록판 인쇄법(Relief printing): 화선부가 비화선부보다 높게 되어 있다. 볼록판의 종류로는 목판, 활판, 선화 볼록판, 사진 볼록판, 감광성 수지판, 고무판 등.
- 평판 인쇄법(Lithographic printing): 물과 기름의 반발력을 이용해서 화학적으로 제판되는 인쇄 방식. 화선부와 비화선부의 높이 차이가 없다.
- 오목판 인쇄법(Intaglio printing): 화선부가 오목하며, 여기에 잉크를 채워 인쇄한다. 사진 오목판을 그라비어판이라 한다. 그라비어 인쇄물에는 미술, 사진, 나뭇결, 자연석 무늬, 포장지, 담배갑 등이 있고, 조각 오목판의 인쇄물에는 지폐, 수표, 주권 등이 있다.
- 공판 인쇄법 (Stencil printing): 스크린 인쇄가 대표적이다. 인쇄물로는 유리, 도자기, 금속, 천, 비닐, 가죽제품 등이 있다.

8) 인쇄 용지

인쇄용지의 종류

- 아트지(Coated paper): 광택이 있는 용지로 볼록판의 사진판이나 평판 인쇄에 사용, 원지는 화학 펄프를 주로 사용.
- 머신 코트지(Machine coated paper): 아트지와 비슷하나 종이가 건조하기 전에 표면에 칠을 하므로 도피층이 얇고 평활성도 떨어지므로 값이 싸다. 평판이나 볼록판 인쇄에 많이 사용.
- 상질지: 코트지에 비해 습도가 낮다. 서적 본문용 또는 전표 등에 쓰인다.
- 갱지(Groundwood paper): 신문 인쇄에 많이 사용, 오래 되면 갈색으로 변하는 단점이 있다. 하급 인쇄용지.
- 판지(Paper board): 비교적 딱딱하고 질긴 종이, 마닐라판지, 색판지, 칩보드 등이 있다. 주로 포장재, 용기 등에 사용한다.
- 골판지(Corrugated board): 상자 제조에 많이 사용, 골의 크기 및 면수에 따라 분류.
- 글라신지(Glassine paper): 기름에 대한 내성이 좋아 식품의 포장용지로 많이 사용.
- 백상지(Woodfree paper): 보통 모조지라고 한다.
- 크라프트 판지(Kraft board): 표면이나 이면에 미표백 크라프트 펄프를 사용하여 만든 판지로, 강도가 좋고 내절성이 우수하다.

인쇄용지의 규격

인쇄용지는 중량으로 규격을 정한다. 치수는 A,B판 두 가지의 전지 규격을 계속 반분한 것이 흔히 말하는 A3, B4 등의 규격이다. 반분한 횟수에 따라 2절, 4절, 8절, 16절, 32절이라한다.

- 국전지: 636 x 939mm
- 4 x 6전지: 788 x 1091mm

종이 두께는 g/m^2당 평량으로 표시.

인쇄 제품의 규격 4.6판, 국판, 국배판 등의 치수 표시도 통용되고 있다.

- 4 x 6배판: 188 x 257mm
- 4 x 6판: 128 x 188mm
- 4 x 6반판: 94 x 128mm
- 국배판: 210 x 297mm
- 국판: 140 x 210mm

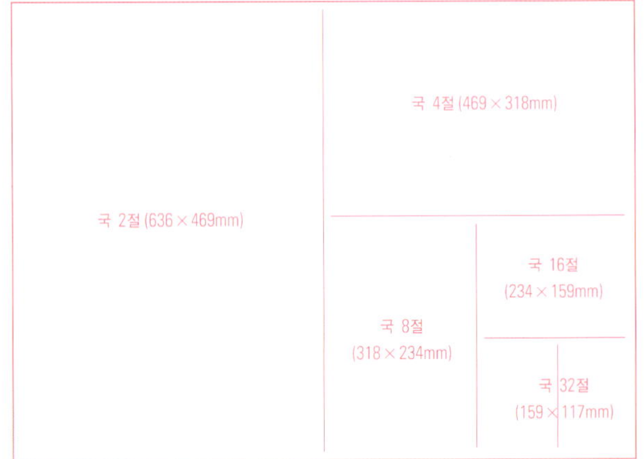

용지 규격별 주요 용도(KS)

B0 : 1030 x 1456
B1 : 728 x 1030 (포스터)
B2 : 515 x 728 (포스터)
B3 : 364 x 515
B4 : 257 x 364 (그래픽 잡지)
B5 : 182 x 257 (잡지, 카탈로그 등)
B6 : 128 x 182 (서적)
B7 : 91 x 128 (수첩)

A0 : 841 x 1189
A1 : 594 x 841 (포스터 등)
A2 : 420 x 594 (포스트 등)
A3 : 297 x 420
A4 : 210 x 297 (악보, 그래픽 잡지 등)
A5 : 148 x 210 (서적, 잡지, 교과서)
A6 : 105 x 148 (문고판)
A7 : 74 x 105 (포켓용 수첩)

9) 가공

제책의 개념

인쇄물을 계획된 순서에 따라 정리하고 배열하여 완성된 책으로 만드는 것을 말한다. 견고성, 가독성, 편리성, 아름다움 등을 고려해야 한다.

제책의 종류

- 양장: 내지를 실이나 철로 꿰매고, 재단한 다음, 표지를 붙여 만드는 방법. 책등의 모양에 따라 등이 둥글게 이루는 환양장과 직각으로 이루어진 각양장으로 나뉜다.
- 반양장: 내지를 묶는 방식은 양장 방식과 같으나, 표지를 붙이는 방식은 무선 방식으로 한다. 표지의 내구성이 약하지만 양장에 비해 제작단가가 저렴하고 시간도 짧다.
- 무선철: 실이나 철사로 묶지 않고, 접착제만으로 제본하는 방식.
- 호부장: 철사로 내지를 묶고 책등과 면지에 풀을 칠해 표지를 붙이는 방법.
- 중철: 접지된 내지의 한가운데를 스테이플러와 같은 철심으로 제본하는 방식.
- 바인더 제책: 앨범이나 다이어리 등 한쪽에 구멍을 내어 바인더하는 방식.
- PVC링 제책: 내지와 표지에 구멍을 내어 프라스틱이나 PVC판으로 묶는 방식.
- 스프링 제책: 한줄의 스프링으로 제본하는 방식.
- 트윈 링 제책: 네모 모양의 구멍을 뚫고 두 개의 철사처럼 보이는 링을 구멍에 넣어 프레스로 눌러 만드는 방법.
- 고주파 제책: 사전이나 성경에서 보는 바와 같이 책의 표지를 비닐로 씌워 만드는 방식.
- 입체 책(Pop-up Book): 펼치면 튀어나오는 방식.

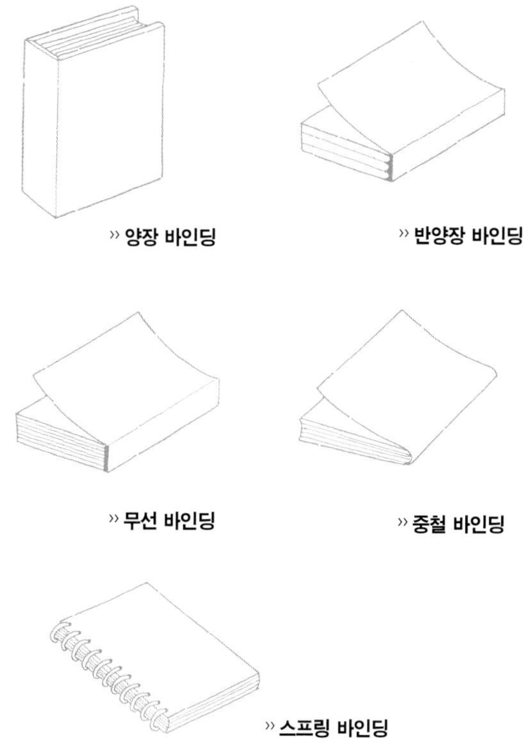

제본 공정

재단 – 접지 – 정합 – 제본 – 재단 – 표지 – 재단 – 완성

표면 가공

- 라미네이팅(Laminating): 유광과 무광이 있다. 표면 가공 중 제일 고급 코팅 방법.
- 라미넥스: P.E 필름을 이용하여 인쇄물 전체를 감싸므로 내구성이 뛰어나다.
- 바니시 코팅, 오버 코팅, UV 코팅 등이 있다.

톰슨 가공

원하는 모양으로 합판 위에 칼을 꽂아서 만든 목형을 이용한다.

박 찍기

금형을 이용하여 100℃ 이상의 고온으로 열압착하여 인쇄가 어려운 재질에 금, 은, 청, 적 등으로 찍는 방법.

5. 색채심리학

1) 색의 이해

색채의 개념

색채란 물리적 현상으로써의 색이 감각기관인 눈을 통해서 지각되었거나, 그러한 지각 현상과 같은 경험 효과를 일컫는다. 색이 물리적 현상인 것에 비하여, 색채는 심리적 현상이라고 할 수 있다.

색의 분류

색채는 일반적으로 무채색과 유채색으로 나눈다. 무채색은 하얀색, 회색, 검은색 등 색의 기운이 없는 것을 말하고, 유채색은 빨강, 주황, 노랑, 초록색, 파랑, 보라 등의 색감을 가지고 있는 무채색 이외의 모든 색을 일컫는다.

색의 3속성

색의 3속성에는 색상, 명도, 채도로 구분된다. 색상은 빨강, 노랑, 파랑 등 다른 색과 구별되도록 지어 놓은 색의 이름을 말하는데, 스펙트럼의 순서대로 나열한 것을 '색상환'이라 한다. 명도는 색의 밝고 어두운 정도로써 흰색이 10도로 명도가 가장 높으며, 검은색이 0으로 명도가 가장 낮다. 유채색, 무채색 모두 이 특성을 가지고 있다. 채도는 색의 맑고 깨끗한 정도를 말하며 유채색에만 있다. 순색은 그 색 중에서 가장 채도가 높고, 어떠한 색을 섞으면 섞을 수록 채도는 낮아진다.

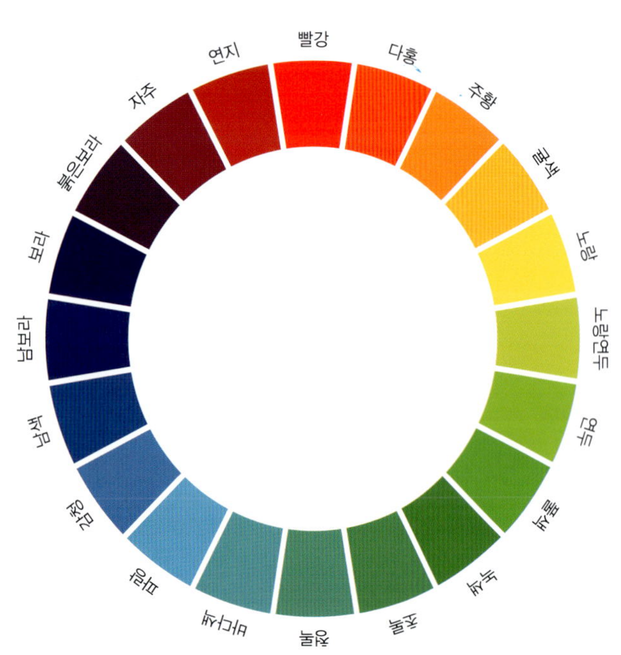

2) 색의 감정

각종 색은 각기 다른 감정을 지니고 있으며, 감정도 다종다양하고 미묘하게 변화한다. 신체운동이나 표정 등에 의한 표출에 따르는 강렬한 느낌으로써의 정서, 비교적 장시간에 걸쳐 약한 감정으로써의 기분, 쾌·불쾌 등의 질적인 감정도 있으며 기쁨, 슬픔, 무서움, 화남, 고통스러움, 쓸쓸함 등에서부터 수치감, 열등감 등에 이르기까지 실로 다양하다.

색은 보는 사람들에게 여러 가지 감정을 일으킨다. 이 감정은 보는 사람들의 주관에 의한 것으로, 개성적인 느낌이나 그때의 감정 등에 의한 경우가 많지만 일반적인 공통점도 많다. 그러므로 색을 사용하는 데는 보는 사람에게 어떤 감정 효과를 주게 하는가를 충분히 검토하고 배려하여 실시하도록 해야 한다.

배색의 조화, 부조화 등에도 개인의 지성이나 감성에 따라 차이가 생기는 것은 당연하다. 또 이외에 남성적, 혹은 잘 배려한, 생기 있는, 순수한, 속이 깊은 등의 사회적 경험에 의해 일어나는 복합 감정 등에 의해서도 달라진다. 색이 주는 감정은 개인에 따라 다르므로 객관적인 기술은 불가능하다고 하는 견해도 있으나 어느 정도까지는 객관적으로 나타내는 것이 가능하다.

따뜻한 색 – 차가운 색

빨강, 주황, 노랑과 같은 색은 보는 사람에게 따뜻함을 느끼게 하므로 '난색'이라고 하며 파랑, 녹청과 같은 색은 보는 사람에게 냉함, 차가움을 느끼게 하므로 '한색'이라고 한다. 가장 따뜻하게 느끼는 난색은 주황끼의 빨강이며, 가장 차가운 한색은 망간·청 혹은 망간산염·바륨이다. 또 색상에 있어서 어느 것에도 속하지 않는 초록색, 보라색, 자주색, 황록색 등은 중성계 색으로 취급된다. 순색계열은 중성계이면서 명도의 변화에 의해 중성계가 되지 않는 경우도 있다.

색의 온도감은 색상에 의해 강하게 느껴지지만 명도 구분만 있는 무채색에서도 한색과 난색의 감정이 나타나, 고명도는 찬 느낌을 준다. 즉, 흰색은 한색의 원점이며, 밝은 흰색에서 어두운 회색으로 감에 따라 한색 느낌이 줄어들고, 중명도에서는 중성이 되어 저명도가 됨에따라 난색 느낌이 증가하여 검정색에 가까워져도 난색이 된다.

색이 가진 온도 감각은 물리적인 사실과도 관련된다. 즉, 적외선은 열선이라고 불리어지는 것과 같이 열작용이 있으며, 단파장 쪽의 색은 장파장 쪽의 광, 즉 열선을 많이 흡수한다.

따라서 파란색을 많이 사용한 방에서는 열선을 많이 흡수하기 때문에 서늘하게 느끼는 것이다. 이와 같이 색의 온도 감각은 물리적인 사실에 기초하는 한편, 색의 연상작용도 강하게 작용한 것이다.

밝은 색 – 어두운 색

일반적으로 말하면 밝은 느낌을 주는 색에는 빨강, 주황, 노랑, 황록, 파랑, 하얀색 등이며 어두운 느낌을 주는 색은 천록, 천자, 보라, 검은색 등이다. 초록색은 이 경우에 중성적이며 명이나 암 어느 쪽에도 기울지 않는 안정된 밝기를 가지고 있다.

색의 명암에 대한 감정은 주로 명도와 관계가 있다는 것은 말할 것도 없다. 명도가 높은 것은 밝고 명도가 낮은 것은 어둡게 느끼는 것은 당연하다. 색의 명암은 무채색과 유채색의 명암 척도를 사용하여 나타내는데, 명암 값은 회색의 다양한 농담이 반사하는 빛의 양과 관계없이 지각적인 수준에서 정해지는 일련의 척도값이다. 이러한 명도의 감정이 반드시 명도만으로 좌우되는 것은 아니다. 밝은 색과 어두운 색은 색 자체의 밝기만이 아니라 사람 마음의 밝기에 영향을 주기도 한다.

예를 들면 빨강이나 주황, 노랑과 같은 난색 계통의 순색이나 밝은 색을 보고 있으면 밝은 기분이 되고 밝은 색의 방에서 생활하면 자연스럽게 명랑한 성격이 키워진다. 색의 명암에 대한 감정은 명도가 높은가 낮은가에 제일 많은 영향을 받고, 채도의 고저나 색상에 의한 한색과 난색의 감정 등에서도 영향을 받는다. 무채색의 경우에 흰색은 다른 순색과의 배합에 의해 밝은 분위기를 만들기 쉬우며, 검은색이나 명도가 낮은 회색은 침울한 음기의 분위기를 만들기 쉽다.

3) 색채 별 상징 및 심리적 특징

색채 심리학이란?

색채에 대하여 가지는 인상·조화감 등에 이르는 여러 문제를 다룬다. 그뿐만 아니라, 생리학·예술·디자인·건축 등과도 관계를 가진다.

색깔은 시각적인 자극을 주기 때문에 그것으로 인한 소비촉진이나 마케팅 전략, 건축, 영화 등등에서 활용되는 것이다. 대표적인 것으로 패스트푸드점이나 식당은 오렌지색으로 배색하면 식욕을 느낀다. 그리고 파란색 후광은 공포감을 증폭시킨다.

또한 상품에 있어서 파란색 종류의 색채는 차분한 느낌을 주는 대신 빨간색은 시각적 자극을 주게 된다. 그래서 보통 식료품은 파란색 배색을 쓰지 않는다. 코카콜라의 빨간색 역시 소비자에게 시각적인 자극을 줘서 소비를 촉진시키기 위함이다.

색깔과 관련된 개인의 느낌을 이용한 색채심리학은 광고, 영화, 건축 등의 다양한 분야에서 활용되고 있다.

빨간색

빨간색은 열정, 힘, 활동성, 따뜻함이라는 적극적인 이미지를 갖고 있으며, 자극적이고 흥분을 일으키는 색이다. 또한 공격성이나 분노, 맹렬 등을 연상시키기도 한다. 이렇듯 빨강은 모든 색 중에서 가장 위압적이며 역동적인 색이다. 눈에도 가장 잘 띠고 다른 색을 압도한다. 반면 매우 감성적으로 예민하여 다양한 색조 변화를 전개할 이 색의 열기는 화염과 같이 격렬하여 위험이나 긴급을 전달하기 위해 많이 활용되며, 심리적으로 자극성이 강하고 흥분적이며 불안을 초래하고 신경을 긴장시키나 그 반면에 넘치는 혁명의 상징을 나타내기도 한다.

빨강은 일반적으로 에너지가 넘치는 어린이들이 좋아하는 색이다. 기력이 충실하고 활기가 넘치며, 행동이 적극적이고 매사에 힘찬 활력이 넘친다. 빨간색이 조화롭고 아름답게 칠해졌을 때는 애정의 표현이기도 하며, 거칠게 칠해졌을 때는 적대감과 공격심을 표시할 경우도 있다.

조용하고 내성적인 사람이 빨간 색깔의 옷을 자주 입거나 물건을 많이 사용하는 경우가 있는데, 이는 빨강이 지니는 따뜻함과 활력에 대한 욕구를 가지고 있다고 볼 수 있다.

- 흥분, 정열적, 다이내믹.
- 식욕 자극.
- 공격적, 시선 집중, 강요.
- 섹시, 유혹.
- 빨간 와인: 부자, 정제된, 비싼.
- 성숙, 강력한, 호화로운, 풍만한 – 고가의 물건에 잘 어울림.

노란색

노란색은 모든 색상 중에서 어떤 색보다도 밝고 뚜렷한 느낌을 갖고 있다. 노란색은 인체의 신진대사에 유리한 영향을 주기도 한다. 노란색은 밝고 부드러우며 따뜻하고 가볍고 아름다우며 화려한 색이다. 아동들의 대부분이 노란색을 좋아하고 대단히 선호하고 있다.

노란색의 특징으로는 같은 넓이보다도 더 크게 보이는 팽창의 효과를 가지고 있다. 그래서 교통 표지판이나 장애물, 도로 중앙 분리선, 건설 현장 등의 안전 색채로써도 큰 역할을 한다. 연상적 이미지로는 청순, 명랑, 질투, 화려 등이 느껴지며 개나리, 나비, 어린이 비옷, 봄꽃 등이 있다. 아동이 노란색을 선택할 경우, 표면상으로는 명랑하고, 어리광스럽고, 사교적이며, 정서적인 인정미가 넘쳐 흐르지만 의존적인 행동이 많으며, 유아적 상태에 머무르려는 욕구 사이의 갈등을 나타내는 색으로, 마음속의 외로움으로 의지할 이성, 안심하고 어리광을 부리며 의존하고 싶은 애정의 욕구를 간직한 것이다.

- 상상력과 기쁨 표현.
- 기분 상승, 부드러움.
- 시선을 순간적으로 사로잡아 소비자의 구매 결정을 이끌어냄.
- '맛있다' 연상.
- 노랑과 제일 잘 어울리는 색은 검정. 시선 집중. 경고 표현.

주황색

주황은 활력과 에너지가 강한 색으로써 생생한 활력을 가지고 있다. 또한 사회적인 색으로써 명예를 상징하며, 환희와 발랄한 성격을 가지고 있다. 주황을 좋아하는 사람은 건강이 넘치는 사람으로서 사회에 잘 적응한다. 사교성이 좋으며 혼자 있기를 싫어하고 외향적인 성격을 지닌 사람들이 많다. 주황을 좋아하는 아동은 주위와 잘 적응하는 성격을 지녔다. 또한 공상적 놀이로 현실 생활에서 도피하려는 어린이에게서 나타나기도 한다. 동정과 우애를 구함과 동시에 수줍은 어리이에게 주로 나타나는 색상이다.

- 10대 - 20대 초반이 선호하는 색상.
- 즐겁고, 가벼운 주제 전달.
- 행복, 엔터테인먼트, 어린이용.
- 장난감, 게임, 저가형 물건(청소년용)의 상품 표현에 적합.
- 코메디, 만화 같은 느낌의 전달.
- 형광 오렌지 - 논쟁의 대상 표현.
- 선명한 오렌지 - 소비재 상품의 구매 결정을 이끌어 냄.

- 특정 문화를 표현할 때(멕시칸 살사 소스, 인디안 카레) 생동감과 따뜻함을 전달하는 용도로도 쓰임.
- 노랑, 빨강과 함께 쓰이는 오렌지 색상은 식욕을 자극시켜 패밀리 레스토랑에서 많이 사용.
- 시장에서 시선을 끄는 용도로 많이 쓰임.
- 복숭아 오렌지는 건강을 상징. 미용실 등에 장식으로 좋음.

초록색

이 색에서 연상되는 상징어는 풍요로움, 젊음, 신선함, 희망, 평화, 안전, 이상, 안락함 등이 있었으며, 동·서양에서 거의 같은 경향을 나타낸다. 즉, 초록은 '자연계의 색'이라는 뜻이다. 초록은 빨강·파랑과 함께 빛의 원색으로, 풍토와 문화적 배경의 차이나 개인적인 차이가 나지만 같은 민족, 경험에 의해 공통적 이미지를 가진다. 인간에게 가장 친밀한 색인 초록은 표지로서의 안전, 진행, 구급 등으로 쓰인다. 예로는 비상구, 안전 지역 표시, 진행을 알리는 신호나 녹십자 등에 쓰인다. 이러한 초록이야말로 인간의 이상, 평화를 상징하는 이상적인 색이라고 할 수 있다.

초록을 좋아하는 어린이는 충동에도 잘 견디며 자기 감정을 잘 조절할 수 있고, 행동적이며 자기 만족적이며 잘 생각해서 행동하는 특징이 있다. 초록색을 선택하는 유·아동은 주로 자기 감정을 강하게 표현하지 않는 내행적인 어린이다. 초록색은 감정적 충동이 순화된 것이며, 감정의 결여나 회의적인 경향이 있기도 하며, 엄격한 가정의 아동이 즐겨 쓴다.

- 파랑 / 초록 / 하양의 조합 - 깨끗함, 신선, 따뜻함.
- 편안함, 휴식, 생명력.
- 짙은 초록색 - 돈, 명예, 안전 (금융사).
- 신뢰 - 파랑과 함께.
- 밝은 노랑 / 초록색 조합 - 신경 질환 및 질병 발생. 건강 제품에 사용하지 않는 것이 좋다. 그러나 어린이, 청소년들이 선호.
- 식물 색 - 건강, 침착.

파란색

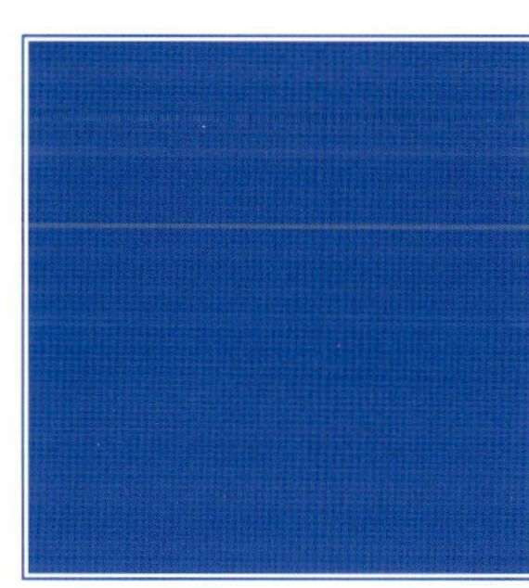

파란색은 맑게 개인 하늘과 드넓은 바다, 그리고 시원한 그늘을 연상시키며, 편안함과 정적, 평화를 상징하는 색상이다. 파란색은 평온한 분위기를 만드는 색이다. 따라서 파란색을 싫어하는 사람은 거의 없다. 그리고 밝은 파랑은 소극적인 성격을 나타내고, 적극적인 인상들은 고요함, 안전성, 편안함, 온건, 온전함 등이다. 부정적인 성격으로는 놀라움, 우울, 차가움 등을 지니고 있다. 온도 감각에서도 한색이나 진정색의 대표적인 색이다. 이러한 이미지는 물, 얼음, 찬 공기가 연상되므로 추위, 냉각의 표시로 쓰인다. 파랑에서는 정직, 희망, 침착, 서늘함, 쓸쓸함, 충실, 깊음, 투명, 고요함, 공간적 느낌 등을 주는 것으로, 동·서양의 감정이 비슷하다.

어린이들의 견해에도 차갑고 남성적이며 강하고 뚜렷한 색이라는 견해가 많다. 그림을 그리는 경우에 따라 달라질 수 있는데 어린이가 예민하고 긴장된 필치로 그림물감의 청색 덩어리채로 집중적인 그림을 그렸다면 놀고 싶은 욕망을 강렬하게 억제 당하고 있어 반항하고 싶지만 뜻대로 되지 않는 상태라고 생각해도 무방하며, 선과 형으로 그리는 경우는 비교적 명랑한 성격의 아동으로 주위에 잘 적응하는 행동을 한다.

- 신뢰성, 자신감(기업 웹사이트에 적합).
- 침착, 편안함, 집중의 효과.
- 군청색 – 점잖음, 신중함.
- 형광 하늘, 밝은 파랑 – 생동감, 생기.
- 부자, 특별함, 규모가 큰.
- 남성, 여성 모두가 선호하는 색상.

보라색

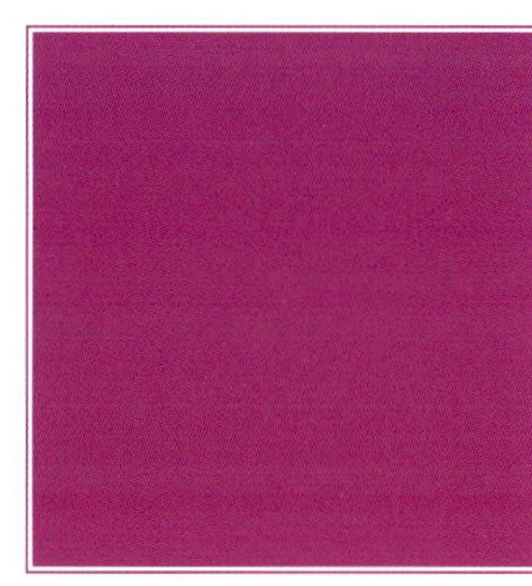

빨강과 파랑의 혼합으로 생긴 중성색으로 주목성이 낮다. 본래 귀족의 색으로 고귀, 우아, 평안, 신비, 영원 등을 연상시킨다. 고대 중국에서는 태평성대의 상징이나 형이상학적 세계의 사상적 표현으로 사용되기도 했다. 우아하게 보이는 색이기도 하고 예술가들과 문화적인 취향의 사람들이 좋아하고 여성을 더욱 여성스럽게 보여주기도 한다.

이 색을 좋아하는 사람은 섬세하고 뛰어난 취향을 가지고 있으며 허영심이 있는 반면, 재능이 뛰어나고 모든 예술, 철학, 발레, 심포니, 그 밖의 고상한 일을 즐겨하는 사람들이다. 반면, 보라를 기피하는 사람은 타인과 융화하고자 하는 동경을 자주 억누른다. 이러한 태도에는 타인이나 파트너와 융화하기 위한 조건이 이루어지지 못한 경우가 많기 때문이라고 볼 수 있다. 보라색을 고집스럽게 잘 사용하는 유아·아동의 경우는 억제된 불행한 심리상태와 관계가 깊고 친구를 많이 사귀기를 싫어하는 감상적 태도가 강하다.

- 다중적, 복합 칼라 – 의미가 많음.
- 육체, 정신 두 가지 표현(빨강과 파랑의 특성을 동시에 가짐):
  빨강과 파랑 대용 사용 가능 – 톤 조절에 따라.
- 구매 관련 사용 사례 적음 – 다른 색상에 비해.
- 뉴에이지, 신상품 표현에 적합 – 복합성, 특이함 특성에 따라.
- 짙은 보라 – 유럽의 특징(제왕, 위엄).
- 옅은 보라 – 센티멘털, 고향 그리움, 우아한.
- 다양한 연령대와 성별 적용 가능.
- 달콤한 과일, 향기 연상 – 예) 포도.

분홍색

분홍은 애정과 사랑을 가지고 있으나 빨강과 같은 열정은 없다. 이 색은 아름다움과 신비로운 사랑의 상징이다. 부드럽고 섬세한 영향을 주며 혈액순환이 잘되는 피부와 육체에 관련이 있다.

분홍을 선호하면 보호를 원하며 주변으로부터 특별한 대우를 바라고 보호된 삶을 원하는 경향이 많다. 허약하고 연약하게 보이는 사람들이 즐겨 입고 너무 많이 입거나 사용하는 사람은 꿈나라, 환상의 세계에 살고 싶다는 욕구를 나타낸다. 또한 이 색을 선호하는 아동은 순진하고 솔직하나 내성적이어서 표현력이 부족하고 지구력이 약하다.

분홍색을 거부하는 것은 정서적으로 부드럽고 섬세하고 귀여운 것에 대한 평가를 낮춘다는 표현이다.

분홍색을 좋아한다는 것은 그들에게 약함을 인정하고 자신도 약하게 될 수 있다고 생각하기 때문이다.

- 열기 왕성, 젊음, 활발한 움직임.
- 즐거움, 재미.
- 일시적 유행, 변덕스러운, 별난.
- 비교적 싸고 유행 타는 상품의 표현에 적합 – 장난감. 플라스틱류.
- 비성숙, 인공적인(저렴한 느낌) 느낌 있으니 사용에 주의해야 함.
- 화장품 – 구매 결정 이끌어 냄.
- 빨강과 보라의 중간 핑크는 '성장' – 관능적인, 과장된, 부자연스러운.
- 옅은 핑크 – 로맨틱, 부드러움, 여성.
- 달콤한 맛과 향기 – 향수 표현에 적절.
- 장미색 핑크 – 건강하게 보임, 건강.

검정

검정은 자기방어와 자극적인 영향을 억제하며 폐쇄적이며 반항적 항의를 나타낸다. 또한 검은색은 포기를 상징하기도 한다.

이 색은 외부와 차단하는 경향이 있으며 우울적 성향, 통제된 욕구와 지적 능력과 관계를 갖는다.

검정을 기피하는 사람은 어떤 것에 포기하지 않는 것으로 볼 수 있다.

이러한 사람에게 있어서 포기는 결핍과 불안을 주는 손실을 의미하는데, 반면에 어떤 것을 포기할 수 없기 때문에 과도한 욕구를 부과할 위험이 있다. 미술치료에서 검정은 일반적으로 권장되지 않는다.

그러나 검정으로 자신의 감정이나 억압된 정서를 표현하는 사람에게는 그러한 색을 통하여 자신의 상황을 자유롭게 표출할 수 있는 기회를 줄 수 있다. 아동은 그림을 지우거나 보이지 않게 하기 위하여 또는 사물의 윤곽을 더 분명하게 보이도록 하기 위하여 검정을 선택하는 경우도 있다.

- 파워풀, 드라마틱함, 우아한, 비싼, 고급.
- 문화적 특성 많이 따름 – 검정이 나쁜 징조 등으로 쓰이는 문화권 있음.
- 무게감 – 무거워 보임(교통수단에 검정 사용은 좋지 않음).
- 하얀색과 함께 – 강한 대조 – 명확함, 파워, 순수.
  우리는 색을 표현함에 있어서 푸른 색, 밝은 색, 어두운 색, 연한 색, 진한 색, 새빨간 색, 검붉은 색 등으로 구분한다.

회색

순수한 회색은 보수적이고 조용하며 고요한 성질을 갖는다. 뿐만 아니라 황량함, 지루함, 수동성 그리고 무생명의 분위기를 자아내기도 한다. 회색은 빛과 어둠의 양면성을 갖는다. 그것도 긴장도 안심도 아니다. 회색지대에서는 어떠한 방향으로도 분명함을 갖지 않는다. 회색 선택에 대한 유·아동의 심리는 대인관계가 원만하지 않으며 경계심이 강하고 열등감을 많이 갖는다. 가정에서 억압당하는 느낌을 만성적으로 갖고, 냉정하고 내성적이며 경계심이 많고 외로움을 많이 탄다. 아주 밝은 회색은 하얀색과 같은 상징이 나타나고 그 외의 회색은 전부 검정에 가까운 의미로 표현된다.

- 신뢰 메시지.
- 오래된 건축물, 사원 – 견고함, 오래됨. 그러나 멋스러움, 튼튼, 시간 초월, 클래식.
- 따뜻함, 차가움. 조절에 따라 심리적 효과 달라짐.
- 회색은 어떤 칼라와도 충돌하지 않음 – 밝음과 강도의 완충 역할.

하얀색

하얀색은 빛, 하늘, 숭고함, 희망, 성스러움, 그리고 순수함을 나타낸다. 기독교 지역에서는 순결, 결백, 순수를 나타내며, 유대인들에게 있어서 순결과 기쁨을 나타낸다. 검정의 반대색으로 하얀색은 신, 검은색은 악마를 상징한다. 또한 하얀색은 긍정을, 검은색은 부정을 상징한다. 악한 의도는 없지만 자신의 속마음을 숨기는 거짓말, 하얀 거짓말이라고도 한다.

유·아동이 하얀색을 자주 사용할 경우, 그 선택의 심리는 외부 또는 과거에 대한 후회 등이 결백한 심정으로 되돌아가고픈 마음으로, 하얀색이 많이 표출된다. 내성적이며 폐쇄적이고 고집이 세서 친구가 적다.

- 시선 집중 – 포장 및 간판으로 제일 많이 쓰임.
- 위생 – 유아용품 – 명확함, 선명함, 깨끗함.
- 크림, 바닐라 색 – '맛있다' 연상.

갈색

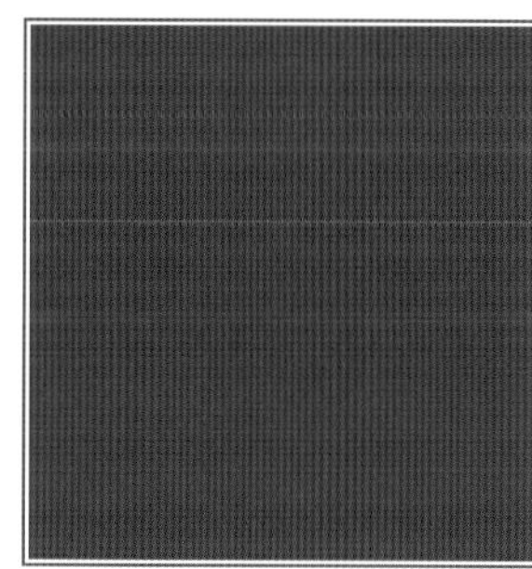

갈색은 빨간색과 초록이 혼합된 색상이디. 심리적으로는 충동괴 억제 시이의 중간적인 입장에 있는 색상이라고 볼 수 있다. 또한, 갈색은 오렌지색과 파란색을 혼합하여 만들 수 있는 색상이다. 이러한 혼합색은 유·아동의 어머니와의 갈등관계를 시사한다고 할 수 있다.

갈색을 고집해서 쓰는 어린이는 모성애의 결핍과 관련이 깊어 애정의 욕구가 강하며 더러운 것을 싫어하고, 물욕, 금전욕이 강한 상태이다. 고동색일 경우는 극도의 애정 부족이며, 항상 불만이 많고 자기주장을 잘 나타내지 않는다.

3) 미술치료를 통한 색채 치료

미술치료는 질병의 치료보다도 정신적면에서 기력을 높여 주는 역할을 한다. 마음먹은 대로 그림을 그리는 것이 어떤 병의 불안이나 스트레스를 풀어 준다는 의미이다.

인간이 색채를 바라보며 그중에서 어떤 색을 선택하려고 할 때, 뇌 속에서는 어떤 흥분이 일어나고 있는 것일까? 어떤 색에 마음이 이끌리는 것은 그 색에서 쾌감을 느끼고 있다는 것이다. 생명력의 기본에는 '쾌감 원칙'이 움직이고 있으며, 인간은 그것을 마음속으로 잘 느끼기를 원하고 있다.

색채는 인간 감정이 정체되는 것을 방지하고, 마음과 몸의 에너지를 순화시킨다. 그림을 그리려고 할 때, 뇌 속에서는 쾌감은 중추를 자극하는 색채를 찾아 헤매고, 눈은 팔레트 위를 달리며, 손은 그 색을 잡아 눈에 보이도록 그림으로써 표현한다. 그리고 그 색 정보는 다시 눈으로부터 시상하부로 피드백 되어 정지되어 있던 감정을 발산시키는 것이다. 이때 뇌는 자연스럽게 쾌감을 느낀다. 그 순간에 해방감이 발생하며, '치유'가 일어나는 것이다.

또한 미술치료에서는 색의 일반적 상징, 심리적 진단 및 치료로써의 적용 가능성을 다루고 있다. 개인이 체험한 색을 일반적 상징과 그림에 나타난 형태와 주제와 내담자 혹은 환자의 상상을 고려하여 그러한 상호 관계 속에서 색이 주는 상징도 살펴보아야 한다.

따라서 마음대로 내적인 상징성과 색채를 표현할 수 있게 함으로써 내적 갈등을 통찰하고 치유하게 도와주고 인간의 삶에서 필수적 요소인 빛에너지를 통하여 색을 다양하고 균형있게 사용하는 것이 중요하다.

4) 오방색과 음양오행

'오방정색'이라고도 하며, 황(黃), 청(靑), 백(白), 적(赤), 흑(黑)의 5가지 색을 말한디. 음괴 양의 기운이 생겨나 하늘과 땅이 되고 다시 음양의 두 기운이 목(木)·화(火)·토(土)·금(金)·수(水)의 오행을 생성했다는 음양오행사상을 기초로 한다.

오행에는 오색이 따르고 방위가 따르는데, 중앙과 사방을 기본으로 삼아 황(黃)은 중앙, 청(靑)은 동, 백(白)은 서, 적(赤)은 남, 흑(黑)은 북을 뜻한다. 또 청과 황의 간색에는 녹(綠), 청과 백의 간색(혼합색)은 벽(碧), 적과 백의 간색에는 홍(紅), 흑과 적의 간색에는 자(紫), 흑과 황의 간색에는 유황(硫黃) 색이 있어 이들을 오간색(五間色) 또는 오방잡색(五方雜色)이라고 한다.

황(黃)은 오행 가운데 토(土)에 해당하며, 우주의 중심이라 하여 가장 고귀한 색으로 취급되어 임금의 옷을 만드는 데 사용되었다. 청(靑)은 오행 가운데 목(木)에 해당하며 만물이 생성하는 봄의 색, 귀신을 물리치고 복을 비는 색으로 쓰였다. 백(白)은 오행 가운데 금(金)에 해당하며 결백과 진실, 삶, 순결 등을 뜻하기 때문에 우리 민족은 예로부터 하얀 옷을 즐겨 입었다. 적(赤)은 오행 가운데 화(火)에 해당하며 생성과 창조, 정열과 애정, 적극성을 뜻하여 가장 강한 벽사의 빛깔로 쓰였다. 흑(黑)은 오행 가운데 수(水)에 해당하며 인간의 지혜를 관장한다고 생각했다.

이처럼 음양오행사상에 기반하여 우리의 생활과 밀접한 관련을 맺고 있다. 음귀를 몰아내기 위해 혼례 때 신부가 연지곤지를 바르는 것, 나쁜 기운을 막고 무병장수를 기원해 돌이나 명절에 어린아이에게 색동저고리를 입히는 것, 간장 항아리에 붉은 고추를 끼운 금줄을 두르는 것, 잔칫상의 국수에 올리는 오색 고명, 붉은 빛이 나는 황토로 집을 짓거나 신년에 붉은 부적을 그려 붙이는 것, 궁궐·사찰 등의 단청, 고구려의 고분벽화나 조각보 등의 공예품에서 쉽게 찾아볼 수 있다.

참고 문헌

이근매, 정광조 (2006). 미술치료 개론. 학지사
정여주 (2003). 미술치료의 이해-이론과 실제. 학지사
김동연 (2002). 아동미술치료. 중문출판사

03
| Guidance of bookmaking for adult |

성인 북 아트 지도 계획

1. 북 아트에서의 글쓰기와 교정하기

1) 글쓰기는 왜 하는가?

요즘 많은 아이들은 '즉흥적이어서 복잡한 것, 깊이 생각하는 것'을 싫어한다고 걱정들이다. 논리적으로 글을 쓰는 것만이 아니라 제 생각 하나 바르게 펼치지 못하는 경우가 많다.

2) 창의적인 글쓰기

① 글짓기와 글쓰기
② 왜 창의성인가?
③ 다양성을 살려 주자.
④ 호기심을 길러 주자.

3) 글쓰기 교육의 방법

① 꼭 쓰고 싶은 이야기를 쓴다.
② 내가 잘 알고 자신 있게 쓸 수 있는 이야기를 쓴다.
③ 사물을 관찰하고 세세히 살피도록 한다.

4) 글쓰기 지도의 차례

① 글감 정하기
② 글감에 대한 이야기 나누기
③ 보기 글 읽기
④ 얼거리 짜기
⑤ 쓰기
⑥ 글 다듬기 지도
⑦ 발표하기

지금은 어린이 북 아트가 학과 교육과 연관되고 교육 효과로 인해 더 많이 활성화 되어 초등학교 교사 및 유치원 교사들을 위한 북 아트 연수 및 자격증의 개발로 인해 상당한 붐을 이루고 있다. 이는 불과 3~4년 전부터 시작된 일이다.

훌륭한 어린이 북 아트 지도사 배출이야말로 학년마다 달라지는 어린이 북 아트 과정을 알고 맞춰서 지도할 수 있다. 칼 사용이 서투른 2학년 어린이한테 칼과 자로 치수를 재라고 하면 무리이고, 고학년 어린이들에게는 반제품보다는 직접 종이를 주고 치수를 재고, 칼이나 가위를 이용해 잘라서 책을 만드는 것이 좀 더 아이들의 흥미를 자극할 수 있고, 성취감을 높일 수 있다. 삐뚤삐뚤 하고 어눌해 보여도 우리도 어린시절을 되돌아 보면 그래도 내 손으로 만든것이 최고였다.

학교라는 공교육하에서 북 아트 자체를 가르치는 것도 의미가 있으나 여러 교과와 연계시켜 가르치는 것도 교과의 특성을 더욱 부각시킬 수 있는 의미 있는 교육이라 볼 수 있다.

우선, 가장 쉽게 국어와 연계시켜 볼 수 있다. 국어의 영역 중 말하기, 읽기, 쓰기, 듣기를 모두 포함한 교육이 가능하다. 교과서나 참고도서 등을 읽고 주요 장면들을 다양한 형태의 책으로 만들어 봄으로써 그 내용을 더욱 정확히 인식할 수 있고, 만든 책을 이용해 다른 친구들 앞에서 자신이 읽은 내용을 정확히 전달할 수 있어, 그것을 듣는 친구들은 듣기가 자연스럽게 이루어진다. 또한 책을 읽지 않고 주변에서 일어나는 생활들을 책을 통해 전달할 수도 있다.

그렇다면 글쓰기의 어린이와 성인 북 아트와의 차이점은 무엇일까? 어린이들은 주로 생활문, 독서 감상문 위주의 글쓰기가 일반화 되어 있고, 책만들기에서도 물론 시나 편지도 있지만 위의 두 가지가 많은 비중을 차지한다.

성인 북 아트에서의 글쓰기는 어린이 북 아트보다는 훨씬 광범위하나 어린이 북 아트에서 많이 사용하는 주제인 일기문, 독서 감상문이나 동화를 책으로 만들지 않는 것이 다른 점이다.

성인 북 아트 책에서 자주 나타나는 다양한 글쓰기의 예를 들어 보자.

편지문..

1) 편짓글이란?

- 편짓글은 다른 글과는 달리 짜임새가 있는 실용적인 것에 속한다.
- 받을 대상이 정해져 있기 때문에 글의 내용이 구체적일 수 있으며, 형식은 쓰는 내용에 따라 다양해질 수 있다.
- 편지를 쓸 때는 분명히 알고 써야 하며, 상대편에 알맞은 예의를 갖추어 쓴다.
- 너무 형식에 얽매이지 말고 대화하듯이, 정성과 진실을 담아 자연스럽게 쓰는 것이 좋다.

2) 일반적인 편짓글의 짜임

- 받을 사람
- 첫인사 – 계절 인사, 무안, 자기 안부
- 하고 싶은 말
- 끝인사
- 쓴 날짜
- 쓴 사람
- 보탬 말

상대방의 안부나 용건을 이야기하듯이 자연스럽게 쓴 글을 편짓글이라고 한다. 격식을 갖춘 딱딱한 어투보다는 서로 마주앉아 이야기하듯이 정답게 쓴다. 또한 윗사람인지 아랫사람인지를 구분하여, 상대방에게 맞는 예절을 갖추어 쓴다.

편지에는 안부 편지, 위문 편지, 축하 편지, 감사 편지, 주문 편지, 초대 편지 등 다양한 형식의 편지들이 있는데, 북 아트에서 나타나는 편짓글의 유형은 이미 가지고 있는 편지를 이용해서 책을 만든다.

>> 로빈 에이미 실버버그 Robbin Ami Silverberg
흑해 토라 Black Torah. 2003

생활문..

1) 생활문(겪은 일 쓰기)이란?
- 생활하면서 자기가 보고 듣고 생각한 것, 경험한 것을 쓰는 글.
- 모든 글쓰기의 바탕이요, 뿌리다.

2) 어떻게 지도할까?
① 글감 찾기 – 본 일, 한 일, 들은 일, 생각한 일
② 보기글 보여주기
③ 얼거리 짜기(구상 지도)
④ 글쓰기
⑤ 글 다듬기
- 6하원칙이 분명히 드러나도록
- 일이 일어난 차례대로
- 실감나게 자세히 쓰기
- 말하려는 것을 명확하게
- 대화글로 말하듯이

3) 글의 첫머리
- 시간을 내세워 시작
- 장소를 밝히면서
- 주인공 등 인물에 대한 이야기로
- 대화글로
- 관심을 끄는 소리로(의성어)
- 말의 인용을 내세워
- 본 일, 들은 일, 한 일을 쓰면서
- 설명으로 시작

4) 글감 찾기
- 학교, 학원생활의 글감 친구와 있었던 일, 선생님과의 일, 공부에 관한 일, 학교 행사에 관한 일, 놀은 모습을 생생하게, (교실, 운동장, 복도에서 겪은 일)
- 가정생활의 글감(집안 일 돕기, 가족 행사 및 사진, 들은 이야기 쓰기, 이웃집 사람들, 어렸을 적 이야기, 부모님 어린시절 이야기, 시장, 길거리에서 본 일, 요즘 벌어지는 사건)
- 자연에 관한 글감(자연의 아름다움, 날씨와 계절 변화, 동식물 이야기)

우리 생활에서 보고, 듣고, 경험하고, 생각한 것을 글로 진솔하게 풀어 내는 것을 생활문이라고 한다. 먼저 순서를 정해 처음에 쓸 내용부터 차례대로 정한 뒤, 누가 언제 어디서 무엇을 어떻게 했는지 자세히 기술하고, 주위 상황이나 내가 겪은 것을 보고, 듣고 느낀대로 자세히 쓰면 된다. 글을 다 쓴 뒤에는 띄어쓰기, 맞춤법, 글의 문맥의 흐름을 잘 살펴본다.

>> 이은미. **회상** Remembrance. 2003

기행문..

1) 기행문이란?
- 기행문은 여행을 하면서 보고 듣고 느낀 것을 기록한 글이다.
- 보고 듣고 겪은 모든 것이 글감이 되기 때문에 여행한 곳의 기후, 풍습, 자연환경, 만났던 사람들, 그들의 삶 등이 자세하게 나타나 있다.

2) 기행문의 짜임
기행문은 여행을 하면서 보고 듣고 느낀 것들을 시간의 경과에 따라 적은 글이므로, 여행 일정이 바로 글의 짜임이 된다. 목적지로의 출발에서부터 집으로 도착할 때까지의 시간과 일정을 순서대로 쓰는 것이 일반적이다.

3) 기행문을 쓸 때
- 보고 들은 느낌을 사실적으로 묘사한다.
- 지방의 성격을 살려 사투리나 풍습 등을 자세히 쓴다.
- 여행의 일정, 가는 길, 차편, 기념이나 안내가 될 수 있는 것들을 자세히 쓴다.
- 그 고장의 경치, 문화와 역사, 전설, 주민의 마음씨 등도 찾아 쓴다.
- 수필 형식, 일기 형식, 편지 형식, 보고문이나 안내문 형식 등의 방법으로 쓸 수 있다.

기행문은 여행에서 보고, 듣고, 느낀 것을 솔직히 혹은 개인적인 관점을 넣어 서술한 것으로 여행한 곳의 좋은 풍경, 새롭게 알게 된 다양한 지식 및 경험은 좋은 글감이 된다. 기행문의 형식은 주로 '출발(여행의 동기 및 목적 부여) – 여행지의 경험 및 경로 – 귀로(오는 여정으로 감상과 느낌) 순으로 서술한다.

기행문의 특성은 여행의 체험을 기록한 글로 사실에 바탕을 둔다. 그러므로 서사와 묘사가 중심이 되며 지방의 성격이 잘 나타나야 하며, 여정을 중심으로 구성한다. 기행문의 구성 요소로는 여정(언제 어디를 여행하였는가), 견문(무엇을 보고 들었는가), 감상(무엇을 느꼈는가) 등이 있다. 북 아트에서는 떠나서 돌아오는 여정까지 모두 책에 담는 것보다는 주요 장면들을 골라 개성 있게 책을 만드는 것이 자칫하면 올 수 있는 고루함을 없앨 수 있다.

>> 조디 알렉산더　Jody Alexander. 캐논. 1998

>> 제인 코넌　Jane Conneen. 벅스 도시의 다리들. 1999

시..

1) 시란?
세상을 살아가는 가운데 마음속에서 일어나는 감동을 운율이 있는 압축된 언어로 그려 보이는 글이다.

2) 산문과 운문

산문
- 뜻을 주로 하는 줄글.
- 문단과 문단, 걸음/볼일이 있어야.

운문
- 리듬을 갖고 있는 글.
- 연과 행, 춤/흥이 있어야.

마음속에 일어나는 아름다운 생각이나 느낌을 함축적이고 효과적인 언어로 표현하는 것으로, 조금은 과장된 표현도 가능하다. 시는 일반 문장과 달리 적절한 말과 표현을 찾아야 하고, 리듬을 살려서 쓰며 행과 연을 구분해야 한다.

쓰는 차례
- 글감 정하기(기억에 남는 일, 풍경, 마음속에서 느껴지는 감정 등).
- 내용을 자세히 쓰기(사실, 느낌, 생각 등을 자세히 쓴다).
- 짜임새 만들기(필요없는 문장이나 말을 줄이고, 느낌을 강하게 나타내며, 미사여구 및 은유법과 비유법을 적절히 이용한다).
- 행과 연 구분하기.

여러 가지 표현 방법
- 생략법: 낱말이나 구절을 줄여 여운을 남길 수 있도록 함축적으로 표현하는 것.
- 의성법: 소리를 비슷하게 흉내 내는 말로 시의 생동감을 더해 준다.
- 의태법: 반짝 반짝, 사푼 사푼 등 사물의 동작이나 모습을 비슷하게 흉내 내어 표현하는 것.
- 의인법: 사람처럼 말하고 행동하는 생물이나 곤충 등으로 '부끄러운 듯 고개를 숙인 할미꽃' 처럼 개인의 감정을 사물에게 빗대어 표현한 것.
- 반어법: 반대로 이야기하는 것으로, 마음이 아픈 것을 '바람이 시원하다' 등으로 감정을 억누르는 상태의 뜻.

>> 안순영. 흙으로 만든 책 (시리즈). 2003

설명문..

1) 설명문이란?
- 우리 주위에서 여러 가지 사실이나 현상을 다른 사람에게 알리기 위하여 쉽게 풀어 쓴 글.
- 어떤 것의 유래, 조직, 목적, 성질, 뜻, 원인, 결과, 사용법 등을 쉬운 말로 정확하게 객관적으로 쓴다.

2) 쓰는 방법
- 무엇에 대하여 설명할 것인가의 글감을 정한다.
- 필요한 자료를 모은다.
- 차례를 정해 줄거리를 세운다.
- 무엇 때문에 쓰는지 목적을 분명히 하고 모은 자료를 활용하여 줄거리에 따라 설명한다.
- 글을 간결하고 알기 쉽게 문단을 나누어 쓴다.
- 생각이나 느낌보다 사실을 중심으로 쓴다.

3) 특징
- 객관성: 지은이의 감정, 추측, 또는 의견이 들어 있지 않은 문장.
- 정확성: 뜻이 분명하고 지시적 의미를 가진 문장.
- 평이성: 수식이나 과장을 피하고 쉬운 문장.

4) 짜임
- 처음(도입부): 설명할 문제나 사실, 설명 방법 등을 밝힌다.
- 가운데(중심부): 주요 사실이나 문제를 조목조목 설명해 나간다.
- 끝맺음(종결부): 설명한 내용을 마무리한다.

5) 설명하는 방법
- 확인 지정 : "누구냐?", "무엇이냐?"에 대답 형식으로, 손가락으로 가리키듯 지정하거나 확인하는 설명 방법.
- 정의: 소주제 또는 그것과 관련된 낱말에 대해 뜻풀이를 하여 쓰는 방법.
- 비교·대조: 서로 같은 점이나 다른 점을 보여주어 알기 쉽게 설명하는 방법.
- 분류: 하나의 큰 무리에 속하는 어떤 사물을 일정한 기준이 따라 더 작은 무리로 나누는 방법.
- 예시: 구체적인 사례를 들어 설명하는 방식.
- 분석: 하나의 대상을 여러 부분으로 나누어 설명하는 방법.

>> 빅토리아 발랜티어 Victoria Ballantire
　스모와 젓가락과의 관계. 2003

>> 수지 재퍼슨 Susie Jefferson
　나만의 고리법. 2004

사실이나 어떤 이치에 관해 지은이가 알고 있고 조사한 자료를 바탕으로 하여 쉽게 풀어 쓴 글로, 유래, 목적, 쓰임, 의미 등을 개인의 주관을 가급적 배제하고 사실대로 쓴 글이다.

- 서론(설명하고자 하는 문제나 사실을 제시하는 부분)
- 본론(내용을 구체적으로 풀어 여러 가지 방법으로 설명)
- 결론(설명한 내용의 요약 정리 및 마무리)

설명문은 아래와 같이 세 가지로 나뉜다.

- 풀이식 설명문 - 설명하고자 하는 곳을 풀어서 설명하는 방식.
- 분석식 설명문 - 한 무리의 사물들을 일정한 기준에 따라 나누는 방법.
- 비교식 설명문 - 둘 이상의 대상 사이의 비슷한 점이나 공통점을 들어 설명하는 것이다.

다큐멘터리 형식(기록문)..

1) 글쓰기는 왜 하는가?

요즘 많은 아이들은 '즉흥적이어서 복잡한 것, 깊이 생각하는 것' 을 싫어한다고 걱정들이다. 논리적으로 글을 쓰는 것만이 아니라 제 생각 하나바르게 펼치지 못하는 경우가 많다.

2) 창의적인 글쓰기

① 글짓기와 글쓰기
② 왜 창의성인가?
③ 다양성을 살려 주자.
④ 호기심을 길러 주자.

3) 글쓰기 교육의 방법

① 꼭 쓰고 싶은 이야기를 쓴다.
② 내가 잘 알고 자신 있게 쓸 수 있는 이야기를 쓴다.
③ 사물을 관찰하고 세세히 살피도록 한다.

4) 글쓰기 지도의 차례

① 글감 정하기
② 글감에 대한 이야기 나누기
③ 보기 글 읽기
④ 얼거리 짜기
⑤ 쓰기
⑥ 글 다듬기 지도
⑦ 발표하기

기호	쓰임	쓰임의 예
∨	띄어 쓸 때	우리반 친구들은 모두착하다.
⌒	붙여쓸때	날씨 가 좋다.
∨	글자를 끼워 넣을 때	오늘은 영미와 수영장에 갔었다. (짝꿍)
⌴	여러 글자를 고칠 때	삼춘이 오시더니 말씀하셨다. (삼촌께서)
∽	순서를 바꿀 때	꽃잎이 (많이 아주) 떨어져 있었다.
♂	글자를 바꿀 때	우리 언니은 키가 크다. (는)
♂	글자를 뺄 때	새 신발을 신고 고 자랑을 했다.
⌐	줄을 바꿀 때	나는 놀라서 소리쳤다. "아니, 뭐라고?"
↩	줄을 이을 때	늦게도착했다. 친구들이 벌써 와서 기다리고 있었다.
⊐	글자를 오른쪽으로 옮길 때	옆집 철수 녀석은 장난이 너무 심해서 가끔 나랑 싸운다.
⊏	글자를 왼쪽으로 옮길 때	내 단짝 친구인 희영이가 시골로 전학을 갔다.

>> 교정기호 : 문장을 바르게 고치는 방법

>> 캐롤린 달라이어 Carolynn Dallaire
마우이 저널(마우이족의 생활을 담음). 1997

2. 북 아트 책 만들기 계획 및 제작

1) 책을 발전시키기

책의 요소

책의 요소로는 바인딩, 페이지, 그림·내용, 페이지 넘김, 디스플레이가 있다. 가장 잘 찍은 열 장의 사진을 책으로 만들었을 경우, 개별적인 사진의 중요성은 강조될지 모르지만 책의 다른 요소들과는 조화를 이루지 못한다.

구도의 레벨

여기에는 페이지, 양면 펼침, 구조의 단위, 책이 있다.
시리즈 혹은 시퀀스를 발전시키는 것은 단위를 강조함과 동시에 개개의 그림을 강조한다. 시리즈나 시퀀스로의 변이는 네 개의 레벨 중에서도 구조의 단위에 가장 중점을 둔 것이다.

책을 잘 이해하는 또 다른 방법은 아이디어를 다른 매체로 전환하는 것이다. 내가 만일 사진에 관한 책을 만든다면, 나는 시퀀스로써의 책, 혹은 느낌으로써의 책을 읽음으로써 나의 아이디어를 명확히 할 수 있을 것이다. 나는 내가 보고 있는 책의 주제에 정신이 팔리지 않도록 책을 거꾸로 놓고 연구할 것이다. 그러나 공간과 느낌, 둘 다 사진 속에 있다. 매체에 신경이 덜 쓰일수록 정신을 집중하기가 편하다. 이제 콜라주의 개념을 통해 사진을 담은 책을 전개하는 방법을 설명해 보겠다.

함축적인 콜라주

경계선이 있는 사진은 함축적인 콜라주이다. 사진을 가장자리까지 인쇄하여, 양 페이지에 각각 한 장의 사진을 인쇄하는 것은 콜라주이다. 배경 위에 인물을 위치시키는 것은 함축적인 콜라주이다. 서체를 디자인적으로 인식하는 것도 콜라주이다.

콜라주로써의 책

만약 콜라주를 만들어 페이지에 붙이면, 이것은 콜라주의 모음이 된다. 그러나 그것들을 바인등한 것 자체로는 책이라고 부를 수 없다. 이것은 가장 잘 찍은 열 장의 사진으로 책을 만들 수 없는 것과 같은 이치다. 콜라주를 단순히 페이지에 붙이는 것이 아니라, 책 자체가 콜라주가 되어야 한다. 이제, 콜라주와 책의 다섯 가지 구성 요소를 연관지어 설명해 보겠다.

• 페이지

책은 하나의 조합된 그림이며, 그렇기 때문에 콜라주이다. 커버, 면지 그리고 텍스트의 페이지는 콜라주를 구성하고 있는 조각이다. 따라서 자신

>> 손정회. 가슴. 2000

이 만든 콜라주가 페이지가 될 수 있는지, 혹은 책 자체가 하나의 콜라주 작품이 되고 있는지를 늘 염두에 두어야 한다.

• 그림, 내용

〈나의 콜라주들은 페이지인가, 혹은 그림인가?〉 이 질문은 중요한 것이 아니다. 중요한 것은 바로 자신이 어떻게 책의 구성 요소를 조합하여 콜라주로 만드는가이다.

• 페이지 넘김

책은 마치 겹겹이 쌓인 층과 같다. 그리고 이것은 콜라주의 기본 개념이다. 하나의 이미지로 구성된 포맷을 보여 줄 때 콜라주 방식을 사용한다는 것은 여러 개의 이미지를 겹겹이 쌓아 하나의 복합적인 이미지를 만든다는 것이다. 이것은 큐비즘 회화에서 여러 개의 부분으로 하나의 면을 구성하는 것과 같은 이치이다. 전체를 완성하기 위해 여러 개의 요소가 조화를 이루도록 구성하는 것이다. 각 요소는 하나하나 뜯어보았을 때는 잘 모르지만 전체적으로 보았을 때는 완성된 이미지를 만들게 된다. 이것은 책의 페이지를 한장 한장 넘기면서 한 권의 책이 의미하는 바를 서서히 이해하게 되는 것과 같다. 이때 페이지 넘김은 동작성이 가미된 콜라주가 된다.

• 디스플레이

책은 조각으로써 디스플레이될 수 있다. 이것은 물리적 변이를 이용한다. 조각으로써의 책을 디스플레이하는 것은 전시 공간까지 포함하여 하나의 콜라주 작품을 만들어 낸다. 이때는 페이지와 그림이 콜라주가 되는 것이

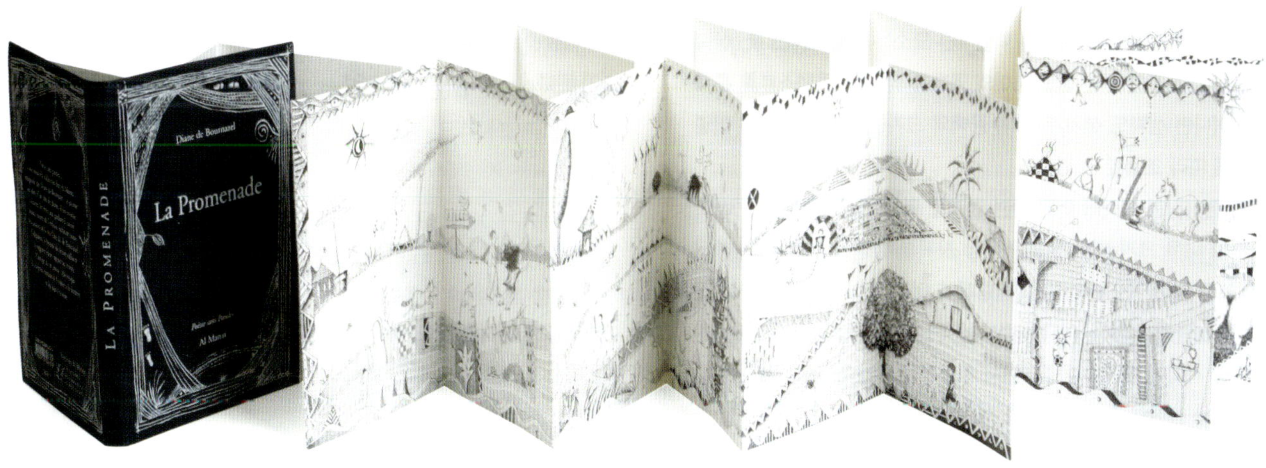

알매나(Al Manar). 산책길. 2005

아니라, 책 자체를 하나의 콜라주로 볼 수 있다.

예를 들어, 페이지 사이즈에 다양하게 변화를 주면 각각의 페이지를 복합적인 콜라주가 만들어지도록 발전시킬 수 있다. 한 페이지에 구멍을 내어 다음 페이지의 일부분이 살짝 보이게 하면 열리지 않은 페이지의 부분이 현재 열려 있는 페이지의 일부분이 된다. 페이지를 넘기면, 앞에서 구멍을 통해 살짝 보였던 부분의 전부를 볼 수 있게 된다.

이것은 바로 〈주제에 의한 변주〉라고 할 수 있다. 각 페이지를 콜라주의 한 조각으로 쓸 수도 있지만, 각 페이지의 일부를 콜라주의 조각처럼 연결하여 복합적으로 만들 수도 있는 것이다. 물리적인 변이는 예상과 회고, 복에 의해 형성된다.

멜린다 스미스　Melinda Smith. 떠오르는 희망, 타락한 천사들, 문맹의 책략. 2002

• 바인딩

바인딩은 책의 구조를 결정해 주며, 책의 구조에 따라 각각 다른 콜라주로써의 책이 만들어진다. 디스플레이로써의 콜라주와 마찬가지로, 바인딩으로써의 콜라주 역시 사진의 시퀀스의 움직임과 물리적인 공간에 함축적으로 나타나게 되는 공간적인 움직임을 자세하게 보여 줄 것이다.

책의 포맷에 관한 아이디어에서 페이지를 하나의 콜라주 조각으로 보는 데까지 나의 아이디어를 확장시켰더니 사진을 사용한 책을 어떻게 구성해야 하는지 이해할 수 있었다. 콜라주 방식 하나만 터득해도 사진을 어떻게 구성해야 하는지 알 수 있게 된다. 하나의 방식을 터득한 후 다른 매체를 사용하는 방식을 익히면, 매체를 사용하는 기술은 더욱 향상되며 매체가 가진 개념적인 특성에 관하여 더욱 명확하게 알 수 있게 된다. 이해란 경험을 통해 얻어지는 것이지 단순히 읽는다고 얻어지는 것이 아니다. 사진을 이용한 책에서 책을 구성하는 모든 요소들이 통합되어 조화를 이룰 때 사진은 더 많은 것을 우리에게 말해 줄 수 있다.

책의 정의는 어떤 성질에 관심이 있느냐에 따라 달라진다. 환경으로써의 책에 관심을 가질 수도 있고, 퍼포먼스로써의 책에 관심을 가질 수도 있다. 동작성에 관심이 있는 사람이라면, 움직이는 그림이 있는 책을 만들고 싶을 것이다. 또, 시퀀스에 관심이 있다면 시퀀스적인 공간과 움직임을 표현하는 데 더욱 공을 들일 것이다. 애니메이션이나 싱글 프레이밍, 스톱모션, 줌과 같은 영화 기법을 사용하기 위해 시리즈를 구성할 수도 있을 것이다. 이렇게 다양한 기법들을 실험을 통해 익히게 된다. 이렇게 하면서 진정한 의사소통을 할 수 있게 되고, 그럼으로써 작품은 무한한 해석이 가능하다.

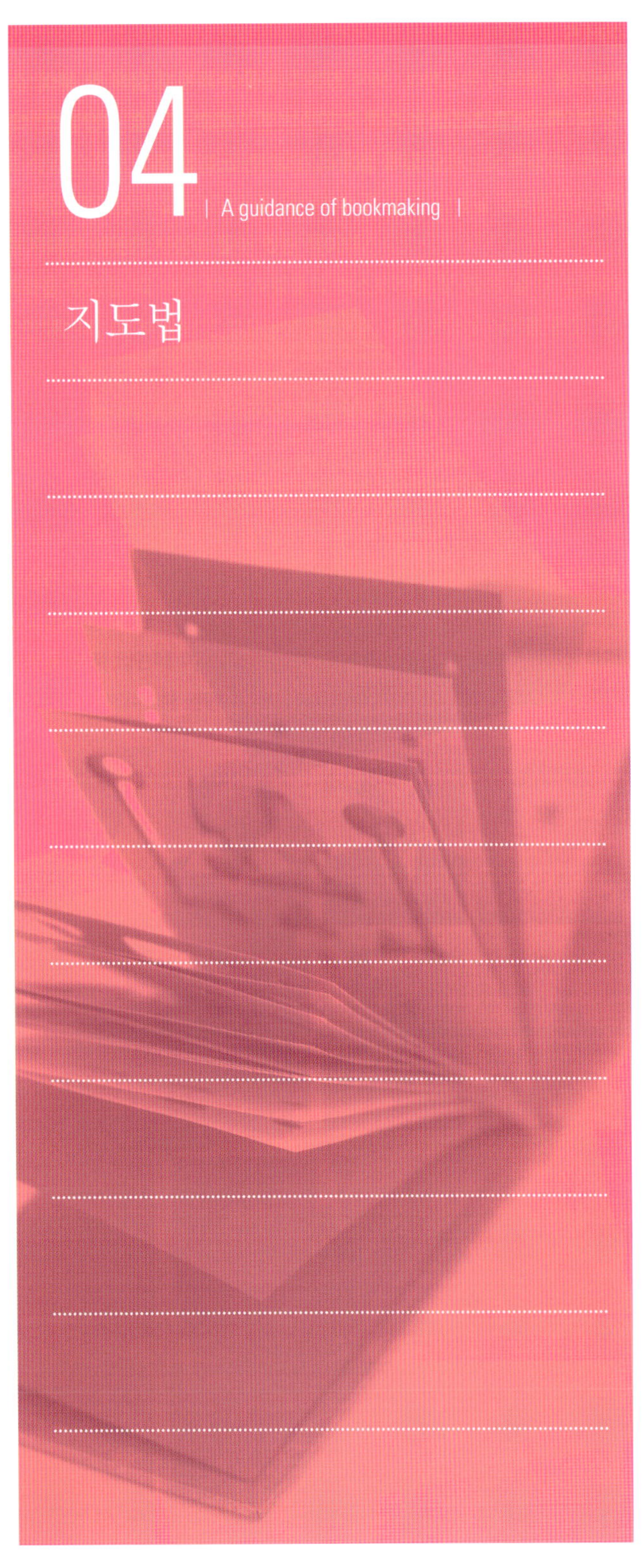

1. 성인 지도법

세상에는 두 종류의 무능한 사람들이 있다. 남의 지시를 따르지 못하는 사람과 남의 지시 이외엔 꿈적도 않는 사람이다. — 싸이러스 컬티스

1) 성인 지도법

성인 지도법이란 무엇일까? 시중 서점에 가 보면 출판사에서 나온 다양한 교수법, 지도법에 관한 책들을 볼 수 있다. 주로 교육학과 관련된 학문적 연구을 하는 분이나 실전에서의 강의 경험을 바탕으로 다양한 교수법 등을 주장하고 나름대로 그 이론들을 담은 다양한 지도법들을 볼 수 있다. 그중 하워드 헨드릭스의『교수법의 기초』, 조벽의『새시대 교수법』그리고 빅스의『인지학습과 교수법』등은 많이 알려져 있다.

또한 학문적 인식을 획득하는 순서를 다섯 단계로 나눈 것으로 윤리학과 심리학을 기초로 하여 성립시킨 헤르바르트(독일, Herbart, J. F. :1776 ~1841)의 교수법 또한 많이 알려져 잇다. 1910년 한일합방 이후 일본제국주의 교육의 영향을 받아 교육의 이론이나 방법이 독일식 교육철학을 받아들였기 때문에 우리나라에서 한때 유행한 적이 있었다.

교수법의 정의를 간단히 말하자면 강의하는 방법으로 수강생들에게 효과적으로 강의 내용을 주어진 시간 안에 전달하는 방법이다.

그 방법 중에는 일반적으로 크게 이론적 내용을 전달하는 방법과 실습을 강의하는 방법으로 나뉘는데, 북 아트를 강의하다 보면 정해진 시간 안에 이론과 실습, 혹은 작업을 할 때는 그룹 작업 등 강사들의 재량으로 다양하게 수업을 이끌어 나가야 한다.

아래의 내용은 다양한 교수법의 이론적 사례로 참고하기 바란다.

팀티칭

협동지도라고도 한다. 이는 학생의 융통성 있는 편성 및 교육공학발전의 체계적 적용이라고 하는 수업조직 형태로써 우수한 강사의 혜택을 많은 학생에게 제공하고, 우수한 강사에게 최적의 근무조건을 마련해 줌으로써 학생들의 개인차를 존중하고 학습효과를 올리기 위해 고안된 교수 형태이다. 여기에서의 강사조직은 주임강사, 협력강사, 보조강사로 조직된다. 협동지도란 강사들이 협동해서 하는 지도이지만 그 참다운 뜻은 학생의 개인차에 알맞도록 지도하기 위한 조직, 교원들의 능력을 효율적으로 발휘하는 방법, 학교의 시설과 기간을 효과적으로 이용하는 방법이라고 말할 수 있다.

북 아트 강의를 할 경우도 이론 강의보다는 실습 강의가 많으므로 이 강의법을 이용한다. 보조강사들의 역할은 재료만 나눠 주는 단순한 역할이 아닌 수업 진도에 어려움을 겪는 수강생들이나, 늦게 출석해 이전의 실습 내용을 알지 못한 수강생들을 효율적으로 지도 할 수 있다.

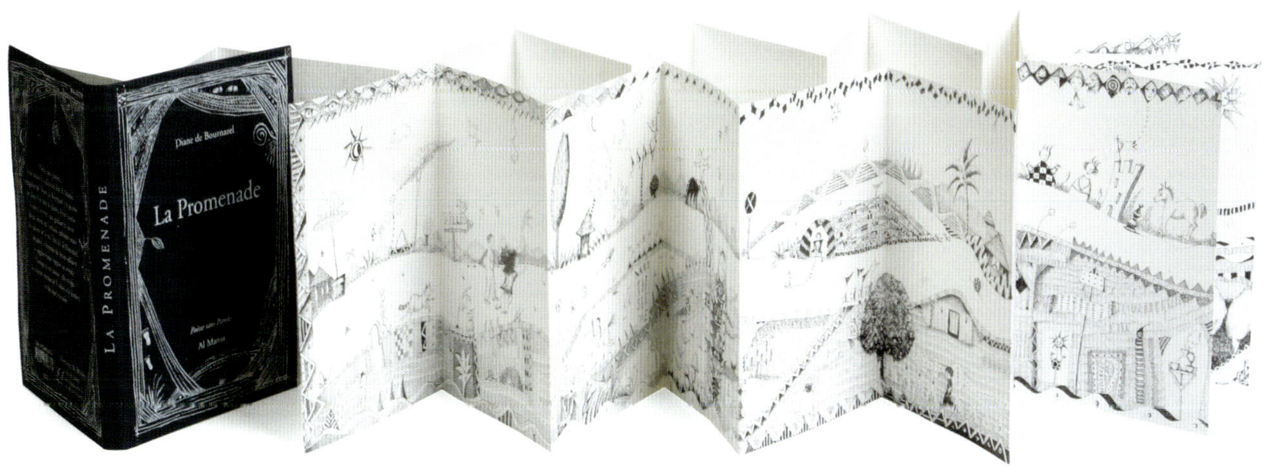

>> 알매나(Al Manar). 산책길. 2005

아니라, 책 자체를 하나의 콜라주로 볼 수 있다.

예를 들어, 페이지 사이즈에 다양하게 변화를 주면 각각의 페이지를 복합적인 콜라주가 만들어지도록 발전시킬 수 있다. 한 페이지에 구멍을 내어 다음 페이지의 일부분이 살짝 보이게 하면 열리지 않은 페이지의 부분이 현재 열려 있는 페이지의 일부분이 된다. 페이지를 넘기면, 앞에서 구멍을 통해 살짝 보였던 부분의 전부를 볼 수 있게 된다.

이것은 바로 〈주제에 의한 변주〉라고 할 수 있다. 각 페이지를 콜라주의 한 조각으로 쓸 수도 있지만, 각 페이지의 일부를 콜라주의 조각처럼 연결하여 복합적으로 만들 수도 있는 것이다. 물리적인 변이는 예상과 회고, 복에 의해 형성된다.

>> 멜린다 스미스 Melinda Smith. 떠오르는 희망, 타락한 천사들, 문맹의 책략. 2002

• 바인딩

바인딩은 책의 구조를 결정해 주며, 책의 구조에 따라 각각 다른 콜라주로써의 책이 만들어진다. 디스플레이로써의 콜라주와 마찬가지로, 바인딩으로써의 콜라주 역시 사진의 시퀀스의 움직임과 물리적인 공간에 함축적으로 나타나게 되는 공간적인 움직임을 자세하게 보여 줄 것이다.

책의 포맷에 관한 아이디어에서 페이지를 하나의 콜라주 조각으로 보는 데까지 나의 아이디어를 확장시켰더니 사진을 사용한 책을 어떻게 구성해야 하는지 이해할 수 있었다. 콜라주 방식 하나만 터득해도 사진을 어떻게 구성해야 하는지 알 수 있게 된다. 하나의 방식을 터득한 후 다른 매체를 사용하는 방식을 익히면, 매체를 사용하는 기술은 더욱 향상되며 매체가 가진 개념적인 특성에 관하여 더욱 명확하게 알 수 있게 된다. 이해란 경험을 통해 얻어지는 것이지 단순히 읽는다고 얻어지는 것이 아니다. 사진을 이용한 책에서 책을 구성하는 모든 요소들이 통합되어 조화를 이룰 때 사진은 더 많은 것을 우리에게 말해 줄 수 있다.

책의 정의는 어떤 성질에 관심이 있느냐에 따라 달라진다. 환경으로써의 책에 관심을 가질 수도 있고, 퍼포먼스로써의 책에 관심을 가질 수도 있다. 동작성에 관심이 있는 사람이라면, 움직이는 그림이 있는 책을 만들고 싶을 것이다. 또, 시퀀스에 관심이 있다면 시퀀스적인 공간과 움직임을 표현하는 데 더욱 공을 들일 것이다. 애니메이션이나 싱글 프레이밍, 스톱모션, 줌과 같은 영화 기법을 사용하기 위해 시리즈를 구성할 수도 있을 것이다. 이렇게 다양한 기법들을 실험을 통해 익히게 된다. 이렇게 하면서 진정한 의사소통을 할 수 있게 되고, 그럼으로써 작품은 무한한 해석이 가능하다.

2) 시리즈 혹은 시퀀스의 발전

그림들 사이의 관계를 이해하는 데 핵심적인 요소는 바로 생략으로, 생략은 시간, 공간, 사진이 주는 정보 사이의 공백을 말한다. 콘텍스트를 통해 변이가 일어나면 생략도 생기게 된다. 공백의 크기는 사진의 배열을 어떻게 하느냐에 따라 조절할 수 있다.

만약 원과 정사각형 사이에 어떤 연관 관계를 만들고 싶다면, 이 둘 사이에는 공백이 너무 크기 때문에 보는 대상 자체를 설명하기보다는 원에서 정사각형으로 넘어가는 변이에서 두 형태가 어떻게 상호 작용을 이루어 변이되는지 설명해야 한다. 이때는 반드시 복선을 사용해야 한다. 나는 원과 정사각형 사이에 생기는 움직임에서 해결책을 찾았다. 왜냐하면 이 움직임은 동작을 표현해 주기 때문이다. 나는 변이 과정을 아주 간략하게 보여 주기에 적합한 방법을 생각해 본다. 중간에 선을 하나 넣는 것이다.

독자는 원에서 선으로, 다시 정사각형으로 넘어가는 변이를 이해할 수도 있다. 만약 그렇다면, 독자는 선에서 정사각형 사이에 생략된 단계를 스스로 채워 넣을 수 있게 된다. 사실, 위와 같은 해결책은 무 가시 나는 방법을 통해 얻을 수 있다. 너무 급격한 공백은 그 사이를 조절해 줄 무언가가 필요하다. 원과 정사각형을 모두 2차원에서 본다면, 두 도형은 넓이라는 특성을 가지게 된다. 따라서 변이를 보여 줄 때 다음 그림에서와 같이 두 도형을 2차원(평면)의 공간 안에서 돌려 보는 과정을 보여주면 된다.

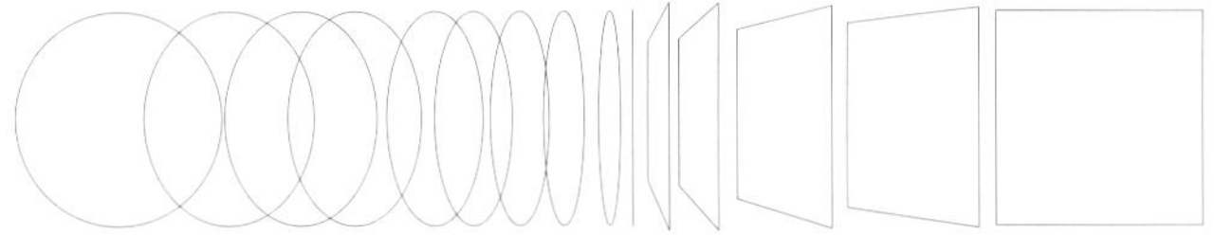

원과 정사각형을 1차원에서 본다면, 선의 움직임을 통한 변이가 보인다.

세 편의 그림에서, 첫 번째 것은 그룹, 시리즈, 시퀀스 모두가 될 수 있다.

두 번째와 세 번째는 시리즈로 분류된다. 나는 인과관계, 평면 위의 선의 움직임을 이용하여 원과 정사각형을 연결시킬 수 있다. 이렇게 하면 시퀀스가 된다.

마지막 그림에서는 상호 작용의 단계를 볼 수 있다. 각 그림의 요소(모티브)들은 그 그림 안에서나 다른 그림에서 복선이 될 수 있다.

3) 책에서의 속도

속도는 시리즈나 시퀀스를 통한 시간의 변화라고 할 수 있다. 이것은 각 사진이 주는 효과에 변화를 주면서 생길 수 있는데, 지배적인 사진, 부수적인 사진들을 사용하게 되면 다음과 같은 방법을 통해 속도가 감소하거나 증가할 수 있다.

- 리듬
- 생략
- 복선
- 물리적인 변이
- 빈 페이지 사용
- 변화
  a. 사진, 페이지, 텍스트, 형식, 컬러, 구성, 분위기로 악센트를 준다.
  b. 내러티브 안에 플롯으로 긴장감을 조성한다.
  c. 그래픽 레이아웃 효과를 이용한다.

변화는 마침표나 쉼표의 역할을 한다. 언어에서의 변화, 즉 어형변화는 단어에 변화를 주어 격, 법, 성별, 수, 시제, 인칭, 태 등을 표현한다. 사진에서도 이러한 변화를 줄 수 있다.

- 반복 속의 변주
  a. 같은 사진을 한 번 이상 반복한다.
  b. 한 사진과 그 다음 사진에 정보의 변화를 거의 주지 않는다. 이것은 마치 영화에서 각 프레임을 화면에 꽉 차게 찍어 내는 것과 비슷한 것이다. 이렇게 하면, 형태의 움직임이나 변화는 매우 천천히 이루어지고, 장면을 이해하는 데 걸리는 시간이 단축됨에 따라 각 페이지를 보

는 속도도 빨라진다.

　c. 연속하는 페이지에 확실한 정보의 변화를 준다. 이것은 영화에서의 싱글 프레이밍과 비슷하다. 복잡성으로 인하여, 번화는 각 페이지를 보는 데 걸리는 시간을 늘린다. 이렇게 되면 전체가 드러나는 속도가 느려진다.

변화, 리듬, 생략, 복선, 물리적인 변이, 빈 페이지는 심상 너머에 존재하는 것이다. 각 요소들은 시진에 변화를 주고, 부분을 임의적으로 뭉뚱그리는 것이 아니라 책을 탄탄하게 조합하여 준다.

4) 리듬으로 패턴 만들기

시리즈와 시퀀스에서 타이밍은 움직임들을 서로 어떻게 조화시키느냐에 따라 조절된다. 한 사진 안에서의 리듬은 장식 이상의 기능을 하게 된다. 시리즈나 시퀀스에서, 리듬은 필수불가결한 요소다. 자연, 음악, 시는 사진에서의 리듬에 대한 탐구에 영향을 줄 수 있다. 한 매체에서 다른 매체로의 일대일 구조적 전환은 서로 연관도 없을 뿐더러 불가능하다. 굳이 시에서의 개념을 사용하지는 않겠다. 중요한 것은 딱딱한 규칙서가 아니라 창조적 아이디어를 고무시키는 것이니까. 책의 한 페이지에 텍스트를, 마주 보는 페이지에 사진을 놓게 되면 다음과 같은 패턴이 성립된다.

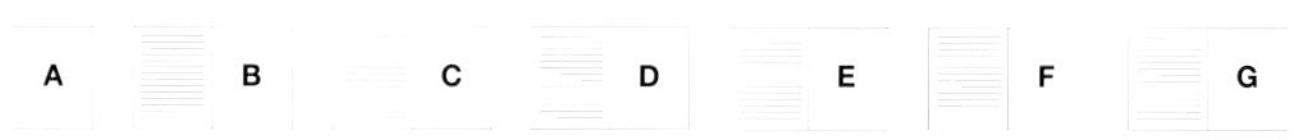

이것은 리듬감 있는 그래픽 레이아웃이 아니며, 독자에게 상상의 여지를 주지 않는다. 박자는 있어도, 음악은 있을 수 없다.

사진을 둘씩 짝 지어 놓는 것은 콘텍스트를 복선으로 사용하는 가장 확실한 방법이다. 이것은 리듬을 이용하지 않고 있다.

만약 이 시리즈를 한 페이지씩 민다면 다음과 같다.

　책을 펼쳤을 때 나란히 보이는 두 페이지가 한 쌍이 되는 것이 아니라, 책의 배 부분을 에둘러 렉토와 베르소 부분이 한 쌍이 되고, 독자는 이로써 페이지를 넘기는 데 많은 주의를 쏟게 된다. 그러나 아직도 한 쌍이 남아 있다. 이제 이미지의 레이아웃으로 강조되는 부분을 바꾸어 보겠다.

다음 그림에서 보면 처음 두 렉토와 베르소, 그리고 마지막 두 렉토가 짝을 이루게 되었다.

이것은 오른쪽에서 왼쪽으로 가다가, 다시 뒤돌아가게 된다. 이렇게 양면 펼침 방식에서 변형을 가하면 속도에도 변화가 생기고, 리듬감도 만들어진다. 이것을 바로 콘텍스트적 치환이라고 한다.

이와 똑같은 패턴이 이미지의 레이아웃에 의한 치환으로 이루어질 수 있다. 이때 빈페이지를 악센트·정지의 의미로 사용한다.

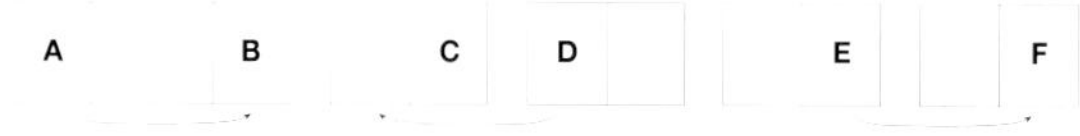

이와 동일한 치환을 계속 반복할 수도 있고, 복선에 의해 회상을 사용할 수도 있다.

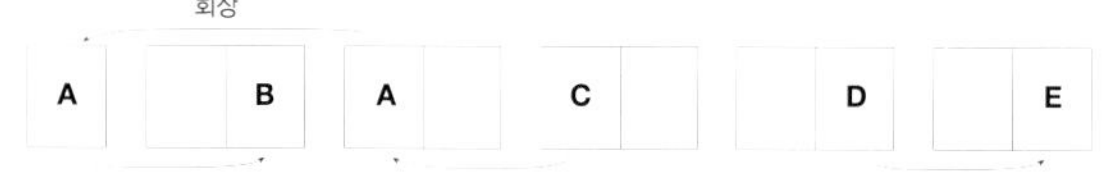

이런 치환 패턴은 변화를 통해서, 주요 사진과 부수적 사진을 사용하여 만들 수 있다. (여기에서는 대문자와 소문자로 구분한다.) 이 시리즈에서는 예고 방식을 사용했다.

눈의 움직임은 치환을 물리적인 움직임으로 만들어 버린다. 시리즈는 치환의 방법으로 다중적 회상을 사용할 수 있다. 계속적인 진행 방향으로의 연결은 리드미컬한 회상에 의해 변화되고 있다.

리듬은 시리즈나 시퀀스에서 콘텍스트, 이미지의 레이아웃, 변화에 치환을 사용하여 만들어진다. 이 세 가지 중 한 방법이 시리즈에서 리듬을 만들어 낼 수 있게 언어와 사진과 함께 쓰일 수 있다.

주요 사진들 사이에 부수적 사진을 끼우게 되면 리듬을 만들 수 있다. 주요 사진만 배열하면 콘텍스트나·그래픽 레이아웃에 리듬을 줄 수가 없다.

패턴을 만드는 방식으로는 악센트·정지, 주·부 이미지의 사용이 있다.

주요 이미지를 반복하면, 주요 이미지가 주는 효과가 감소된다.

3. 결혼 20주년 기념 아티스트 북

북 아트 책을 제작하면서 보람 있는 일 중의 하나는 다른 사람들의 기억을 고스란히 책 속에 잘 정리해 주는 것이다.

인생을 살면서 즐겁고, 힘들었던 시절이 모두 녹아 있는 한 권의 책이야말로 정말 소중한, 값으로 따질 수 없는 보물일 것이다.

이 책은 부모님이 결혼기념일을 맞이하여 뜻 깊은 선물을 준비하고자 했던 자매의 애틋한 사랑이 들어 있는 책이다.

의뢰를 받았을 때 내가 다른 사람들의 히스토리를 잘 담아 낼 수 있을까 고민했는데, 이 책을 받고 부모님이 눈물까지 흘리셨다는 애기를 듣고 상당히 보람을 느꼈다.

순서 1.

먼저 자료를 정리한다. 라면 박스로 한 박스의 자료를 받았다. 사진이 너무 많아 고를 때도 의뢰자가 꼭 넣고자 하는 사진 위주로 고른다.

사진은 시대순으로 분류를 하고 사진이 너무 많을 경우는 10년을 단위로 연도순으로 몇 장씩만 뽑는다. 고른 사진은 스캔을 모두 한다. 북 아트는 원본을 쓰지 않는데 이유는 대부분의 북 아트 책은 한정본으로 제작하기 때문이다. 유일본(한 권만 제작)으로 한다고 해도 원본은 쓰지 않는다.

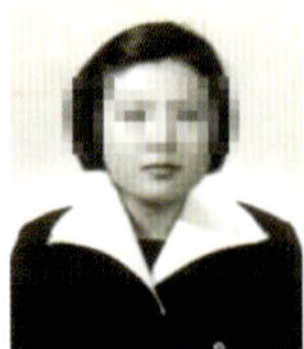

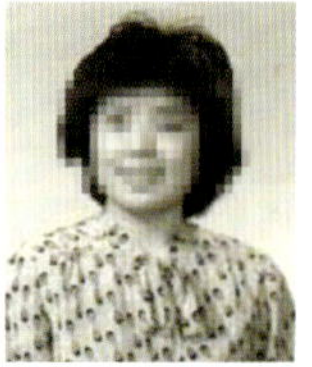

순서 2.

사진 정리가 모두 끝난 후 들어갈 내용을 정리하는데, 내용 역시 시대순으로 정리한다. 부모님이 가지고 계신 결혼식 청첩장, 연애시절 주고받았던 편지, 아이들의 기록물들 – 육아일기, 이유식 수첩 등 모든 텍스트 자료는 책을 만드는 데 중요하게 사용된다.

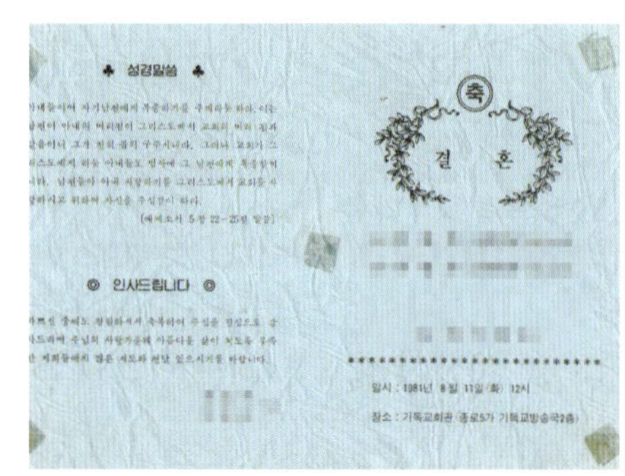
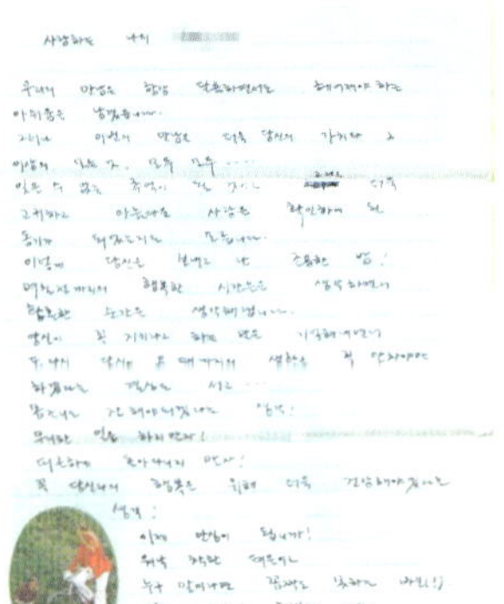

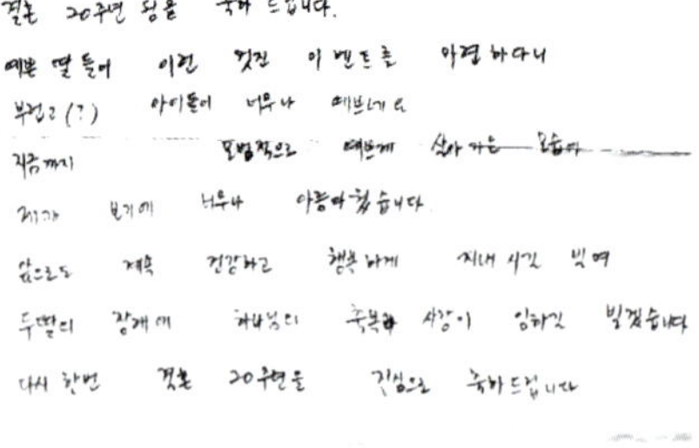

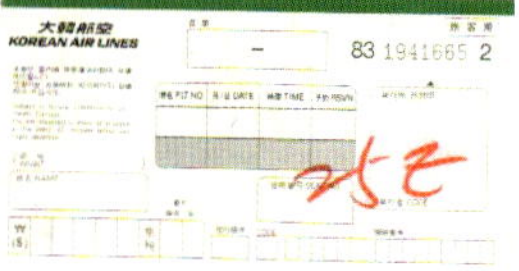

순서 3

책의 느낌이 들어가지 않은 책을 만들고 싶었다. 다양한 재료와 기법을 이용, 읽는 책이 아닌 보고 간상하는, 오감으로 느끼는 책을 만들고 싶어서 다양한 기법들을 활용했다.

거울지를 이용해 사진이 반사되게 혹은 수재종이에 편지를 프린트하여 붙이고 앰보싱 파우더, 꼴라주 기법도 활용했다. 너무 많은 기법과 재료를 쓸 경우는 책이 산만하고, 내용의 흐름을 파괴한다. 그러나 글이 많지 않고 부모님이 아직은 젊으시기 때문에 너무 무거운 느낌은 피했다.

순서 4

판화지를 이용, 코덱스 북으로 바인딩을 했다. 판화지는 부드럽고, 물에도 강하며, 종이 위에 수채화물감으로 칠하거나 꼴라주 등 다양한 기법을 할 때 적당하다.

바인딩이 끝난 후에는 시대순으로 사진을 붙인다. 텍스트가 많이 없으므로 중간 중간 페이지에 사랑에 관한 시를 칼라이즈(글자 판박이)로 붙여서 공백을 없게 했다.

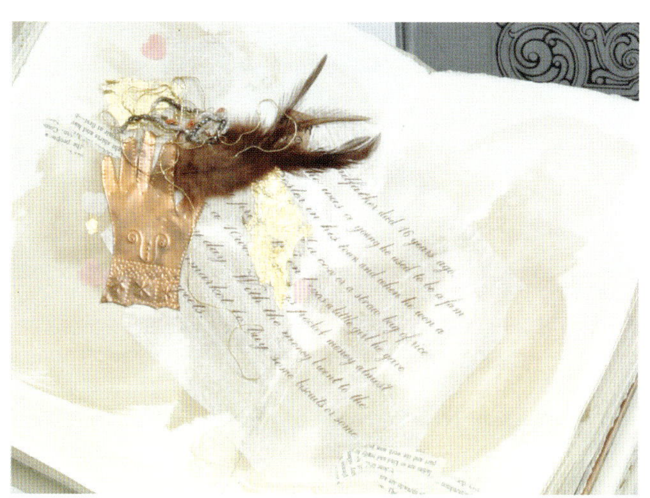

순서 5

커버지를 붙여서 완성한다. 책에 있는 내용물이 빠지지 않게 잘 붙여 준다. 북 케이스를 제작하면 더욱 고급스러운 느낌의 책으로 완성된다. 책 안에는 다양한 오브제도 함께 붙여 아기자기한 느낌을 준다.

04

| A guidance of bookmaking |

지도법

1. 성인 지도법

세상에는 두 종류의 무능한 사람들이 있다. 남의 지시를 따르지 못하는 사람과 남의 지시 이외엔 꿈적도 않는 사람이다. ― 싸이르스 컬티스

1) 성인 지도법

성인 지도법이란 무엇일까? 시중 서점에 가 보면 출판사에서 나온 다양한 교수법, 지도법에 관한 책들을 볼 수 있다. 주로 교육학과 관련된 학문적 연구를 하는 분이나 실전에서의 강의 경험을 바탕으로 다양한 교수법 등을 주장하고 나름대로 그 이론들을 담은 다양한 지도법들을 볼 수 있다.

그중 하워드 헨드릭스의 『교수법의 기초』, 조벽의 『새시대 교수법』 그리고 빅스의 『인지학습과 교수법』 등은 많이 알려져 있다.

또한 학문적 인식을 획득하는 순서를 다섯 단계로 나눈 것으로 윤리학과 심리학을 기초로 하여 성립시킨 헤르바르트(독일, Herbart, J. F. :1776~1841)의 교수법 또한 많이 알려져 잇다. 1910년 한일합방 이후 일본제국주의 교육의 영향을 받아 교육의 이론이나 방법이 독일식 교육철학을 받아들였기 때문에 우리나라에서 한때 유행한 적이 있었다.

교수법의 정의를 간단히 말하자면 강의하는 방법으로 수강생들에게 효과적으로 강의 내용을 주어진 시간 안에 전달하는 방법이다.

그 방법 중에는 일반적으로 크게 이론적 내용을 전달하는 방법과 실습을 강의하는 방법으로 나뉘는데, 북 아트를 강의하다 보면 정해진 시간 안에 이론과 실습, 혹은 작업을 할 때는 그룹 작업 등 강사들의 재량으로 나눙하게 수업을 이끌어 나가야 한다.

아래의 내용은 다양한 교수법의 이론적 사례로 참고하기 바란다.

팀티칭

협동지도라고도 한다. 이는 학생의 융통성 있는 편성 및 교육공학발전의 체계적 적용이라고 하는 수업조직 형태로써 우수한 강사의 혜택을 많은 학생에게 제공하고, 우수한 강사에게 최적의 근무조건을 마련해 줌으로써 학생들의 개인차를 존중하고 학습효과를 올리기 위해 고안된 교수 형태이다. 여기에서의 강사조직은 주임강사, 협력강사, 보조강사로 조직된다. 협동지도란 강사들이 협동해서 하는 지도이지만 그 참다운 뜻은 학생의 개인차에 알맞도록 지도하기 위한 조직, 교원들의 능력을 효율적으로 발휘하는 방법, 학교의 시설과 기간을 효과적으로 이용하는 방법이라고 말할 수 있다.

북 아트 강의를 할 경우도 이론 강의보다는 실습 강의가 많으므로 이 강의법을 이용한다. 보조강사들의 역할은 재료만 나눠 주는 단순한 역할이 아닌 수업 진도에 어려움을 겪는 수강생들이나, 늦게 출석해 이전의 실습 내용을 알지 못한 수강생들을 효율적으로 지도 할 수 있다.

동료 교수법

동료 교수법은 학습자가 다른 학습자를 돕고 가르치면서 학습하는 방법으로, 학습지들이 서로 결과를 공유할 뿐만 아니라, 그 결과를 얻기 위한 과정도 함께 진행하는 협력적인 상황을 이룬다. 동료 교수는 같은 나이, 학년 혹은 다른 나이와 학년을 대상으로도 가능하다. 동료 교수법은 또래 친구간의 친밀성을 이용하여 좀 더 편안하고 설득력 있는 상호작용을 통하여 학습 내용을 전달하는 것이다. 이 방법은 그 기원을 아리스토텔레스가 제자를 교육하는 방법에 두고 있다 . 당시에 많은 교수자들은 읽기와 쓰기를 교육시키기 위하여 경험이 많고 나이가 많은 학습자를 선정하여 더 젊은 학습자를 훈련시키는 방법을 이용했다. 교수자의 지도 아래, 동료 교수는 다른 학습자의 행동과 학문 체계를 통제하고 유도하는 역할을 했다.

Goodlad와 Hirst (1989)은 동료 교수법의 이론적 근거를 행동주의 이론 (Behaviorist theory), 역할 모형(Role-model theory), 사회 언어적 접근 (Socio-linguistic theory), 게스탈트 이론(Gestalt theory)에서 찾고 있다.

북 아트도 마찬가지로, 강사의 강의 내용을 100% 이해하기는 어렵다. 그럴 때 수갱생들의 서로 조력자가 되어 강의를 이해하는 데 도움을 준다면 낙오자가 없는 매끄러운 수업이 될 것이다.

간접 교수법

간접 교수법은 그 과정이 탐구적이고, 결과는 발견이며, 학습 상황은 문제를 다루는 교수학습 방법이다.

반성적 사고, 문제 해결, 분석과 탐구 같은 학생들의 사고 과정에 중심을 둔 개념, 패턴, 추상화들을 일반화와 변별의 과정을 통하여 습득한다. 북 아트에서는 그리 선호되지 않는 교수법으로 강의실 안에서 프린트물과 강의 자료로 북 아트를 이해하기는 어렵기 때문이다.

토의법

강사의 역할은 의장·안내자·조정자·공동 학습자이다.

북 아트 강의 시 주제가 폭 넓은 사고를 필요로 하는 것에 적당한 수업으로 북 아트의 개념을 이해하고 발표하는 자리이거나, 수강생 본인이 생각하는 북 아트의 정의를 피력하거나, 북 아트 주제를 정하고 서로 조언해 줄 때 이 방법이 적당하다. 토의법은 학습목표가 학습자의 가치를 계발하고 태도를 변화시키기 위한 것이다. 수강생들의 능동적이고, 학습자간의 상호작용이 활발한 교수법이다. 참여 유도, 문제의 비판적 분석 능력의 신장, 창의적인 능력과 협동이 필요하다.

》 대한북아트협회 세미나
》 호주국립예술대학교 북 아트 과정

2. 교육의 이해와 지도

역할놀이

역할놀이는 사회적 행동 및 가치학습에 적합한 수업 모형으로, 타인의 역할을 경험해 봄으로 대인 문제를 해결하는 데 효과적이다.

북 아트에서는 거의 쓰이지 않는 교수법이지만, 병원이나, 심리치료를 하는 특수기관에서는 상당히 효과적인 교육 방법으로 통한다.

협력학습

동료에게서 배우고 동료를 가르치는 학습 방법을 협력학습이라고 한다.

자율적 협동학습(Co-op-Co-op)과 좋아하는 사람들끼리 그룹을 만들어 진행하는 방법이 있다.

학생 상호학습법 – 학습 능력이 각기 다른 학습자를 소집단으로 편성하여 학생 상호간에 학습을 돕게 함으로써 능력이 낮은 학습자의 자아존중감의 부정적인 측면을 해소하기에 적합하다.

방법

- 능력, 배경, 성이 혼합된 약 5명의 구성원으로 팀을 조직한다.
- 강사는 집단의 각 구성원에 대한 ‘개인 학습 기대(ILE)’ 점수 혹은 기본 점수를 계산한다.
- 학생들은 집단과 같이 공부하고 매주 두 번의 퀴즈(쪽지시험)를 준비한다.
- 퀴즈는 다른 정규학급에서와 같이 개인적으로 취한다.

질문법(＝문답법)

질문법은 발문 후 생각할 기회를 주어야 한다. 주로 인원이 작은 그룹 수업에 적당하며, 원으로 그리고 앉아 진행하는 것이 효과적이다.

수업 중 강사의 질문에 가장 효과적인 피드백 방법으로 학습할 문제점을 명백히 밝혀 주기 때문에 초점이 분명한 학습활동을 할 수 있으나 수업 분위기 자체를 리듬있고 즐겁게 강사가 이끌어 주지 못할 경우 오히려 답변을 얻어낼 수 없어 역효과를 낼 수 있다.

답변이 안나온다고 너무 강요하면 수강생들이 긴장하고 오히려 수업에 참여하지를 못한다. 알려지지 않았거나 완전하게 이해하지 못한 사실과 개념을 다루기 어렵다.

단점으로는 강사 중심의 수업이 진행될 우려가 있다.

또한 사고의 영역을 한정시킬 우려가 있다. 우수아 중심의 수업이 진행되어 그밖의 학생들은 흥미를 잃기 쉽다.

강의자는 인간의 성장과 발전, 또는 개인의 자아실현을 돕고, 바람직한 사회 성원으로 적응할 수 있는 인간의 형성을 돕는 고귀한 임무를 수행하는 사람들이다. 이러한 교원이 몸담아 일하는 직종이 바로 강의직이다. 다시 말하면, 교육 현장에서 학생이나 수강생들을 가르치는 직종이 바로 강의직이다.

학습의 4대 요소

① 동기: 학습하려는 의욕.

② 감지: 외부 정보에 의미를 부여.

③ 반응: 감지한 정보에 내적·외적인 행위.

④ 강화: 반응에 따른 무언가를 얻어야 한다.

수업과 학습의 차이점

수 업	학 습
독립변인 / 독립변수	종속변인 / 종속변수
목표가 있다.	목표가 없다.
일의적	다의적

교육 학습이론

- 질문을 유도하고 학생의 질문과 생각을 학습에 최대한 활용하라.
- 학생의 리더쉽, 협동학습, 정보의 추구를 촉진하고 학습 결과로 행동을 강조하라.
- 개방적인 질문 기법을 활용하고 학생들이 그들의 질문과 대답을 정교화하고, 구체화하고, 전문화하도록 격려하라.
- 학생들에게 사건과 상황이 일어나게 된 원인을 제시하도록 격려하고 그 결과를 예언하도록 격려하라.
- 학생들이 그들 자신의 아이디어를 검증하도록 하라.

3. 교육관과 강사의 자질

진보주의와 강사의 자질

진보주의 교육관에서는 학생 중심교육을 주장하고 학생의 자유를 최대한 보장하도록 한다. 따라서 다음과 같은 자질이 강사에게 요구된다.

- 학생의 흥미와 욕구를 찾아내고 이를 충족시켜 주는 강사.
- 학생들이 스스로 학습하는 것을 도와주는 조력자, 안내자로서의 강사.
- 학생들의 자유로운 활동을 최대한도로 보장해 주는 강사.
- 특정 교과에 대한 깊은 지식, 기술보다는 넓은 다방면에 걸친 지식, 기술의 소유자.
- 교과에 관한 지식과 기술에 못지않게 심리학 및 사회학에 관한 지식의 소유자.
- 융통성이 있고 학생과 더불어 공동계획을 세울 줄 아는 강사.
- 학생의 개인차를 존중하는 강사.

진보주의 교육관에 의하여 경영되고 있는 학교가 니일(A.S.Neill)이 설립한 영국의 썸머힐(Summerhill)이며, 썸머힐의 교육 내용을 살핌으로써 진보주의에서 말하는 우수한 강사가 어떤 강사인지를 알 수 있을 것이다. 썸머힐 학교의 특징은 다음과 같다.

- 강요가 없는 자유로운 활동을 철저히 보장할 수 있다.
- 창의성이 풍부한 학생을 육성한다.
- 행복한 시민을 육성한다.
- 모든 사람이 동등한 권리를 가지고 있다.
- 민주주의를 기본으로 삼는 자치학교이다.

전통주의와 교원의 자질

전통주의로 알려진 교육관은 본질주의(essentialism)와 항존주의(perennialism)이다. 본질주의에서는 인간의 문화유산 중 본질적인 요소를 추출하여 이를 다음 세대에 전달하는 것을 핵심개념으로 삼고 있다. 항존주의에서는 상대적이며 항시 변하고 있는 것을 교육에서 취급하는 것은 시간의 낭비라고 보고 있다. 시간과 공간을 초월하여 영원히 변하지 않는 항존적인 절대적 진리를 가르쳐야 한다고 주장한다. 이러한 주장을 하는 교육관에서 우수한 강사는 다음과 같은 자질을 지닐 것을 바라고 있다.

4. 효과적인 강의 - 파워 포인트 제작

1) 강의 프레젠테이션 작성

우수한 강의 프레젠테이션

- 도입부가 매력적이다.
- 결론이 모두에 위치하여 전체의 이해를 돕는다.
- 논리적 흐름이 자연스럽다.
- 내용의 과부족이 없다.
- 레이아웃이 세련되고 간결하다.
- 데이터, 이미지가 효과적으로 사용된다.
- 기획, 수강자, 일반의 입장에서 이해하기 쉽다.

작성을 위한 포인트

- 누구를 위한 프레젠테이션인가를 명확히 기술한다.
- 사고의 흐름을 쫓아 초안을 만든다.
- 일반적인 체제들을 고려하되 창의력을 발휘한다
- 보기 좋고 알기 쉽게 작성한다.
- 대체안도 준비한다.

작성을 위한 준비

- why 왜 이 기획을 준비했는가? (기획의 배경, 이유, 의의 등)
- what 무엇을 준비했는가?
- How 어떻게 진행, 수행했는가?
- who 청취자는 누구인가? (주체, 관계자)

2) 파워포인트 시작하기

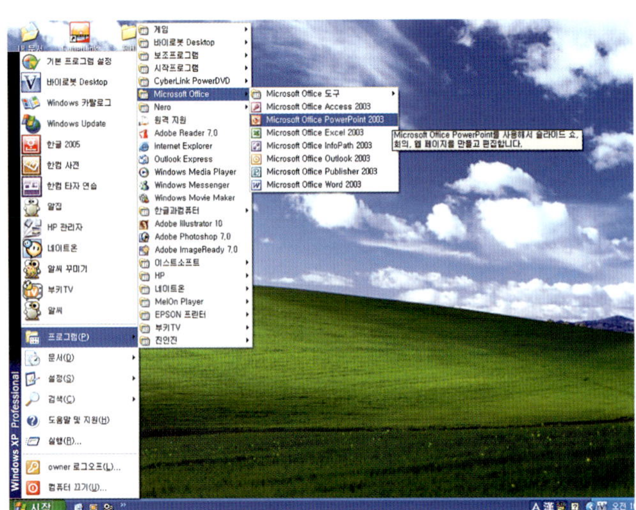

파워포인트의 개요

파워포인트는 회사의 목표와 실적을 설명하거나 우리의 아이디어를 더 호소력 있게 발표할 수 있도록 도와주는 프로그램이다. 또한 파워포인트에서 지원하는 표 그리기 도구와 차트 및 동영상 파일, 음악 클립들을 사용하여 보다 효과적이고 전문적인 프레젠테이션을 만들 수 있다.

파워포인트의 실행과 종료

- 파워포인트 실행하기

[시작]-[프로그램]-[Microsoft office]-[Microsoft PowerPoint]를 선택한다.

- 파워포인트 종료하기

[파일]-[끝내기]를 선택한다.

3) 파워포인트 창 보기 – 파워포인트의 화면 구성

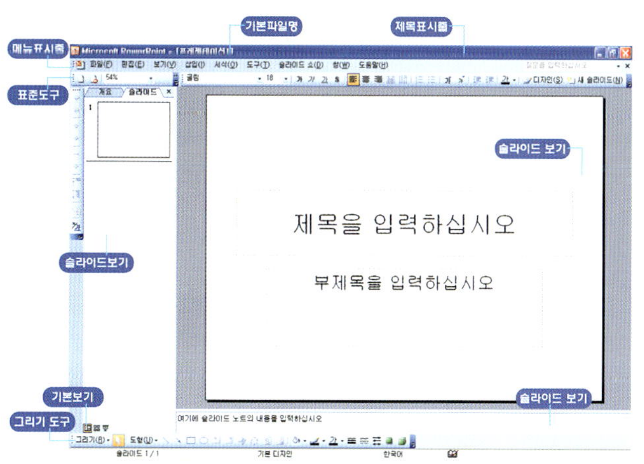

화면 구성

① 제목 표시줄: 파워포인트 프로그램명과 파일명을 표시해 준다. 파워포 인트의 기본 파일명으로 〔프레젠테이션1〕이라 표시하고, 사용자가 문 서를 저장하게 되면 지정된 파일명이 나타난다.

② 메뉴 표시줄: 파워포인트에서 사용할 수 있는 명령을 기능에 따라 분류 하여 표시한다.

참고하기

각각의 메뉴를 선택해 보면 메뉴가 축소되어 있고 메뉴 하단에 확장메뉴 표시를 볼 수 있다. 이것은 메뉴가 너무 많거나 복잡하다고 생각하는 사용자를 위해서 자주 사용되고 우선하는 메뉴가 기본적으로 나오며, 몇 초 기다리면 모든 기능의 메뉴가 나타나게 된다. 따라서 사용 자는 보다 쉽게 기능을 익힐 수 있다.

③ 각종 도구 모음: 파워포인트의 기능을 단추로 만들어 메뉴를 사용하지 않고도 사용할 수 있게 화면에 표시한다. (예)〔표준〕,〔서식〕,〔그리 기〕,〔그림〕 등등 도구 모음.

④ 보기 아이콘

• 기본 보기: 파워포인트 한 화면에 개요 보기, 슬라이드 보기, 슬라이드 노트 보기를 동시에 보여주는 화면이다. 세 가지 보기를 한 화면에 보 여줌으로써 사용자가 다른 보기 상태로 이동하는 시간을 단축할 수 있 으며, 편집 시에도 손쉽게 수정할 수 있다.

• 개요 보기: 슬라이드의 흐름에 따라 주제가 어떻게 전개되는지 한눈에 알 수 있으며, 〔개요 보기〕도구를 사용해서 내용을 편집한다.

• 슬라이드보기: 각 슬라이드에 문자열과 그림 개체를 넣을 수 있다. 〔슬라이드보기〕 단추를 눌러 슬라이드 보기로 바꾸면 부 분적으로 확대하여 세밀한 작업을 할 수도 있다.

• 여러 슬라이드 보기: 작성한 슬라이드를 한 번에 보면서 슬라 이드 복사, 이동, 삭제를 할 수 있다.

• 슬라이드 복사: 슬라이드를 선택한 상태에서 〔편집〕 메뉴로 가서 〔복사〕을 누르고 다시 〔붙이기〕를 선택한다.

• 슬라이드 이동: 이동하고자 하는 슬라이드를 잡아 원하는 위 치로 끌어 준다.

• 슬라이드쇼: 작성된 슬라이드를 화면에 프레젠테이션으로 보 여준다. 보기아이콘에 있는 〔슬라이드쇼〕 아이콘은 현재 슬라 이드부터 프레젠테이션을 실행한다. 처음 슬라이드를 실행하 기 위해서는 〔슬라이드 쇼〕-〔쇼 보기〕 메뉴를 실행한다.

참고하기

• 〔슬라이드 쇼〕-〔쇼 보기〕 메뉴 대신에 〔F5〕를 눌러도 된다.

• 슬라이드 쇼를 실행할 때 마우스 모양을 화살표에서 펜으로 바꾸려면 〔Ctrl+P〕를 누르 고, 다시 화살표 모양으로 바꾸려면 〔Ctrl+A〕를 누른다.

4) 슬라이드 구성 선택을 이용하여 프레젠테이션 만들기

이 장에서는 프레젠테이션 만드는 방법 중 슬라이드 구성 선택을 사용하 여 다양한 슬라이드를 만들어 본다.

슬라이드 만들기

① 〔새 프레젠테이션 만들기〕에서 〔새 프레젠테이션〕을 선택하고 〔확인〕 을 클릭한다.

② 〔슬라이드 구성 선택〕 대화상자가 나오면 〔제목 슬라이드〕를 선택한다.

③ 〔기본 보기〕 우측의 〔슬라이드 보기〕에 주제목에 〔북 아트에 대하여〕, 부제목에 〔홈페이지 동호회〕 라 입력한다.

④ 다음에 슬라이드를 추가하려면 세 가지 방법 중 하나를 선택한다.

• 〔표준〕 도구에 있는 〔새 슬라이드〕 아이콘을 선택한다.

• 〔삽입〕 도구에서 〔새 슬라이드〕를 선택한다.

• 단축키 〔Ctrl+M〕을 누른다.

글머리 기호 목록 슬라이드

① 〔보기〕 도구에서 〔도구 모음〕 – 〔서식〕선택
② 표준 도구줄에 글머리 기호 목록 작성 시 사용할 수 있는 아이콘이 생성된다.

- 번호 매기기: 문자열 작성 시 번호 자동적으로 매겨 준다.
- 글머리 기호: 문자열 작성 시 글머리 표를 자동적으로 매겨 준다.
- 글꼴 크기 크게: 입력된 문자열을 선택한 후 〔글꼴 크기 늘림〕 아이콘을 선택하면 자동적으로 글꼴 크기를 늘려 준다.
- 글꼴 크기 작게: 입력된 문자열을 선택한 후 〔글꼴 크기 줄임〕 아이콘을 선택하면 자동적으로 글꼴 크기를 줄여준다.
- 내어 쓰기: 문자열을 내어 쓰기를 할 때 사용한다.
- 들여 쓰기: 문자열을 들여 쓰기를 할 때 사용한다.

그림 삽입하기

① 새 슬라이드를 선택하고 〔삽입〕에서 〔그림〕-〔그림파일〕을 클릭한다.
② 그림 삽입 창이 뜨면 사용하려는 이미지의 경로를 찾는다.
③ 이미지를 선택하면 그림이 적용된다.

표 만들기

① 새 슬라이드를 선택하고 〔삽입〕에서 〔표〕를 클릭한다.
② 〔표 삽입〕 대화상자가 나오면 열의 개수와 행의 개수를 지정하고 〔확인〕 단추를 누른다.
※ 표 도구 모음을 이용하면 손쉽게 작업할 수 있다.

차트 만들기

① 새 슬라이드를 선택하고 〔삽입〕에서 〔차트〕를 클릭한다.
② 데이터 시트 상에 각각의 값을 데이터에 입력한다.
③ 데이터 시트 외의 여백을 클릭하면 다시 원래 상태로 되돌아온다.
④ 다음과 같이 차트가 삽입되어 있음을 볼 수 있다.
⑤ 차트의 값을 수정 및 편집하려면 차트에서 더블 클릭을 한다.

파일 저장

① 작성된 슬라이드를 〔파일〕-〔저장〕 메뉴를 선택하여 파일 이름을 적은 다음에 저장을 누른다.
② 다른 파일로 저장
　프레젠테이션 파일을 다양한 파일 형식으로 저장할 수 있다.

파일 형식의 종류

파일형식파일 확작명용도프레젠테이션.(pptPowerPoint), 프레젠테이션 Windows, 메타파일.(wmf),슬라이드를 그림 파일로 사용(GIF) 형식. (gif) 웹 페이지에서 사용되는 그래픽 형태의 슬라이드JPEG형식. (jpg) 웹 페이지에서 사용되는 그래픽 형태의 슬라이드 PNG형식. (png) 웹 페이지에서 사용되는 그래픽 형태의 슬라이드개요 / RTF. (rtf) 프레젠테이션 개요를 개요 파일로 사용니사인 템플렛.(pot) 프레센테이션 서식 파일 Power Point 쇼.(pps) 프레젠테이션이 항상 슬라이드 쇼로만 열린다. 웹페이지. (htm)웹 브라우저에서 볼 수 있는 프레젠테이션.

> **참고하기**
>
> 프레젠테이션 안의 그림 개체는 프레젠테이션을 HTML 형식으로 저장하면 자동으로 GIF 파일로 변환된다.

실제 강의용 북 아트 파워포인트 작업 예시

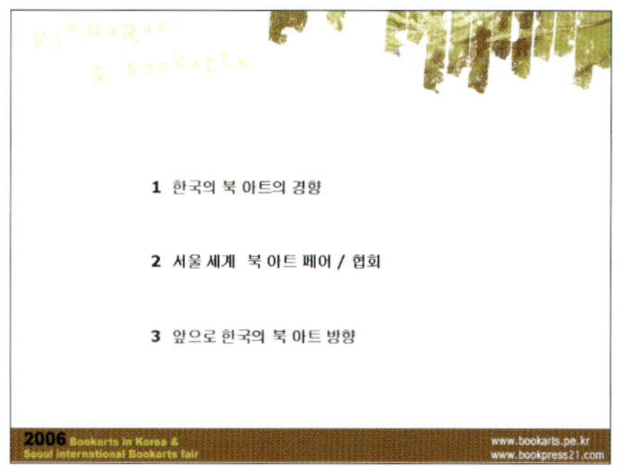

사 이 트	클 럽 명	주 소	회 원 수
DAUM	러브장 꾸밈 카페	cafe.daum.net/love3535love	23657명
	공책을 만드는 사람들	http://cafe.daum.net/blocnote	6697명
	세상에서 하나뿐인 북만들기	http://cafe.daum.net/handmadebook	3988명
	나만의 책 만들기	http://cafe.daum.net/booksarang	2491명
	북아티스트를 꿈꾸는 사람들	http://cafe.daum.net/bookartist	2376명
	책 만들며 크는 학교	http://cafe.daum.net/makingbookschool	1104명
	하나뿐인 노트를 만들어드립니다	cafe.daum.net/01198046042	235명
	북아트yoi	http://cafe.daum.net/bookartyo	60명
NAVER	북아트 재료,작가소개 나만의 북과 노트를 만들어요	http://cafe.naver.com/handmadebook.cafe	4980명
	북아트핸드메이드북	http://cafe.naver.com/bookartlove.cafe	361명
Cyworld	북아트 사랑해요!	http://bookartslove.cyworld.com	4854명
	북프레스	http://bookpress.cyworld.com	300명
	북아트의 세계 - LIVRE ATELIER	http://livre-atelier.cyworld.com	84명
	artistsbooks	http://artistsbooks.cyworld.com	30명

» 고르곤 장엄 함

현대의 북 아트는 기술적인 진보와 정보화 시대로 인하여 무척이나 복잡 다양하고, 기술적인 방법이나 정보의 홍수 속에서 이해하기 힘든 부분도 많이 있다. 컴퓨터, 비디오, 영상, 레이저, 오디오 등 다양한 표현 매체의 홍수 속에서, 오래 전부터 우리와도 너무나 친숙하고, 인간의 역사와 같이 했던 종이가 새로운 소재로써는 진부하다고 보는 이도 있겠지만, 북 아트의 소재로써의 종이의 역할은 필수 불가결한 요소로 다양한 표현을 가능하게 만들고 있다. 이번 성인 지도사 과정에서는 이러한 다양한 종이를 이용해 좀 더 성인의 기호와 개념에 걸맞는 내용들을 만들기 위해 노력했다. 2000년 밀레니엄 시대에 돌입하면서 종이의 종말론이 계속 들리는 가운데 북 아트는 정보의 홍수 속에서 나름대로 값어치를 드러내며 고귀한 손맛의 진가를 보여 줄 것이다.

01

다양한 바인딩 | **Binding** |

예술과 과학 장서 수집의 보존에 대한 책 보존 영역이 나타난 것은 제본 발전에 새로운 방향을 설명한다. 근대 책 보존의 시작은 티 제이 콥든 샌더슨(T. J. Cobden-Sanderson)이 시작한 영국 제본에서 유래할 수 있다. 티 제이 콥든 샌더슨(1840~1922)은 아트 앤 크래프트 운동(Arts and Crafts Movement)의 부흥 정신의 영향 아래 핸드 바인딩을 시작했다. 아트 앤 크래프트 운동은 영국의 윌리암 모리스(William Morris, 1834~1896)에 의해 시작되었는데, 그는 수공예품이 기계화 되어 가고 산업화 되어 갈 시기에 손으로 직접 하는 수작업을 장려했다. 티 제이 콥든 샌더슨은 윌리암 모리스의 이런 접근을 핸드 바인딩에 응용했다. 바인딩 기술의 특징은 그의 일을 쉽게도 했지만 어렵게도 했다. 수작업하는 기술은 천천히 하지만 충분히 발전되었고, 잔존한 제본가들의 작품들은 다른 제본 작품들과 비교할 수 있고 공부할 수 있는 완벽한 재산이 될 수 있게 제공되었다. 하지만 19세기 말의 핸드 바인딩 기술은 정교함을 넘어서는 단계에 이르렀다. 정밀함, 동일성과 스피드 같은 기계로 만든 것 같은 품질은 제본가들에게 작품의 표면적인 모양에 더 치우치게 만들었다. 그 당시의 표준적인 바인딩은 보드를 연결하고 약한 바느질에 섬세한 구조를 가진 작품이 우세했다. 표지를 싸는 작업과 표지에 압형으로 무늬를 찍는 것은 정밀함이 기계 같았고, 커버는 텍스트를 위한 장식된 포장같이 되었다. 당시의 제본가들이 사진 케이스와 보석함 수리에 전문가였다는 사실은 그리 놀랍지 않디.

15세기 무렵 북 바인딩을 위한 좋은 품질의 재료들이 생산되었는데, 특히 질 좋은 송아지 피지와 종이 그리고 무두질 된 가죽 등이 생산되었다. 이런 재료를 이용한 유럽의 제본가들은 코덱스 바인딩의 구조와 장식을 다듬어 새로운 디자인과 특징이 있는 제본을 발전시켰다.

예술적인 표현은 핸드 북 바인딩의 현대적인 기술 범위 안에서 다른 방향을 제시한다. 전문 제본가들에 의해 만들어진 정교한 제본들은 여러 방면으로 예술 작품에 접근하지만, 현재의 관점은 책을 모든 사람들에게 노출되어진 예술적 표현 매체로 본다.

01 재패니스바인딩

준비물 »

내지용 종이 10장

앞뒤 표지용 판화지

연필, 자, 송곳, 실, 바늘, 목공용 접착제

본 폴더

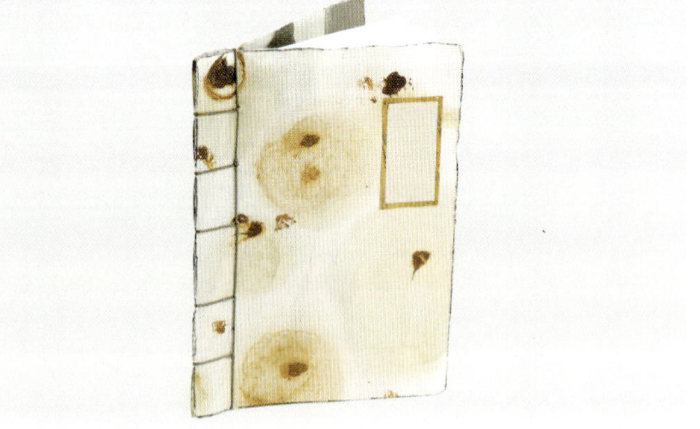

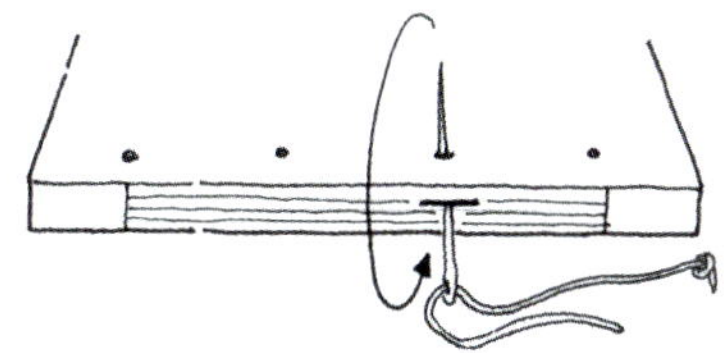

1 한쪽 실에 매듭을 만들고 책등에 바늘을 두 번째 구멍에 찔러 넣는다.

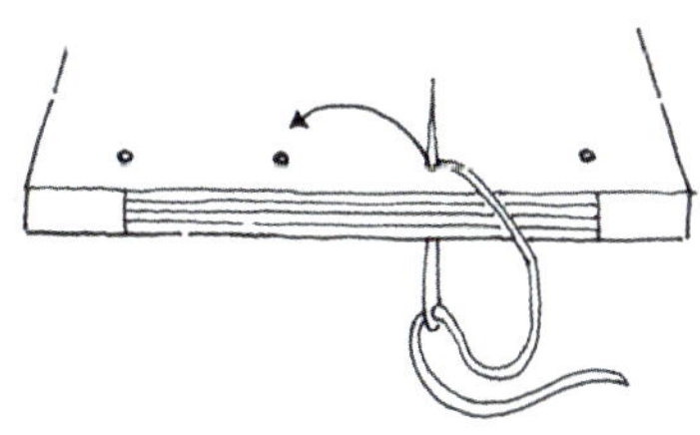

2 두 번째 구멍으로 나와 책등을 감싸는 되돌아 감기로 두 번째 구멍으로 다시 찔러 넣는다.

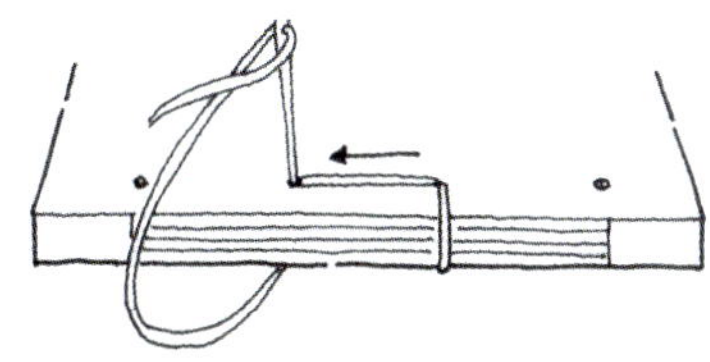

3 왼쪽 옆 구멍으로 들어가 2번과 같은 방법으로 책등을 감싸며 되돌아 감기를 한다.

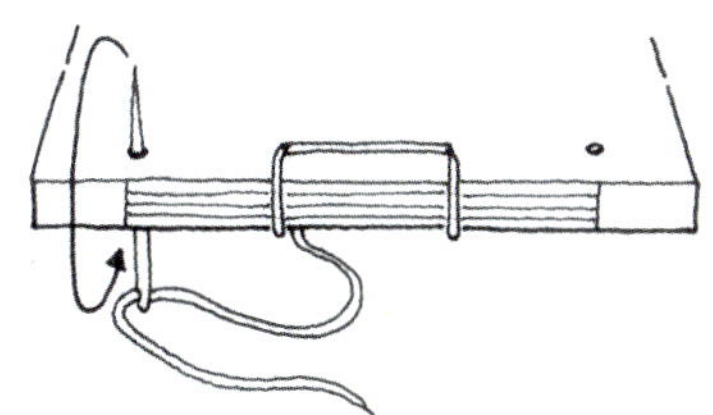

4 왼쪽 옆 구멍으로 나와 책등을 감싸는 되돌아 감기를 한다.

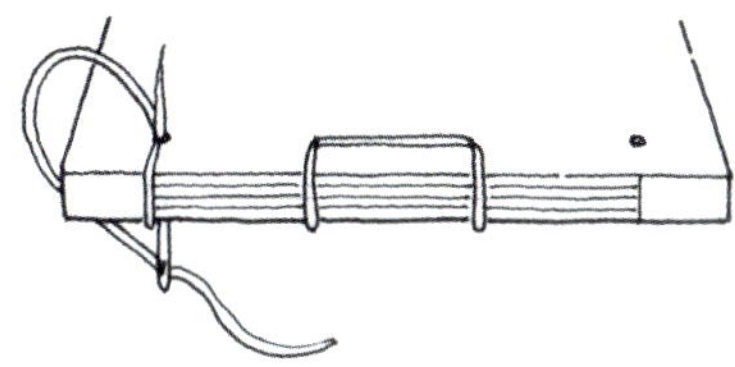

5 4번 실과 90도가 되게 가로로 되돌아 감기를 한다.

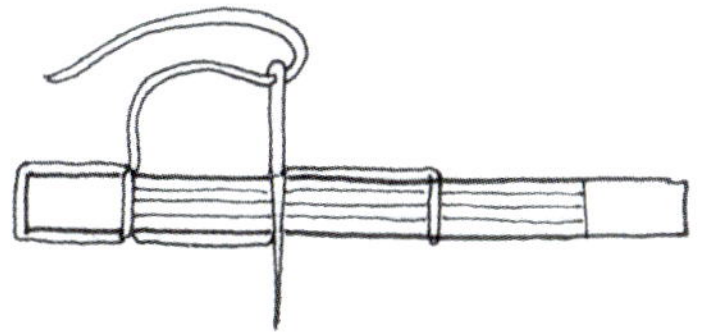

6 세 번째 구멍으로 찔러 넣는다.

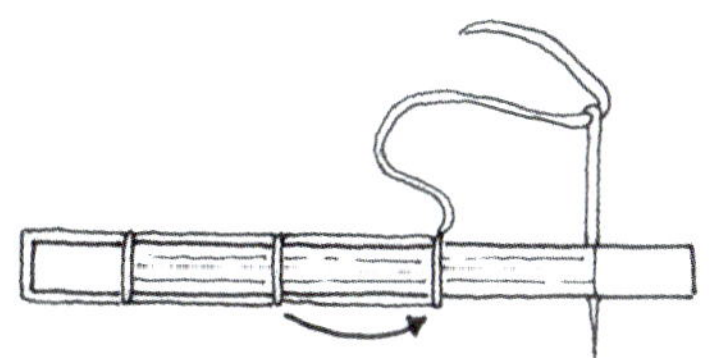

7 다시 오른쪽 옆 구멍으로 찔러 넣는 다음, 오른쪽 옆 구멍으로 들어간다.

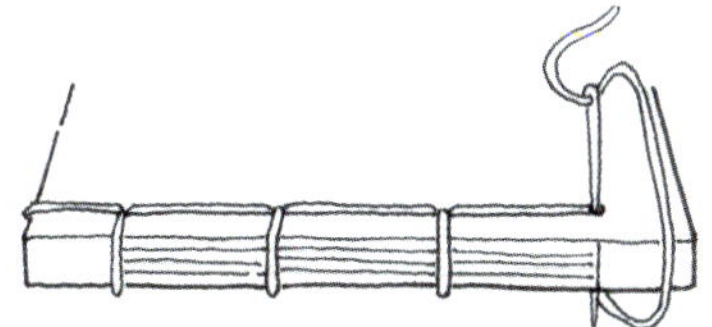

8 책등을 감싸며 되돌아 감기를 한다.

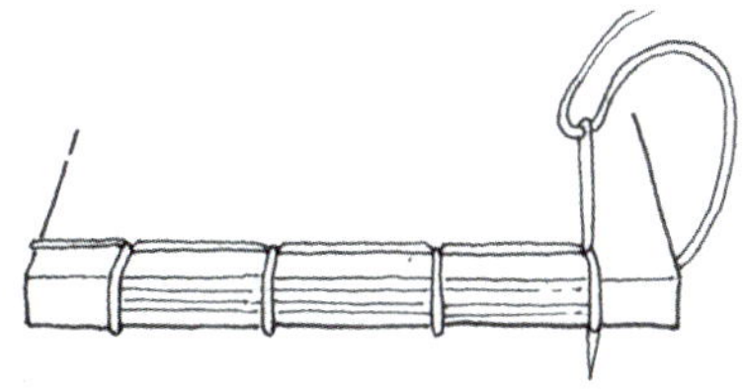

9 8번 실과 90도가 되게 가로로 되돌아 감기를 한다.

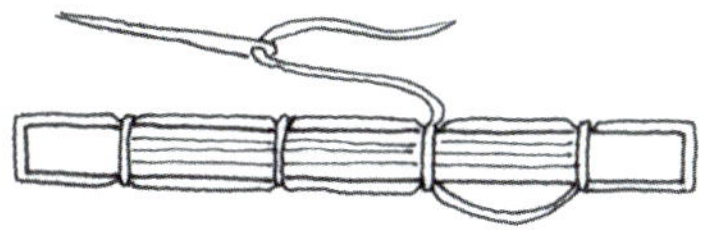

10 왼쪽 옆 구멍으로 나온다.

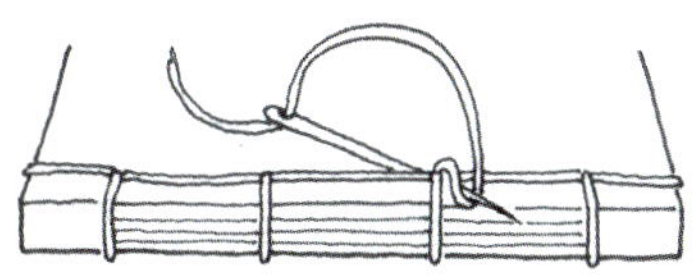

11 그림과 같이 매듭을 만들어 완성한다.

02 빠른 가죽 바인딩

준비물 »

내지용 종이 10장

앞뒤 표지용 종이 1장

책등용 북플로즈

연필, 자, 송곳, 실, 바늘, 목공용 접착제

본 폴더

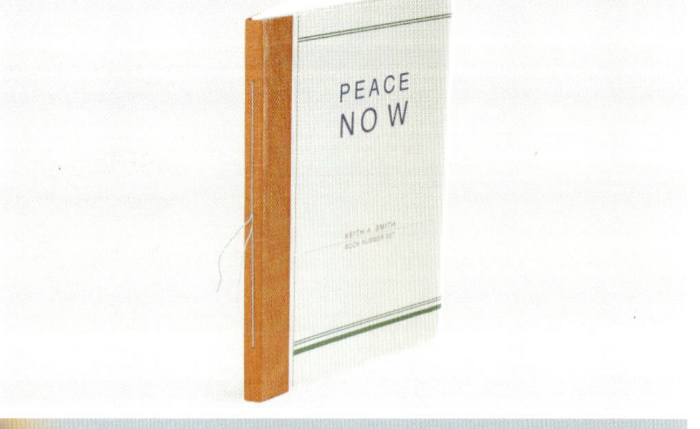

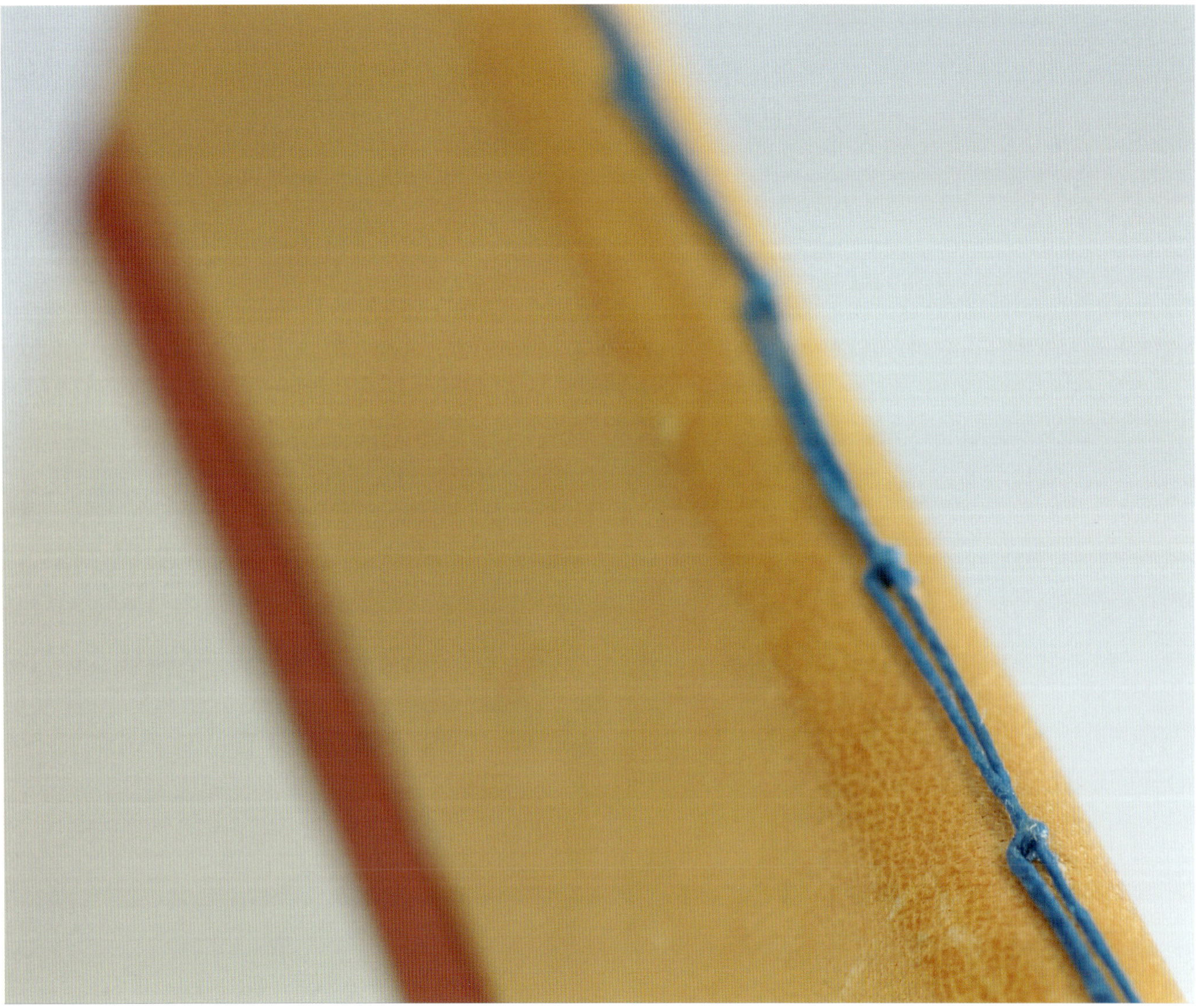

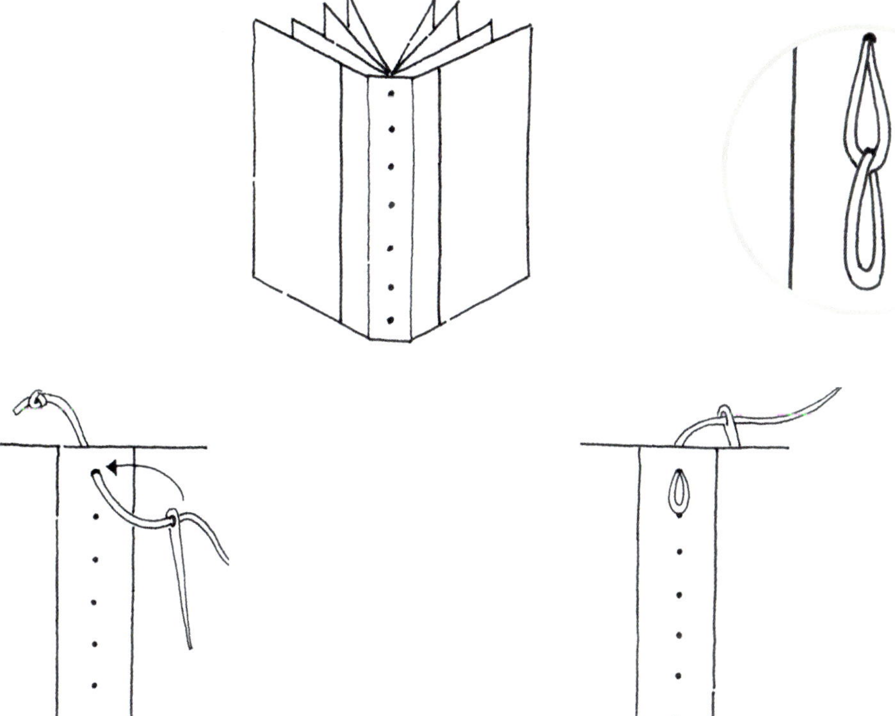

1 (표지와 내지를 한꺼번에 하는 바인딩 방법으로)한 쪽 실에 매듭을 만들고 내지 안쪽에서 표지 바깥쪽 첫 번째 구멍으로 찔러 넣어 실을 동그랗게 만든다.

2 동그랗게 실을 만든 상태에서 다시 첫 번째 구멍으로 찔러 넣는다.

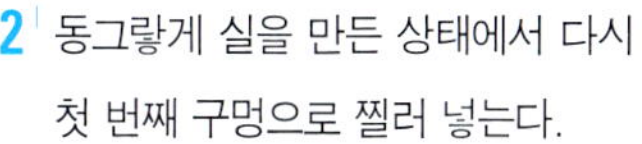

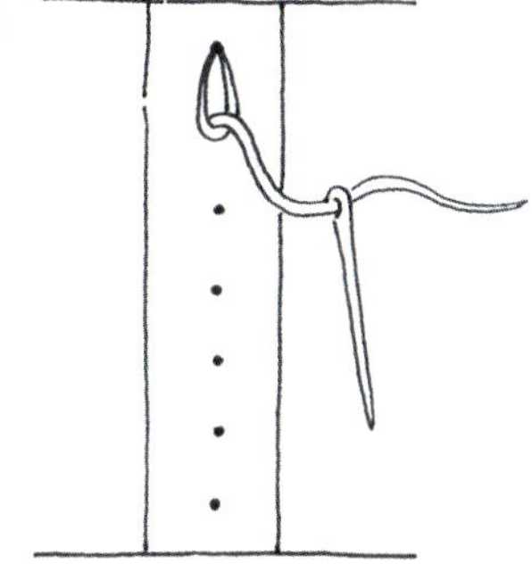

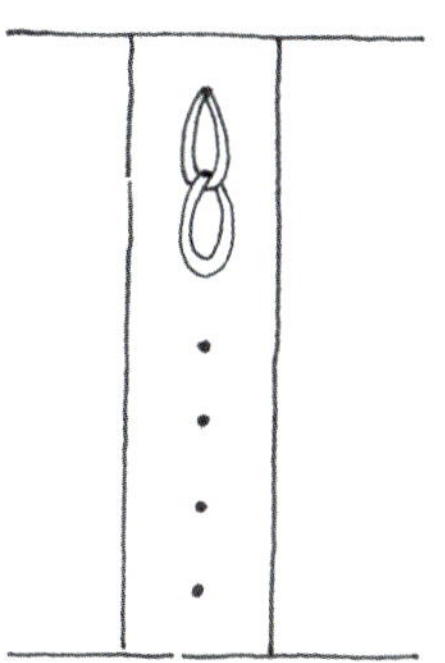

3 두 번째 구멍으로 나오면서 동그랗게 만든 실을 걸고 나온다.

4 다시 실을 동그랗게 만들고 두 번째 구멍으로 들어간 다음, 동그란 실을 걸고 세 번째 구멍으로 나온다. 이와 같은 방법을 반복하면 된다.

03 앨범 겸 포트폴리오 북

준비물 »

표지용 통가죽(68cm*37.5cm) 1장

내지용 종이 35장

표지용 통가죽 및 끈

연필, 자, 송곳, 칼, 목공용 접착제

본 폴더

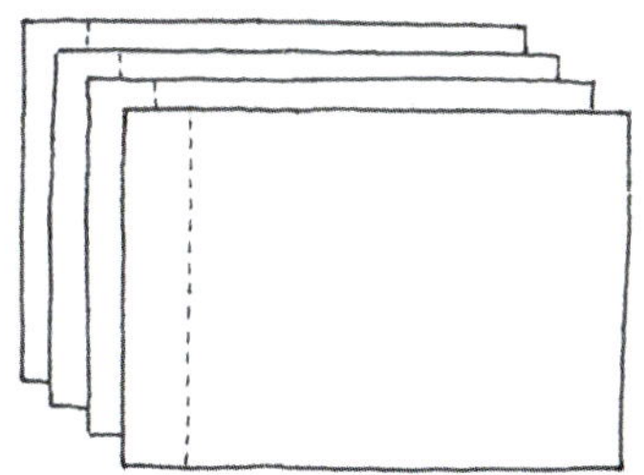

1 25 x 20cm 로 자른 다음, 풀 바르는 부분을 1cm정도 접는다.

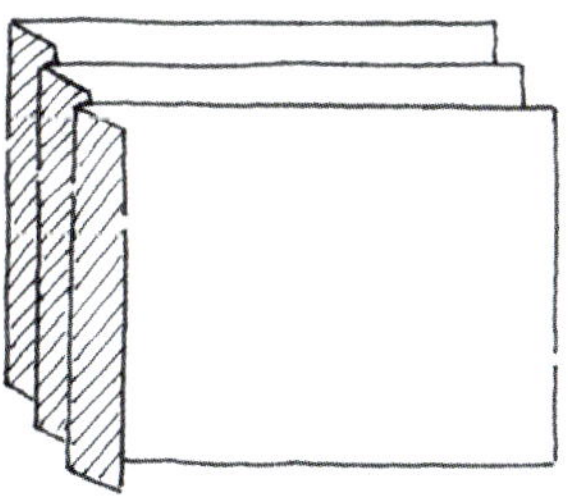

2 풀을 바른 다음, 한 장씩 이어서 붙인다.

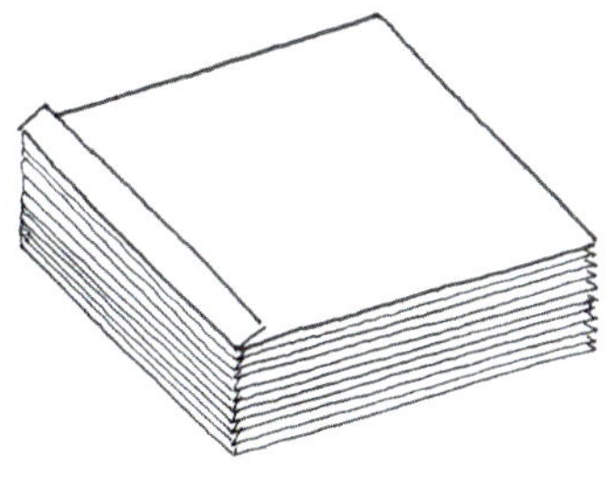

3 앨범 속지를 완성한 다음, 재단을 한다.

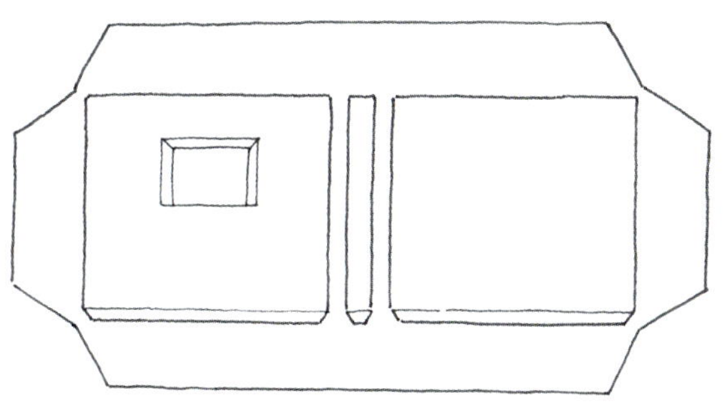

4 보드를 잘라 표지를 만든다.

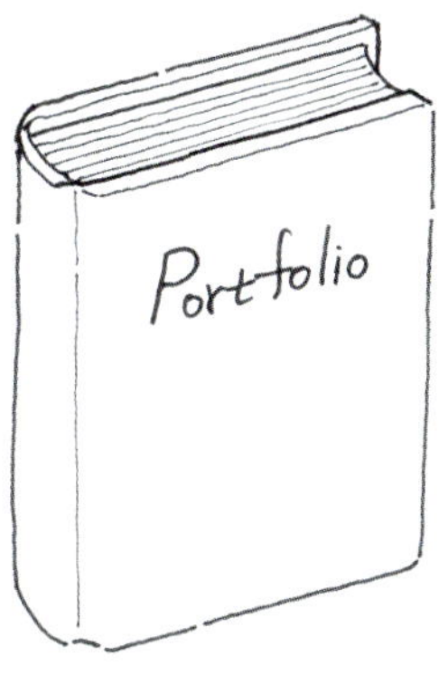

5 내지와 표지를 면지로 연결해서 완성한다.

04 노출 바인딩 응용1

준비물 »

표지용 하드보드 2장

커버용 마블링 종이 1장(A3사이즈)

내지용 종이 40장

연필, 자, 송곳, 실, 바늘, 칼, 목공용 접착제

책등용 가죽 끈 약간

본 폴더

 # 노출 바인딩 응용2

준비물≫

표지용 종이 2장

내지용 종이 30장

연필, 자, 송곳, 실, 바늘, 칼, 목공용 접착제

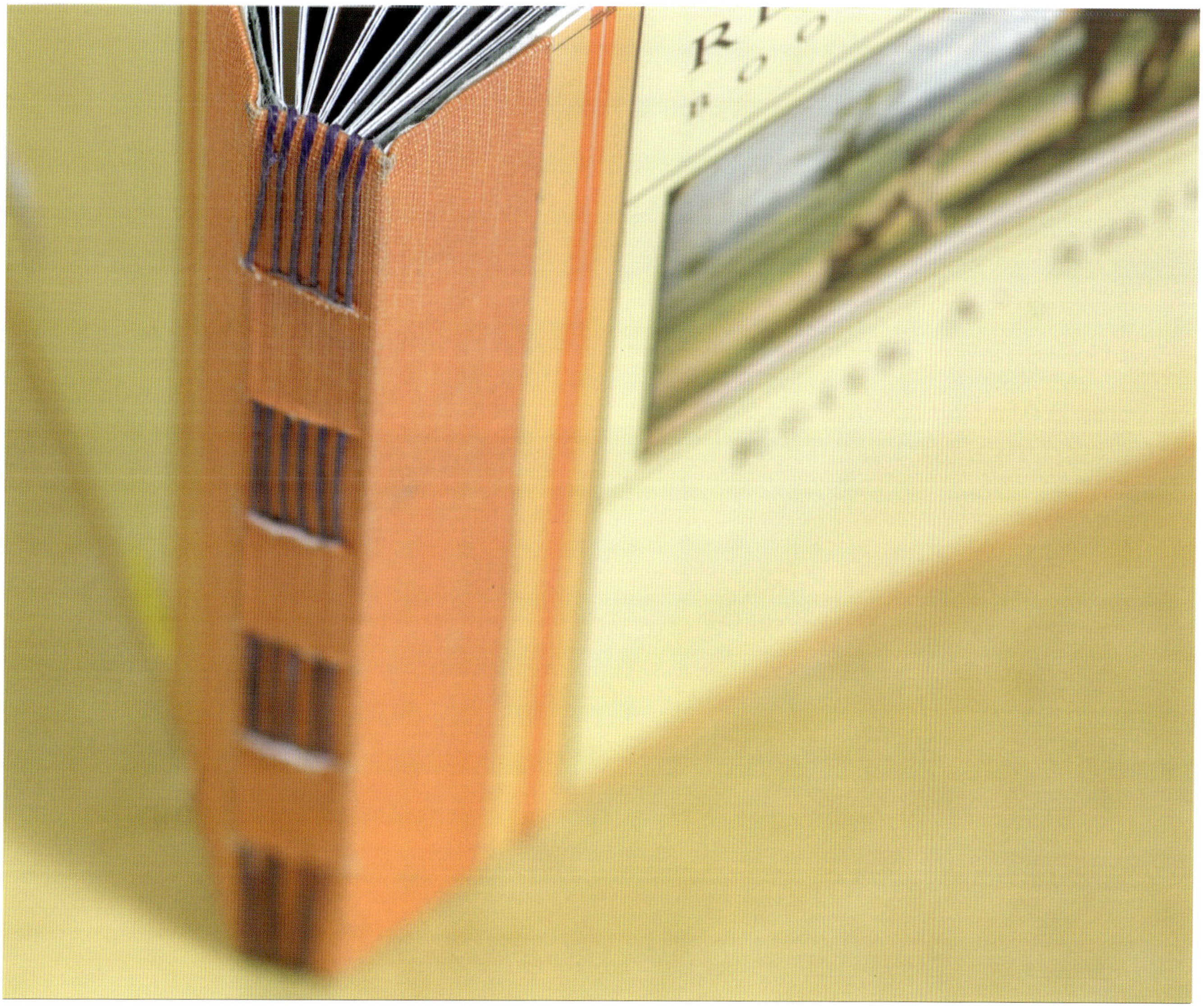

06 노출 바인딩 응용3

준비물 »

표지용 종이 2장

내지용 종이 30장

연필, 자, 송곳, 실, 바늘, 칼,

목공용 접착제, 본 폴더

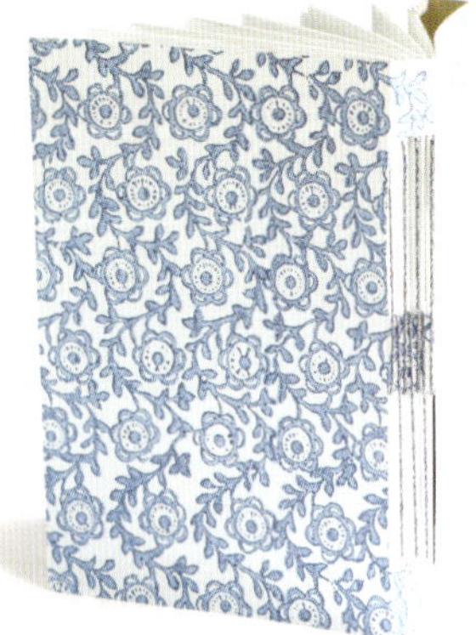

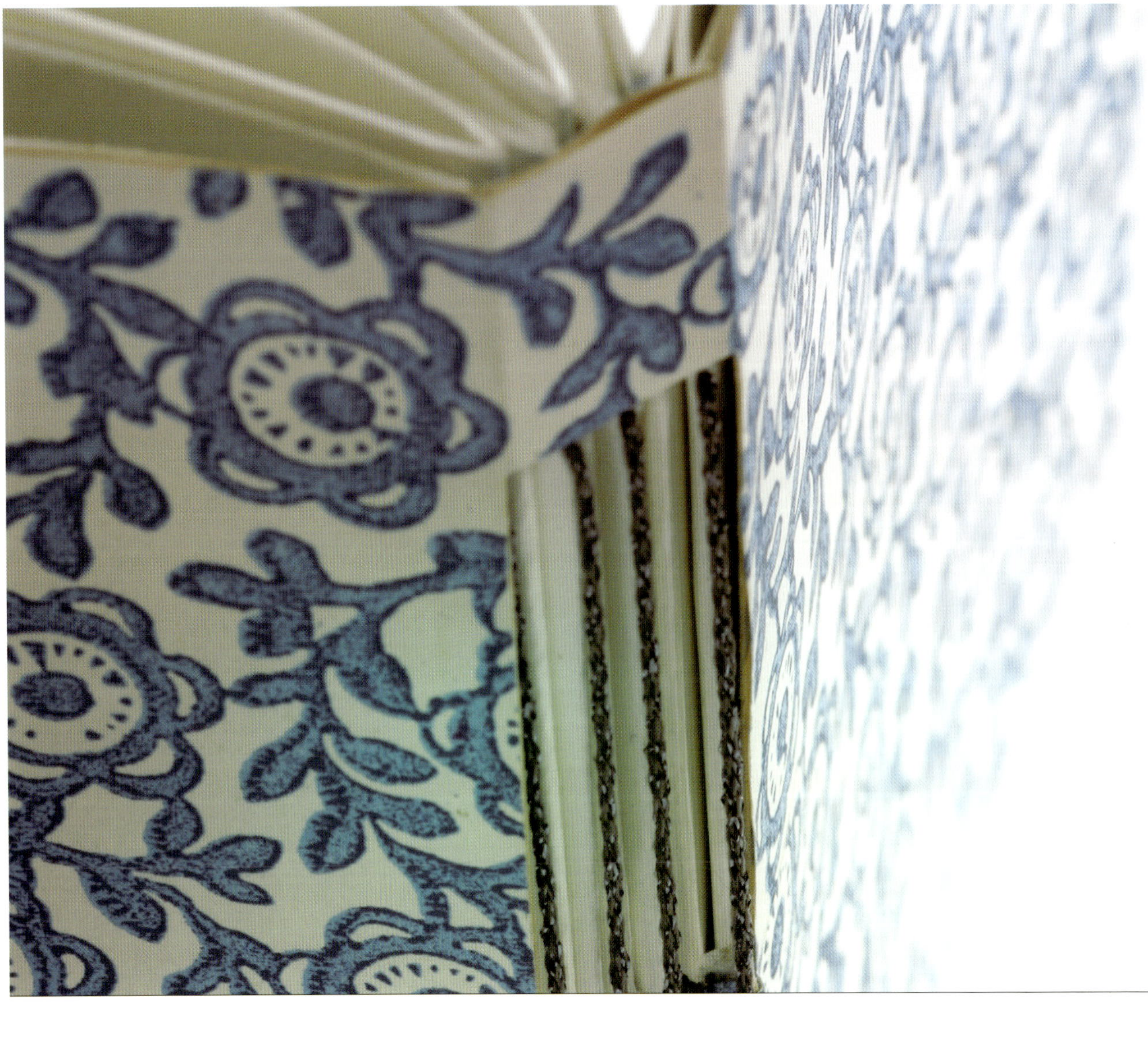

 **07** 노출 바인딩 응용4

준비물 »
표지용 골판지 2장
내지용 종이 30장
연필, 자, 송곳, 실, 바늘, 칼, 목공용 접착제

08 노출 바인딩 응용5

준비물 »

표지용 통가죽 1장
내지용 종이 50장
연필, 자, 송곳, 실, 바늘, 칼,
목공용 접착제
아크릴물감, 본 폴더

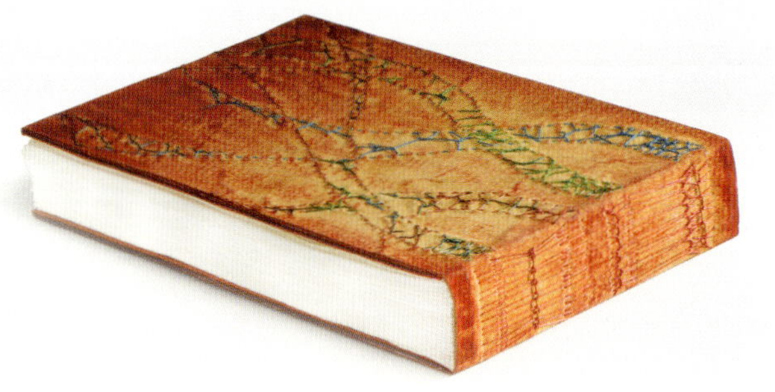

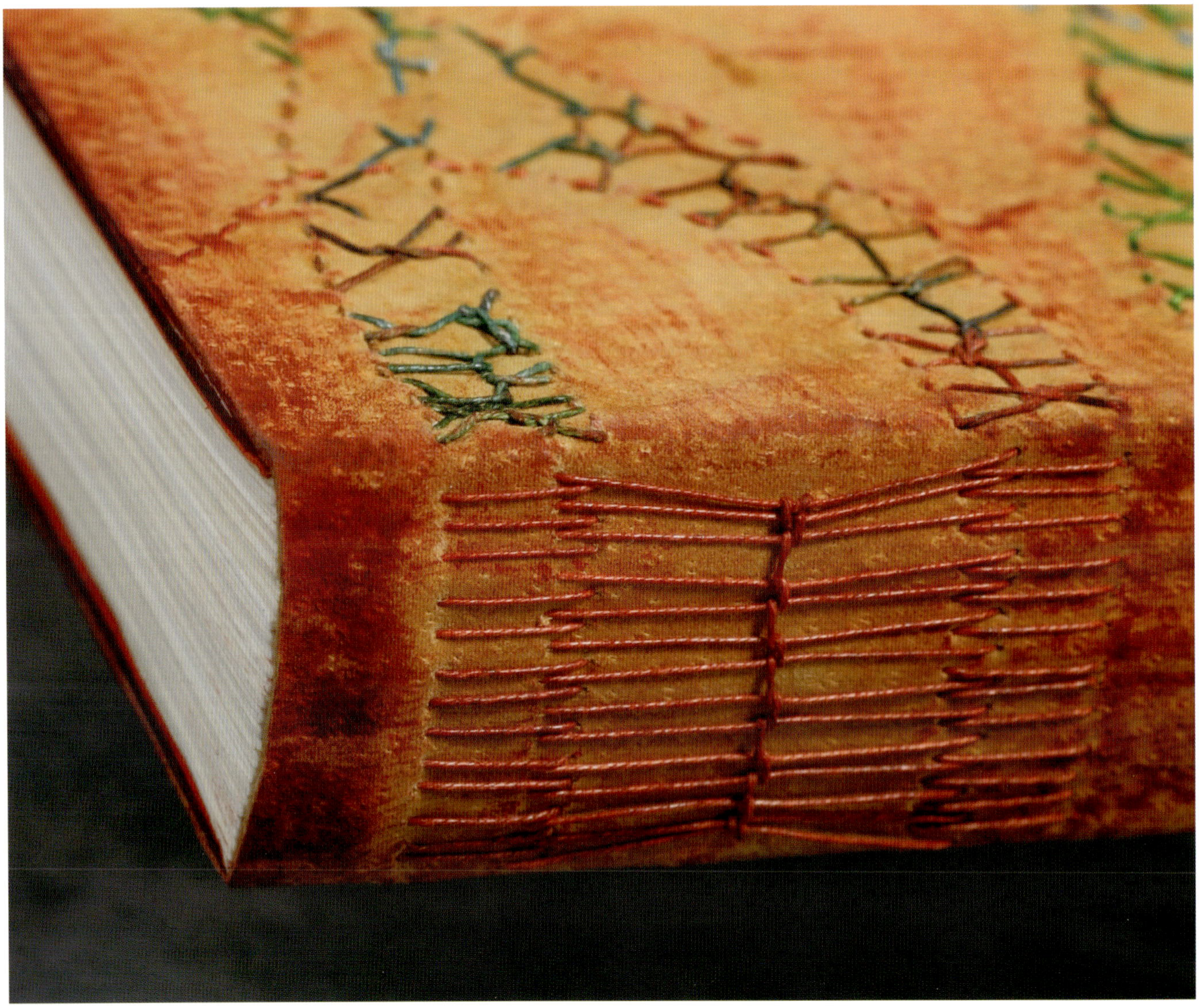

09 노출 바인딩 응용6

준비물 »

- 표지용 양가죽1장
- 하드보드지 2장
- 내지용 종이 50장
- 연필, 자, 송곳, 실, 바늘, 칼, 목공용 접착제
- 페이퍼 커팅 작업한 것 2개

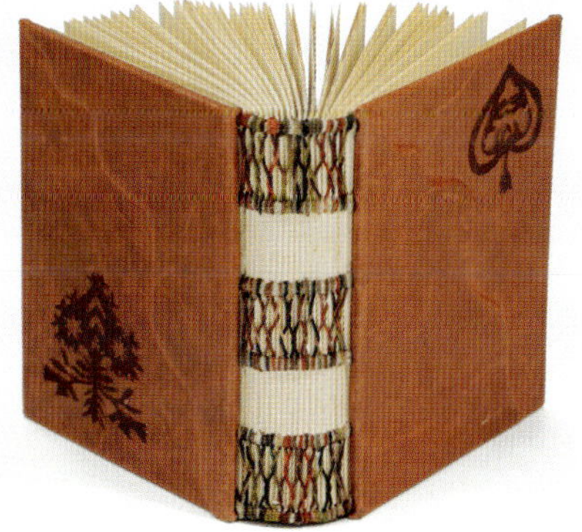

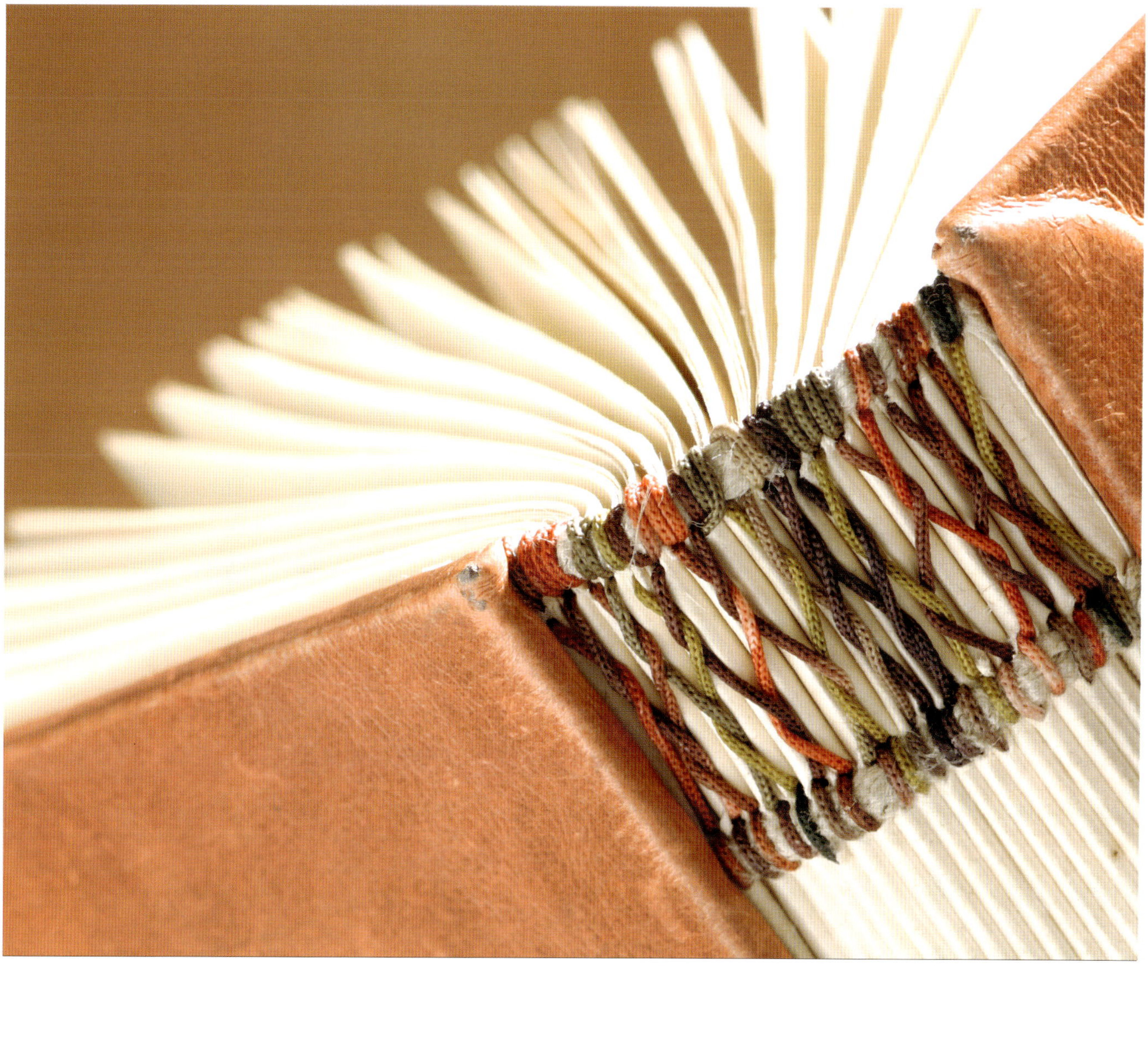

02

다양한 북 아트 구조 |Structure|

현대의 북 아트 영역에서 협회나 아티스트, 또는 작품을 얘기하는 것은 어려운 일이다. 왜냐하면 책은 여러 형태로 표현할 수 있는 매체이기 때문이다. 북 아트의 구조는 지금도 전 세계에서 하루가 다르게 새로운 구조들이 속속 등장하고 있다. 인터넷은 이러한 정보들을 실시간 연결해서 제공해 준다. 북 아티스트 들은 새로운 구조를 만들 때마다 이름을 붙인다.

전세계에서 북 아티스트이지만 새로운 구조들을 가장 많이 만들고 보급하는 일에 헤디 카일을 빼놓을 수 없다. 지금도 필라델피아대학 등에서 70중반의 나이에도 불구하고 워크샵 등을 하고 있다. 1979년에 만든 '하이디 카일의 하루(Day Book)'란 책이다. 그녀의 플래그 북(flag book) 구조 중이 작품을 포함한 다른 많은 작품들이 아티스트 북의 상징이 되었다.

북 아트에서의 예술적인 성취는 북 아트 센터에서 전시회나 워크샵에 대한 기대를 이끌었다. 미국에는 이러한 센터들이 많은데, 좋은 예가 되는 것이 뉴욕에 있는 센터 포 북 아트(Center for Book Arts)이다. 이곳은 1974년 리차드 민스키(Richard Minsky)에 의해 설립되었고, 아트와 실험적인 북 아트 워크샵을 운영하고 있다.

>> 박운화. 보물상자.

» **매트 소피**(Matte Sofie). **6단계의 분리**.

 ## 별북

준비물 »

표지용 하드커버지(30cm x 15cm) 2장

커버용 패턴지 1장

책등용 양가죽 1장

내지용 종이1 (24 x 140cm) 1장

내지용 종이2 (24 x 102cm) 1장

내지용 종이3 (24 x 87cm) 1장

송곳, 바늘, 실, 칼, 자, 본 폴더

» 미셸 파워스. 집에 있는 루시와 맥스. 1998.

» 이경석. 신데렐라. 1998.

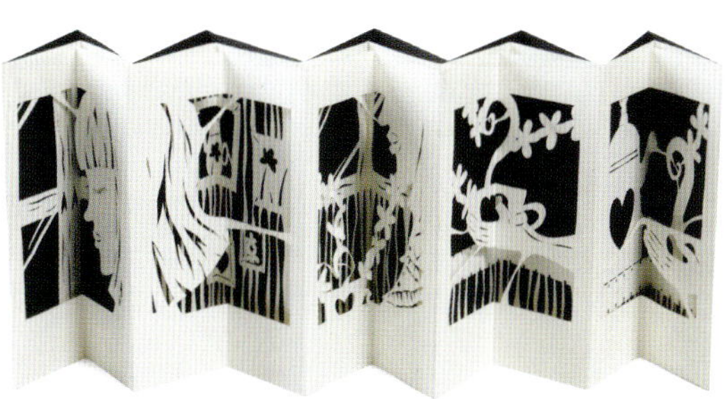

>> 전이정. Tea time.

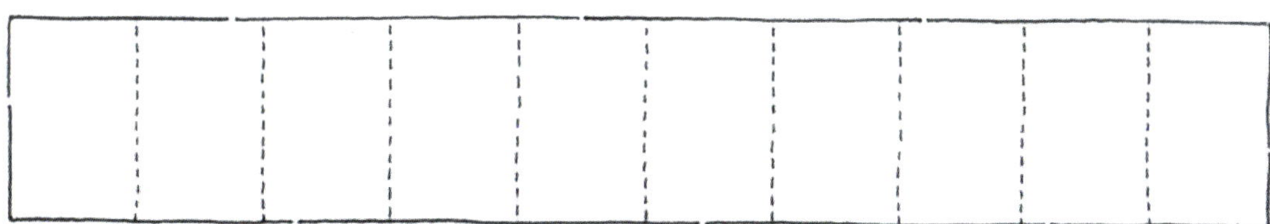

1 내지용 종이를 14cm x 24cm 간격으로 10면을 만든다.

1cm   1cm

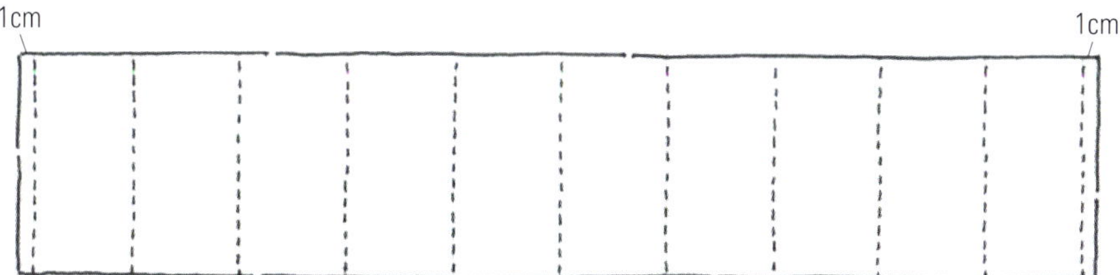

2 내지용 종이를 10cm x 24cm 간격으로 10면을 만든다.(양끝을 1cm씩 접는다)

1cm   1cm

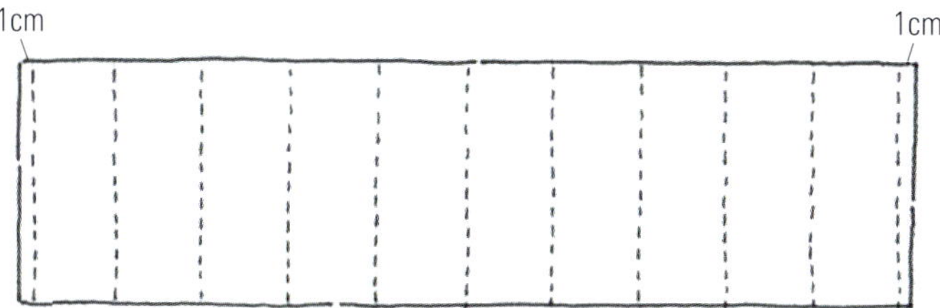

3 내지용 종이를 8.5cm x 24cm 간격으로 10면을 만든다.(양끝을 1cm씩 접는다)

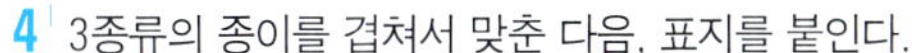

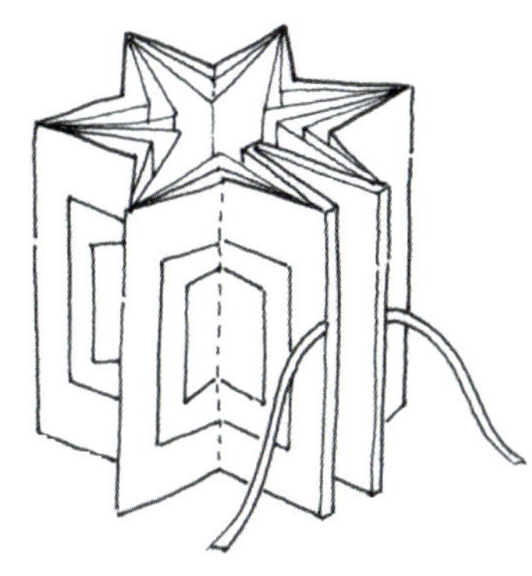

4 3종류의 종이를 겹쳐서 맞춘 다음, 표지를 붙인다.

02 피아노 북

준비물 »

내지용 종이(A4) 30장

대나무 살 30개

바늘, 실, 칼, 자, 연필

본 폴더

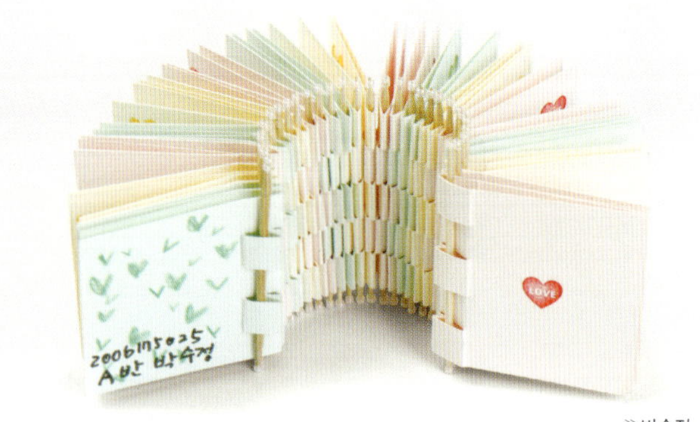

» 박수정

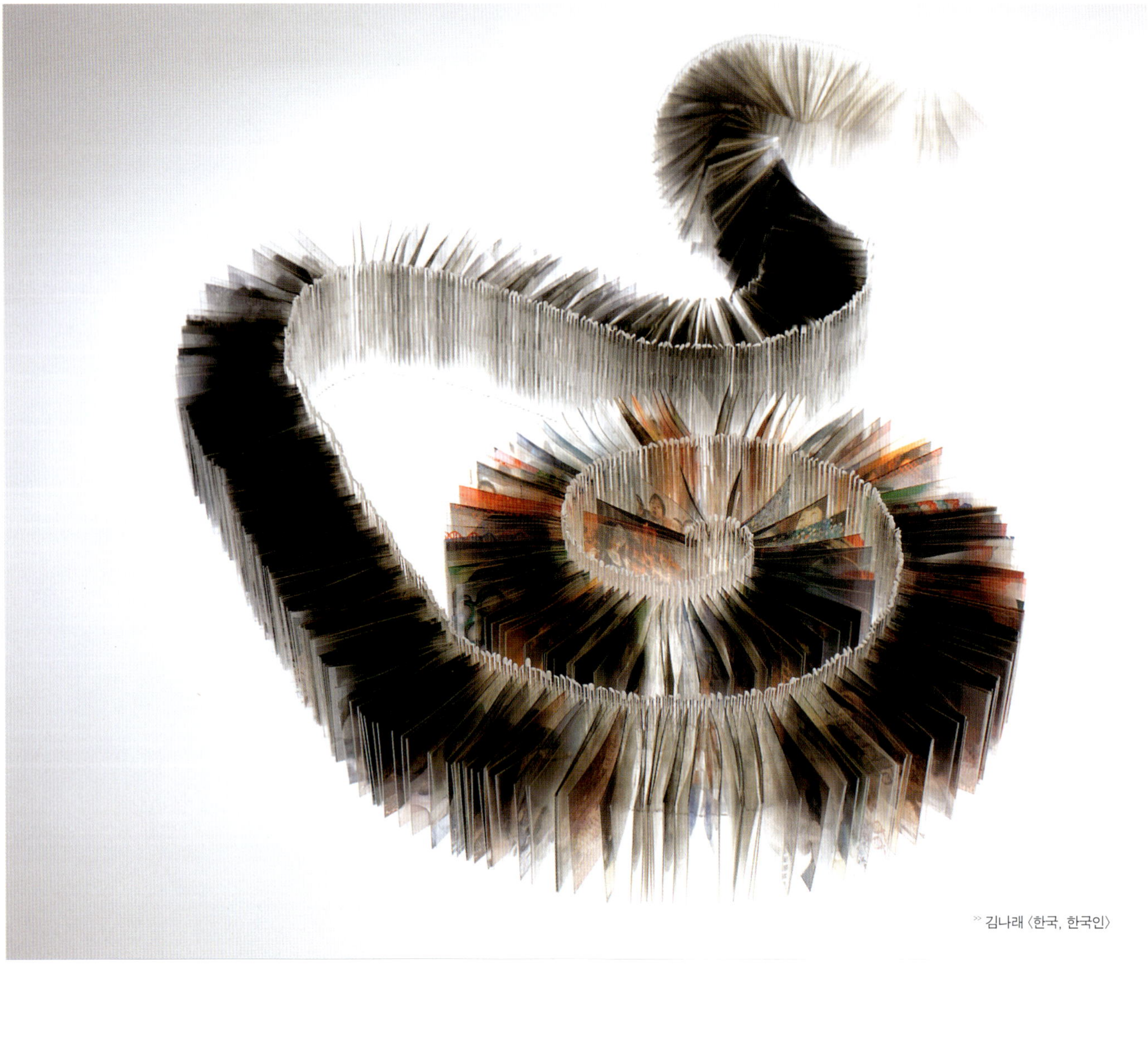

» 김나래 〈한국, 한국인〉

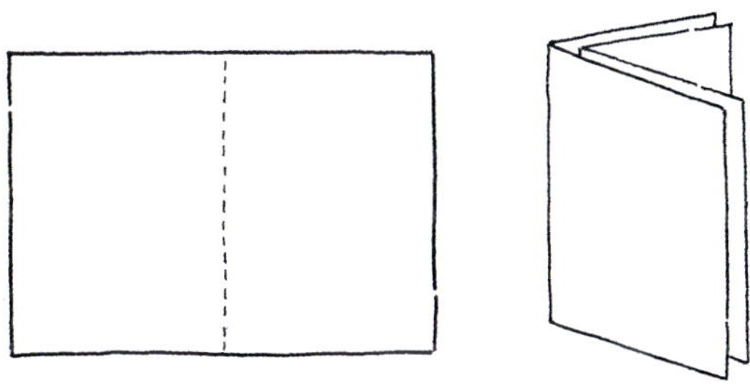

1 A4 사이즈(29.7 x 21cm) 크기의 종이를 반으로 접은 다음, 2장씩 겹친다.

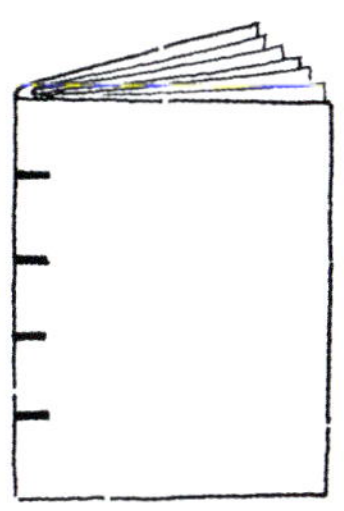 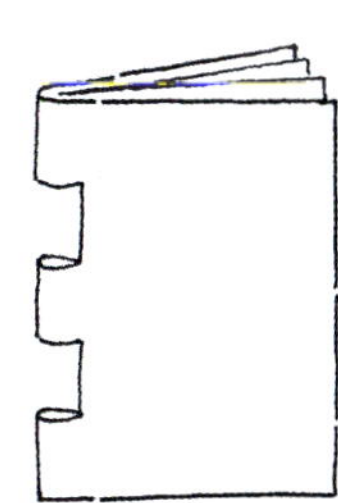 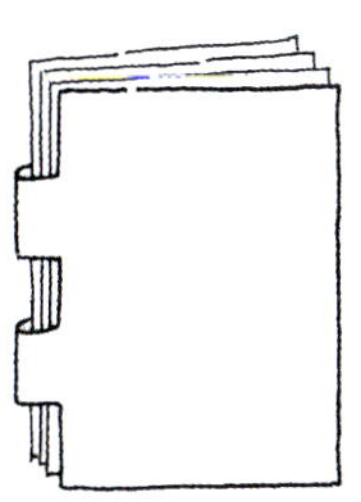

2 가로는 1.5cm, 세로는 4.2cm로 5등분하여 옆과 같이 가위로 2종류가 되게 자른다.

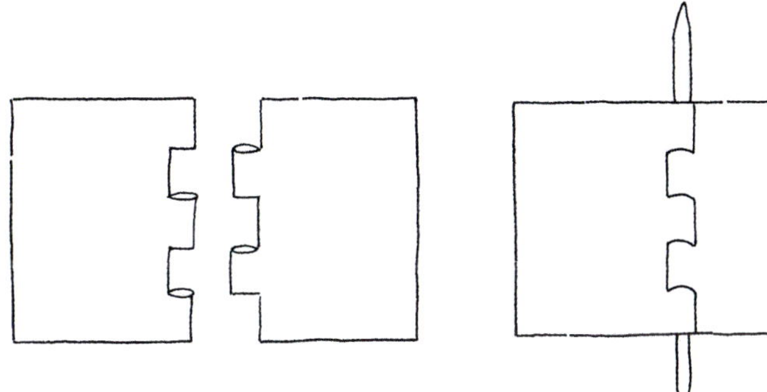

3 자른 종이를 잘 끼워 맞춘 다음, 긴 막대기를 이용하여 구멍 사이에 넣어 잇는다.

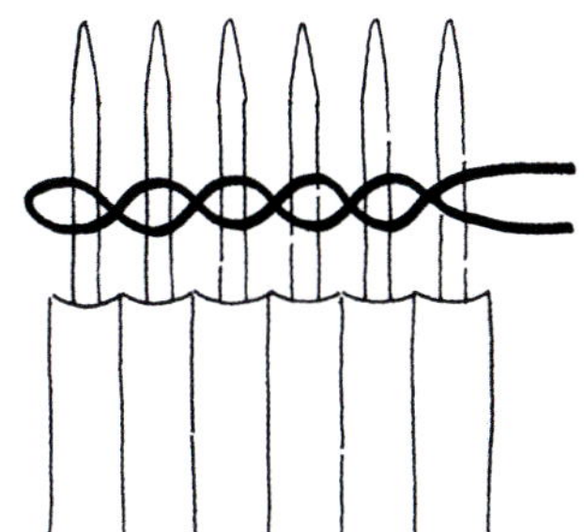

4 이와 같이 종이를 이은 막대기를 실로 엮는다.

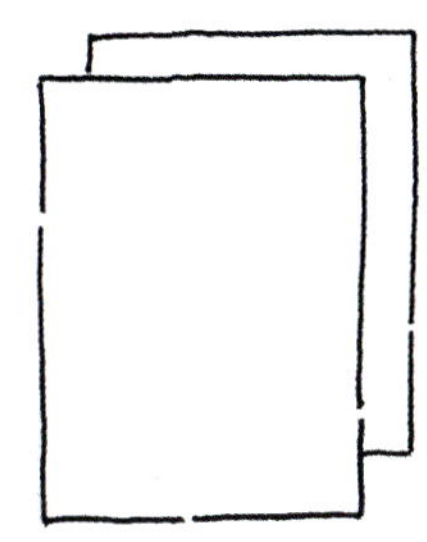

5 표지를 꾸며서 앞과 뒤에 붙여 완성한다.

❸ 두루마리

준비물 »

내지용 종이 1장(길이는 제한없음)

붓 2개

칼, 자, 연필, 목공용 접착제

본 폴더

» 김나래 〈화투북〉

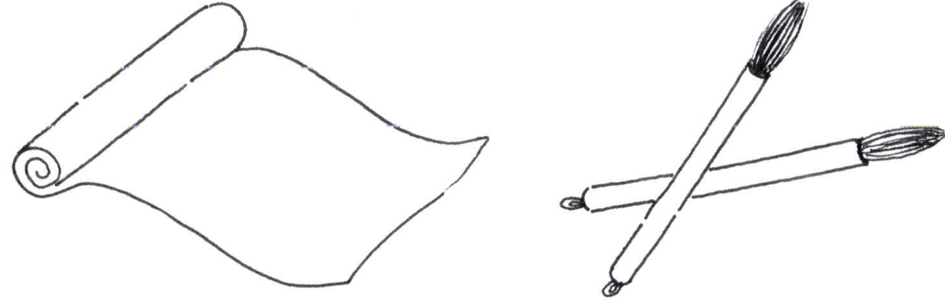

1 내지를 꾸밀 종이와 붓 2개를 준비한다.

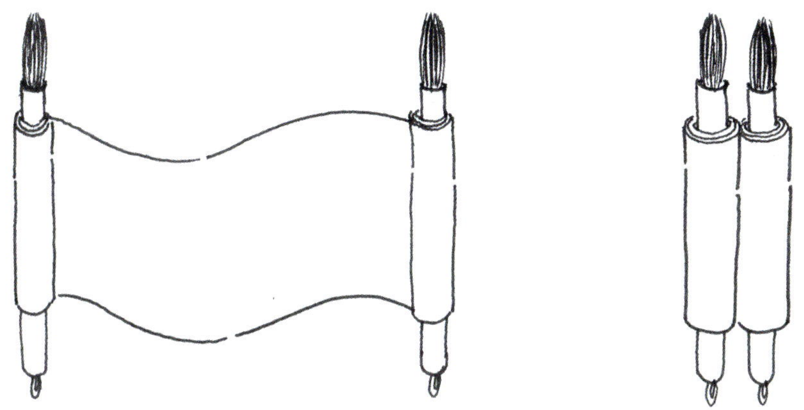

2 내지를 꾸미고 양 끝에 붓을 붙인다. 그리고 양 끝에서부터 말아서 완성한다.

 # 터널 북

준비물 »

내지용 종이(20cm x 15cm) 4장

내지를 꾸밀 다양한 색상의 종이

좌우 연결용 폴드 종이(22cm x 15cm) 2장

칼, 가위, 풀, 연필,

목공용 접착제, 본 폴더

» 캐런 바턴 〈터널리도〉

» 공연무대 형식의 터널북

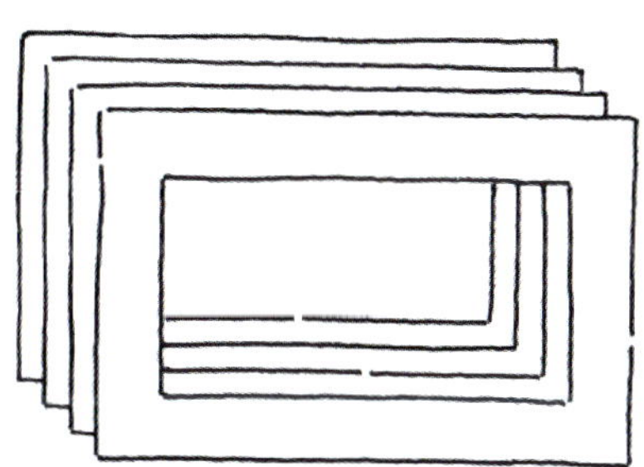

1 20 x 15cm로 4장 자른 다음, 테두리를 2cm 정도 남기고 칼로 오려 낸다.

2 이야기 감이 될 만한 그림으로 오려서 각 장 테두리 뒤에 붙인다.

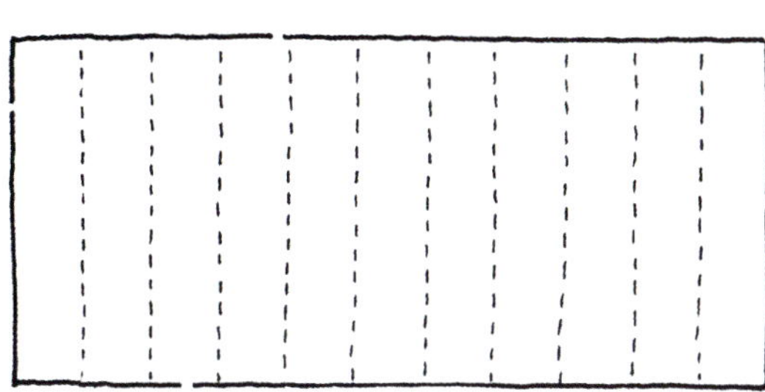

3 22x15cm 를 2cm 간격으로 11면이 되게 접는다.

4 3, 4번을 맞춰 마지막 장을 같이 붙여서 완성한다.

 코덱스 교차접기

준비물 »

코덱스 북 내지 1권

본 폴더

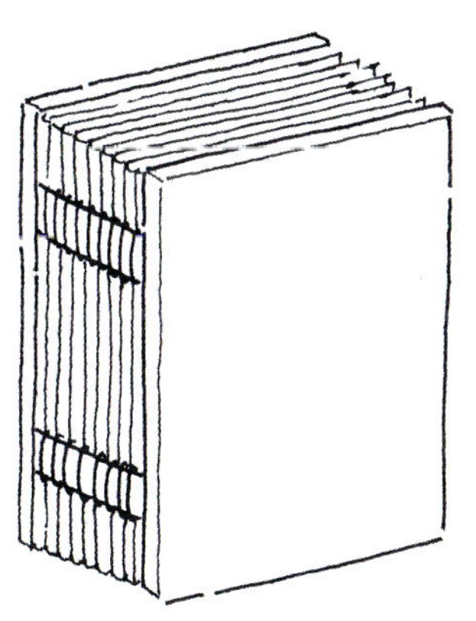

1 코덱스북 형식으로 내지와 표지를 완성한다.

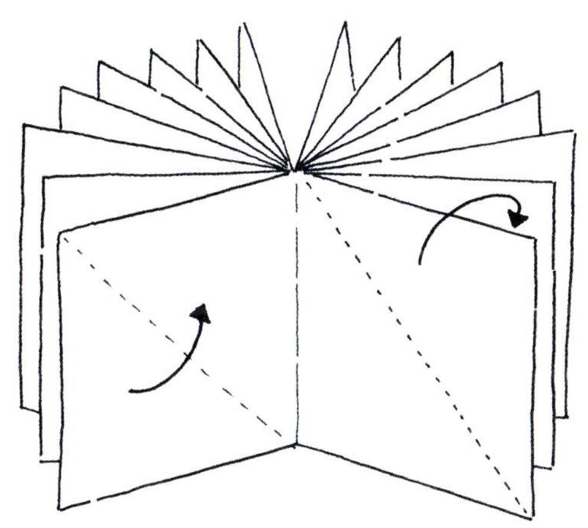

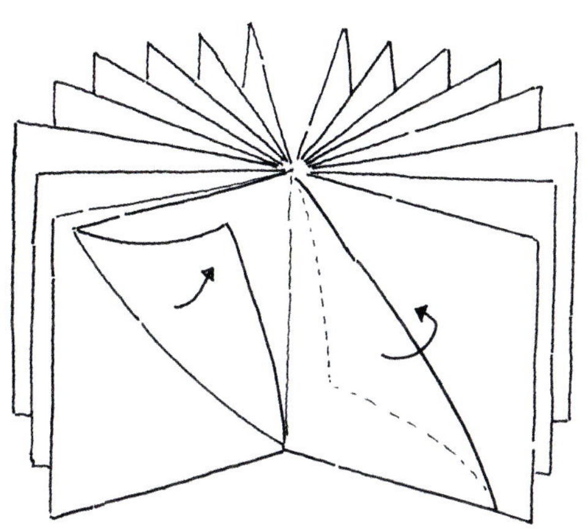

2 각 장을 그림과 같이 사선으로 엇갈려서 접는다.

06 컨설티나

준비물 »

표지용 종이(44cm x 20cm) 1장

내지용 종이(12cm x 20cm) 10장

자, 연필, 칼, 실, 바늘,

수채화물감, 본 폴더

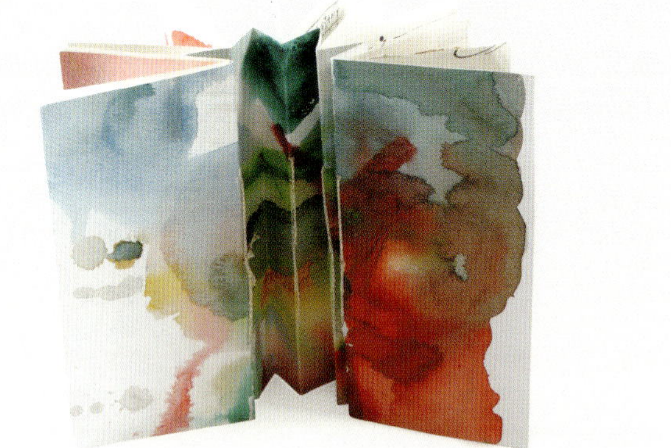

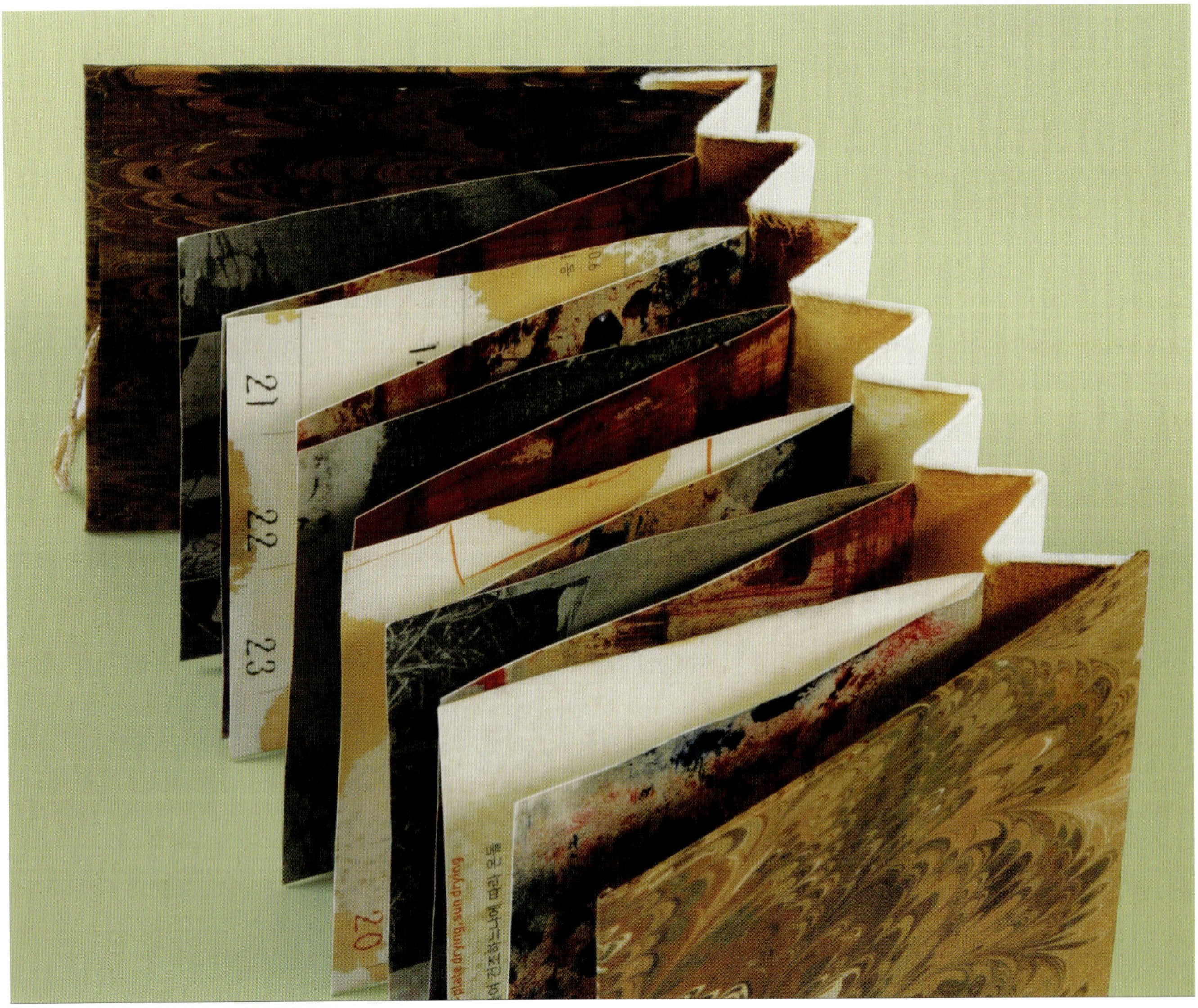

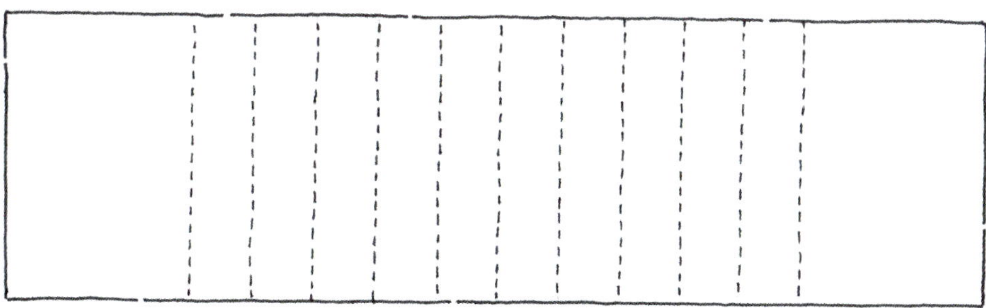

1 | 44 x 20cm 으로 자른 다음, 양 끝에서 12cm, 가운데는 2cm 간격으로 10면을 접는다.

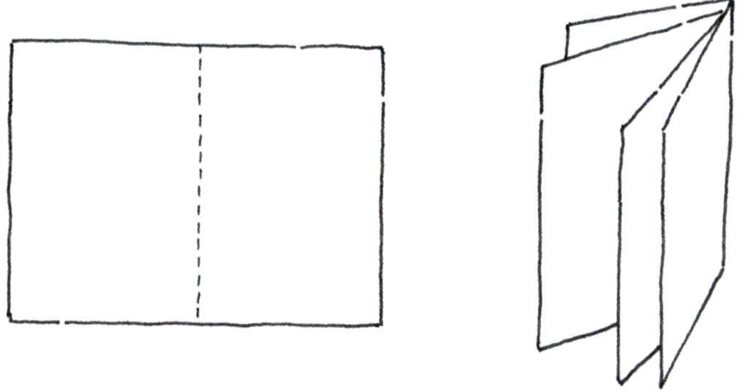

2 | 12 x 20cm의 내지용 종이 10장을 접는다.

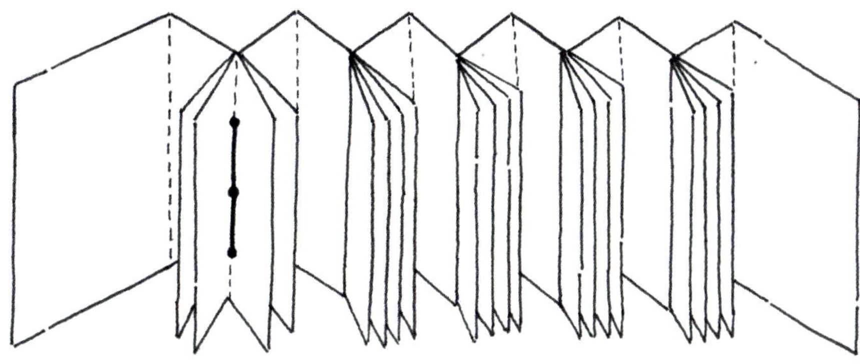

3 | 내지를 2장씩 겹쳐서 홀 방식으로 바인딩한다.

 3단 플래그

준비물 »
표지용 종이 40x18cm
내지용 종이 9.7x5.8cm 12장
자, 칼, 가위, 풀, 목공용 접착제,
스탬프, 본 폴더

» 전이정 〈우물새 날다〉

» 전이정 〈우물새 날다〉

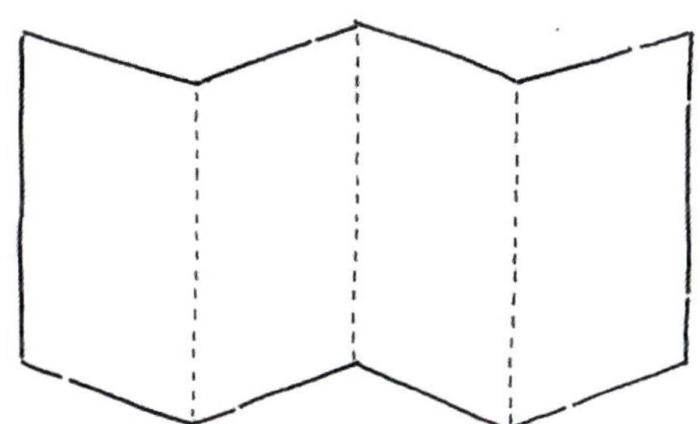

1 | 40 x 18cm 표지용 종이를 10cm 간격으로 4면이 되게 접는다.

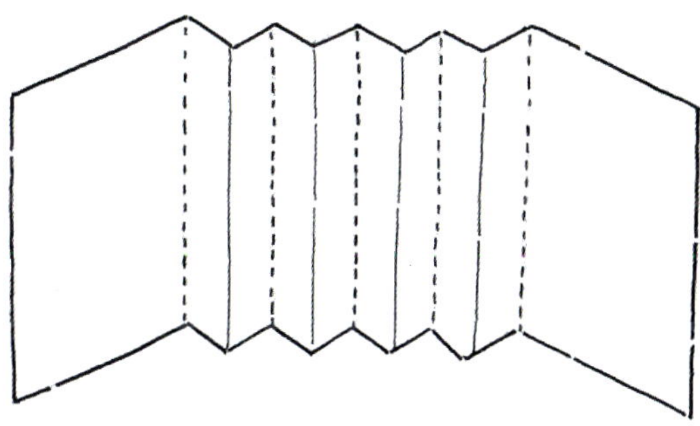

2 | 두 번째와 세 번째면은 2.5cm 간격으로 지그재그가 되게 접는다.

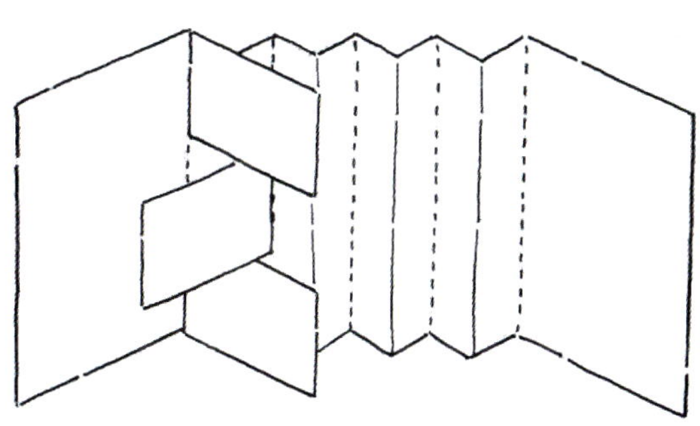

3 | 9.7 x 5.8cm 내지용 종이를 지그재그면에 붙인다

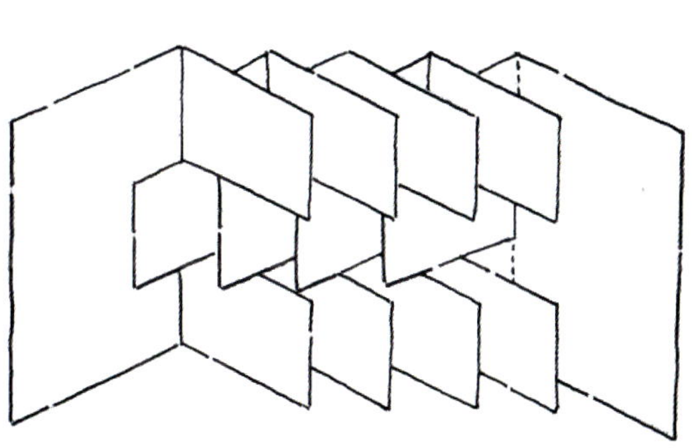

4 | 3단으로 붙여 완성한다.

 # 폴드폴드(팝업1)

준비물 ≫

종이 80x18cm

자, 칼, 고체풀, 패턴지,

연필, 본 폴더

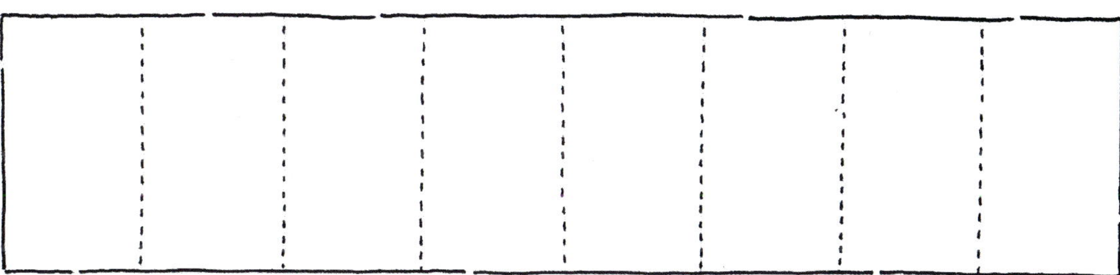

1 80 x 18cm 종이를 10cm 간격으로 8면이 되게 접는다.

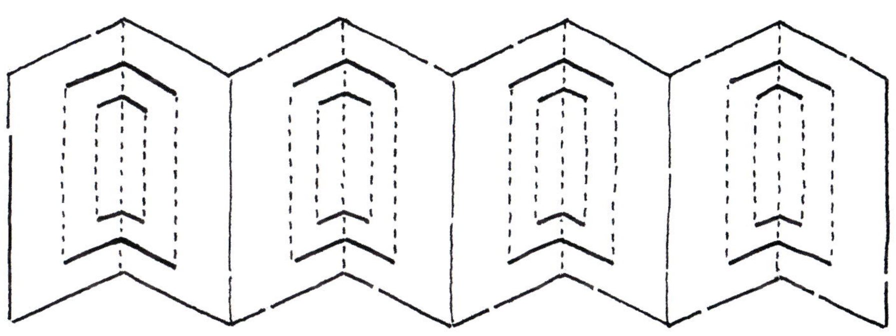

2 위, 아래에서 2.5cm, 각 면 옆에서 5.5cm 들어가 사각형을 그린 다음, 위, 아래를 칼로 자른다.
이 사각형에서 2.5cm 들어가 만든 사각형도 위, 아래를 칼로 자른다.

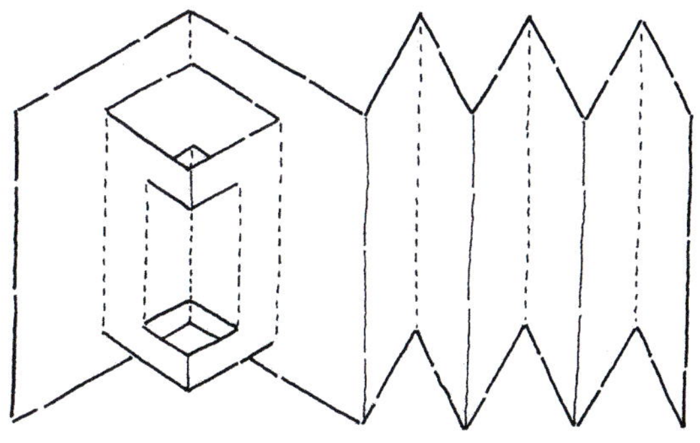

3 자른 부분을 팝업이 되게 접는다.

09 폴드폴드(팝업2)

준비물 »

내지용 검은 종이 80x18cm 1장

내지용 하얀 종이 10장

자, 칼, 연필, 가위, 고체 풀,

패턴지 약간, 본 폴더

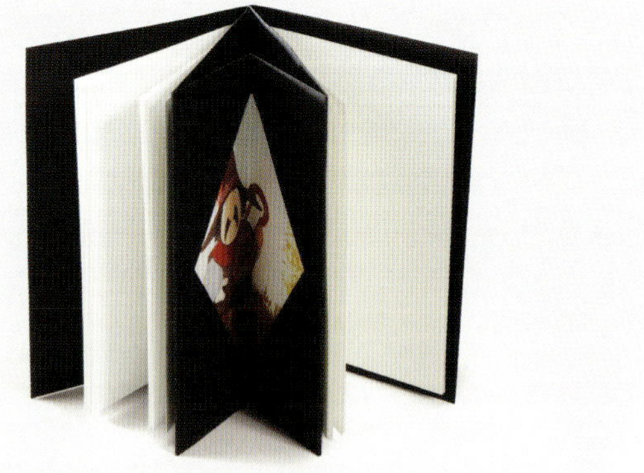

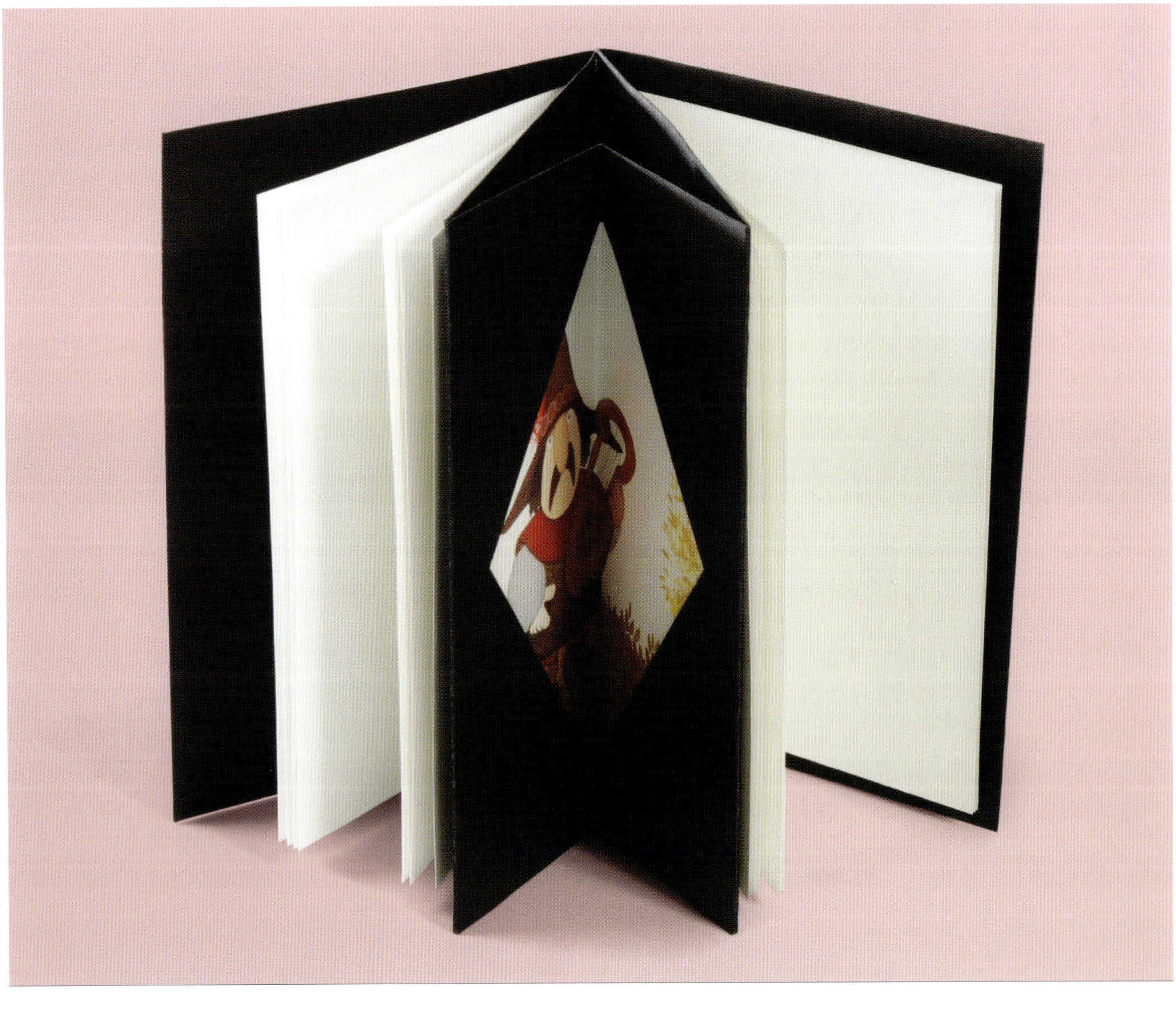

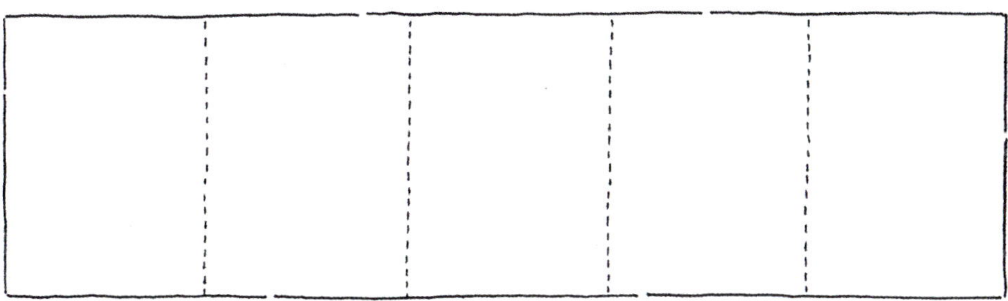

1 표지용 종이를 65x18cm로 자른 다음, 13cm 간격으로 5면이 되게 접는다.

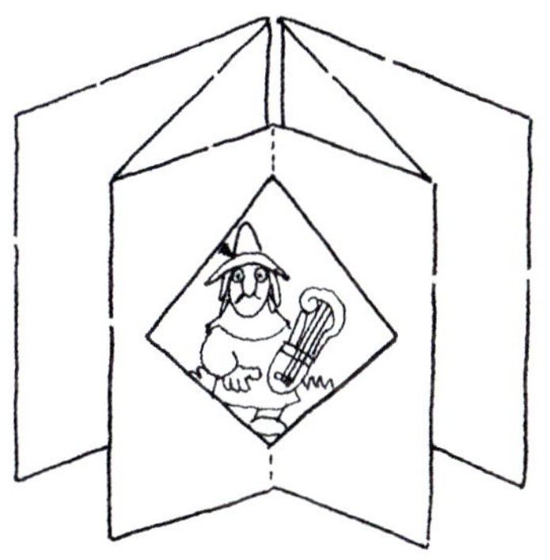

2 5면중 가운데 부분에 마름모 모형으로 칼로 뚫고 그림그린종이를 뒤에다 붙인다.

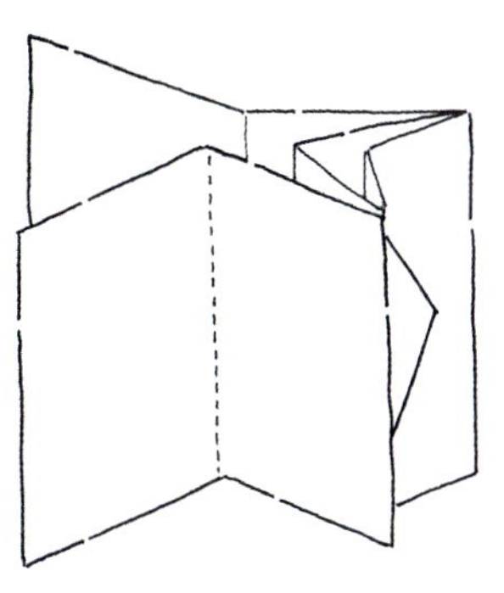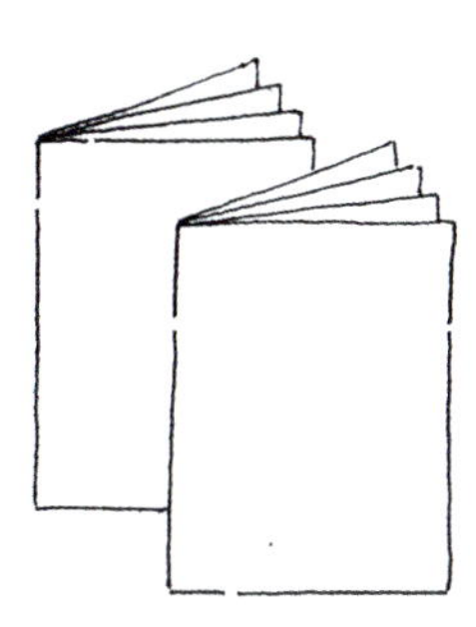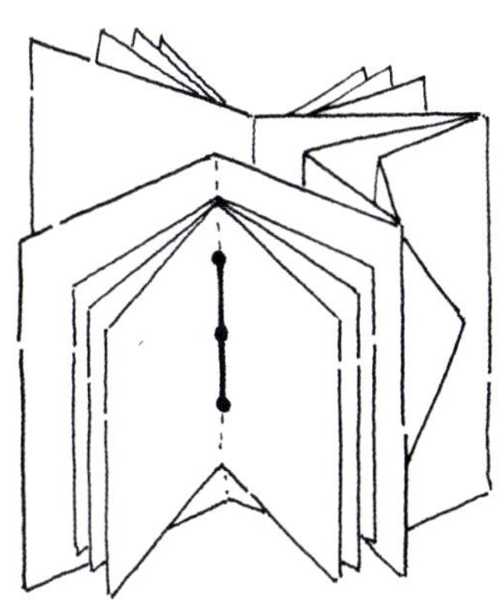

3 내지용 종이를 24 x 17cm로 자른 다음, 반으로 접는다.

4 앞과 뒷부분에 내지를 놓고 한꺼번에 같이 홀 방식으로 바인딩한다.

❿ 폴드폴드(이중교차)

준비물 »

내지용 종이 29.7 x 21cm 3장

표지용 하드커버지 2장

커버용 패턴지 2장

자, 칼, 가위, 물감, 풀,

연필, 본 폴더

» 홍승희. 나는 추억을 상상한다.

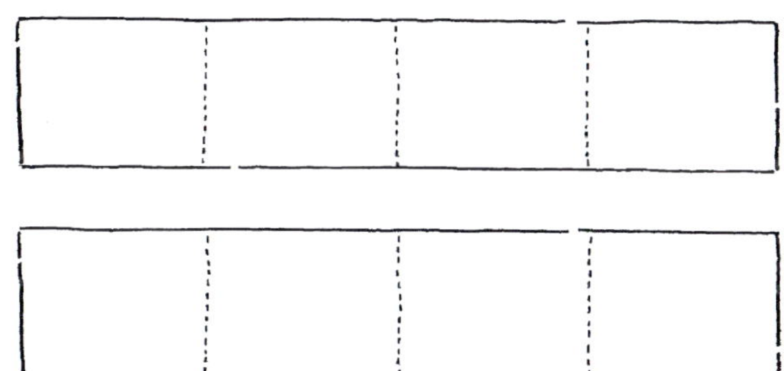

1 A4 사이즈를 2등분하여 4면으로 지그재그 접기를 한다.

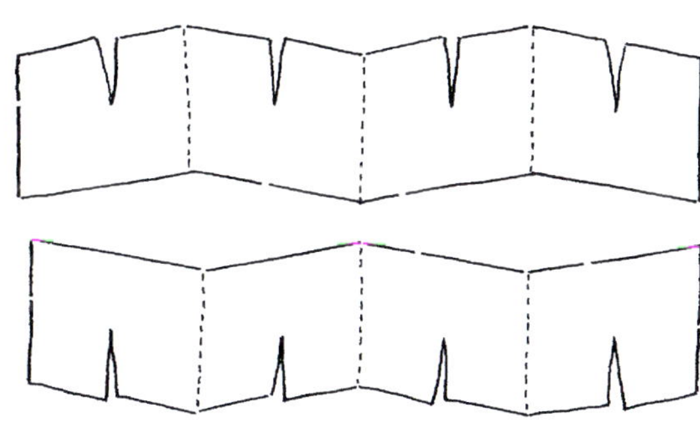

2 접은 후 중심점을 잡아 칼집을 내준다.

3 칼집난 곳을 위아래로 향하게 한뒤 서로 끼워 맞춰준다.

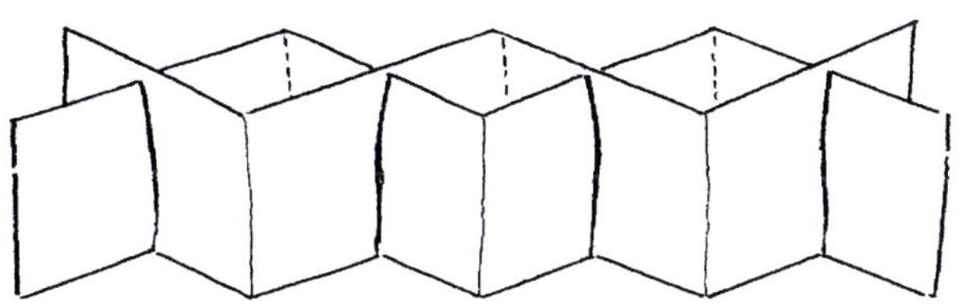

4 끼워 맞춘 후 접은면 정면의 우측에 중심점을 잡은뒤 하단으로 칼집을 내준다.

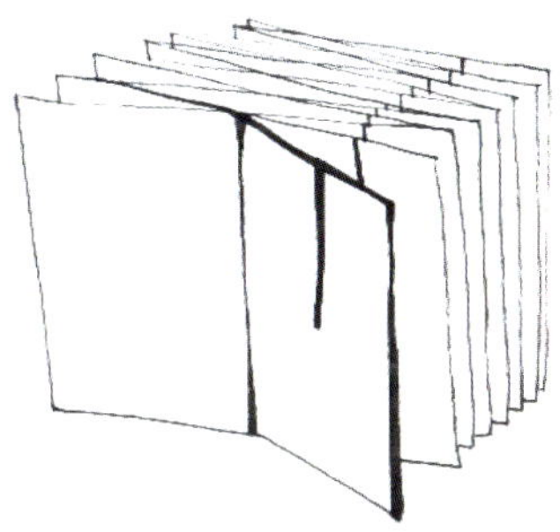

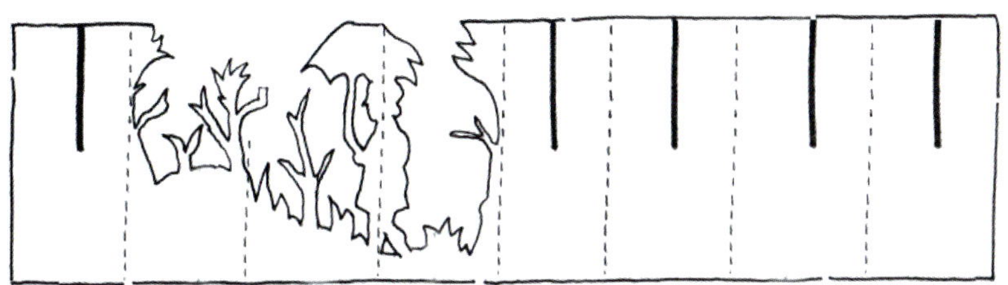

5 새로운 A4종이 절반을 8등분을 하여 접은뒤 마찬가지로 중심점을 잡아 칼집을 내준 후
　　4번에 낸 칼집에 끼워 맞춘다.

 **폴드(끼우기)**

준비물 »

종이 71x15cm

여러 종류의 패턴지

자, 칼, 끈, 목공용 접착제

본 폴더

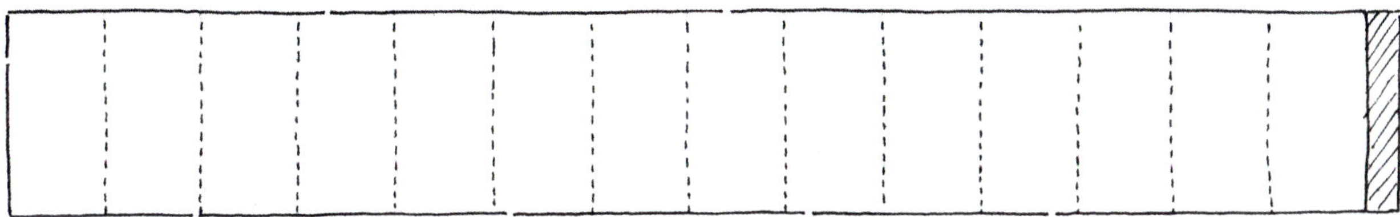

1 71x15cm의 종이를 5cm 간격으로 14면이 되게 접고, 1cm는 풀칠하는 곳으로 남겨 놓는다.

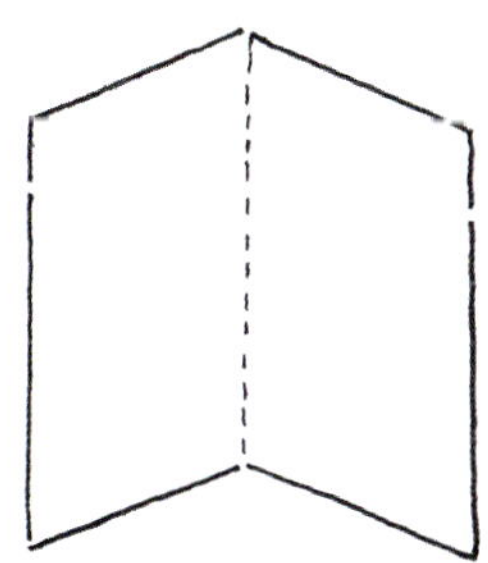

2 여러 종류의 패턴지를 7 x 12cm로 7장 잘라서 반으로 접는다.

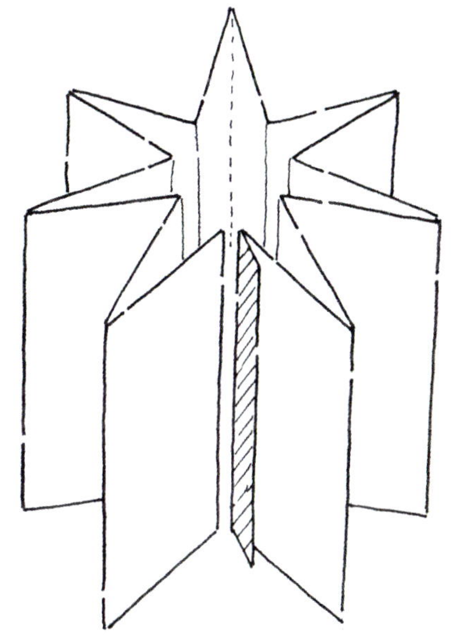

3 지그재그로 접은 다음, 1cm 남겨 놓은 곳을 풀로 붙인다.

4 끈으로 묶고 그 위에 패턴지를 잘라 붙인다.

⑫ 도자도(응용)

준비물 »

표지용 종이 40 x 15cm 1장

내지용 종이 19.5 x 14.5cm 12장

연필, 실, 바늘, 수채화 도구

본 폴더

1 | 40x15cm 표지용 종이를 10cm 간격으로 4면이 되게 접는다.

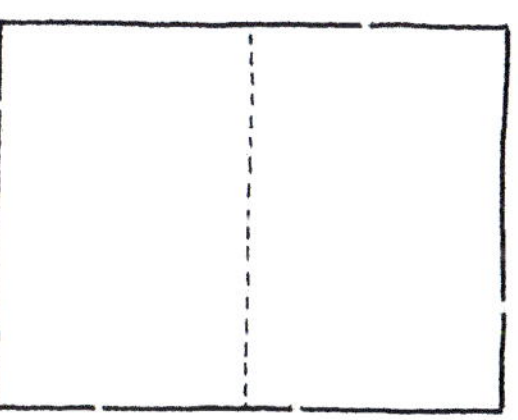

2 | 19.5x14.5cm 내지용 종이는 반으로 접는다.

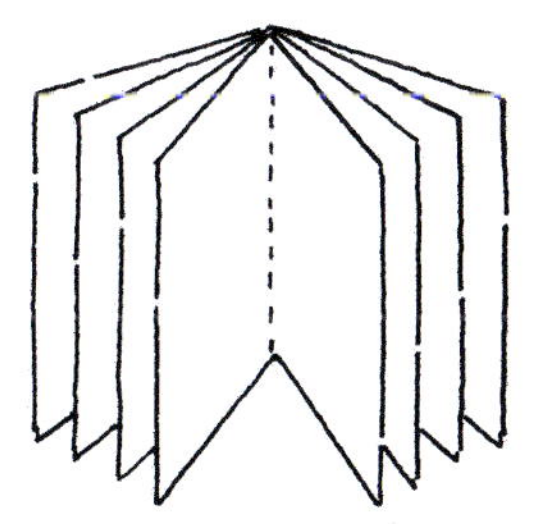

3 | 내지용 종이를 그림과 같이 4장씩 겹친다.

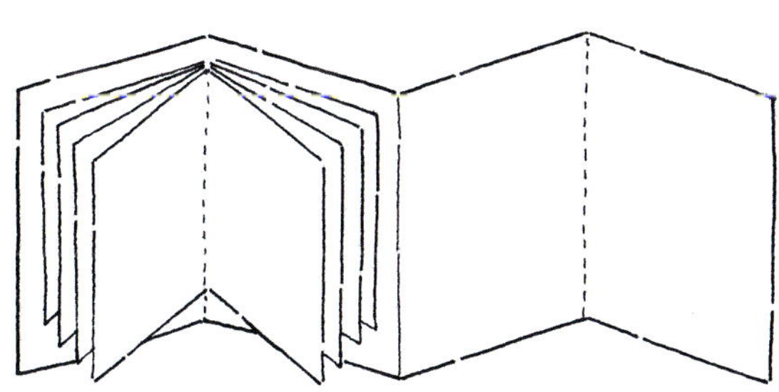

4 | 표지용 종이 접혀진 부분에 3번 내지용 종이를 갖다대고 홀 방식으로 바인딩한다.

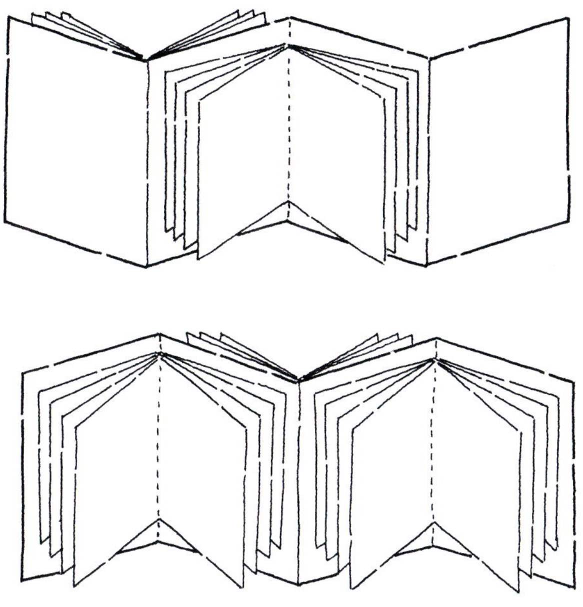

5 | 반대편도 같은 방식으로 완성한다.

03

다양한 북 아트 기법

자연 친화적 소재인 종이를 기본으로 하는 북 아트에는 다양한 기법 또한 양념 요소로써 빠질 수 없는 부분이다. 새로운 소재로 부각되면 무엇보다 작가의 상상력과 내면세계를 다채롭게 표현할 수 있는 가변성과 적용력 또한 중요한 역할을 한다. 더욱이 환경에 대한 관심이 고조되고 있는 가운데 좀더 자연과 친화될 수 있는 표현 매체로써도 가치가 크다고 볼 수 있다. 실제로 종이는 뜨고, 찢고, 꼬고, 풀고, 태우고, 접고, 붙이고, 엮는 여러 가지 작가의 복합적인 방법을 통해 다양하게 표현되고 있다. 콜라주(collage)적인 방법으로 표현되는 2차원적인 작품과 함께 조그마한 입체에서부터 커다란 종이 조각이나, 설치 미술(Installation) 같은 3차원적인 작품으로도 활발하게 전개되고 있다.

또한 물감을 이용한 마블링 기법, 밀가루 풀을 직접 쑤어 물감과 섞어 만드는 페이스트 페인팅 등은 자연 친화적인 요소이며, 북 아트 작업에 생기를 불어넣어 줄 수 있다.

또한 보통 수재 종이 만들기나 콜리그래피, 판화같이 전통적인 아트의 형태도 취하고, 조소의 요소와 멀티미디어 프리젠테이션, 그리고 독자적인 출판물을 위한 새로운 기술을 포함하므로 북 아트의 매혹적이고 불가사의한 힘은 끝이 없다.

>> 미유자묘 제작.

❶ 수제종이 만들기

준비물 »

A4 이면지 여러 장, 색상지 조금

믹서기, 수건

종이 만드는 틀

약과용 한과틀

칼, 자, 연필, 목공용 접착제

1 다양한 폐지를 잘게 잘라 믹서기에 넣고 따뜻한 물을 붓는다.

2 믹서기의 종이를 갈아서 플라스틱 통에 붓는다. 단 종이는 잉크가 묻지 않은 종이를 사용하는 것이 좋다.

3 5~6번 정도 갈아서 통에 종이죽을 부은 뒤, 꽃잎을 떼어 넣는다.

4 종이틀을 이용하여 45도 각도로 기울여 바닥에서부터 밀듯이 떠올린다.

5 45도 각도로 기울여 물이 빠져 나가게 한다.

6 나무판에 뒤집어서 울려놓은 후, 수건으로 물기를 골고루 뺀다.

7 수제종이를 판 위에 올려놓고 하루 정도 말리면 수제종이가 완성이 된다.

8 종이죽을 약식 틀이나 다양한 부조틀에 넣고 수건으로 물기를 뺀다.

9 물기를 완전히 제거한 다음, 틀을 뒤집어서 떼어내면 다양한 종이부조를 만들 수 있다.

02 멀티 왁스

준비물 »

멀티 왁스 자른 것

쟁반, 집게, 가스렌지

멀티 왁스 코팅할 재료(수제종이, 실, 색상지 등)

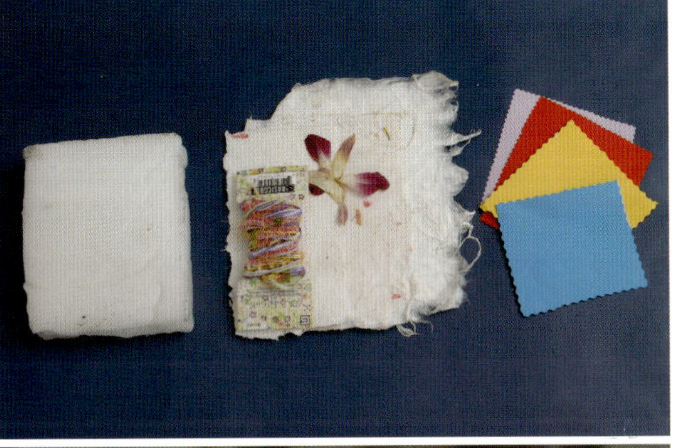

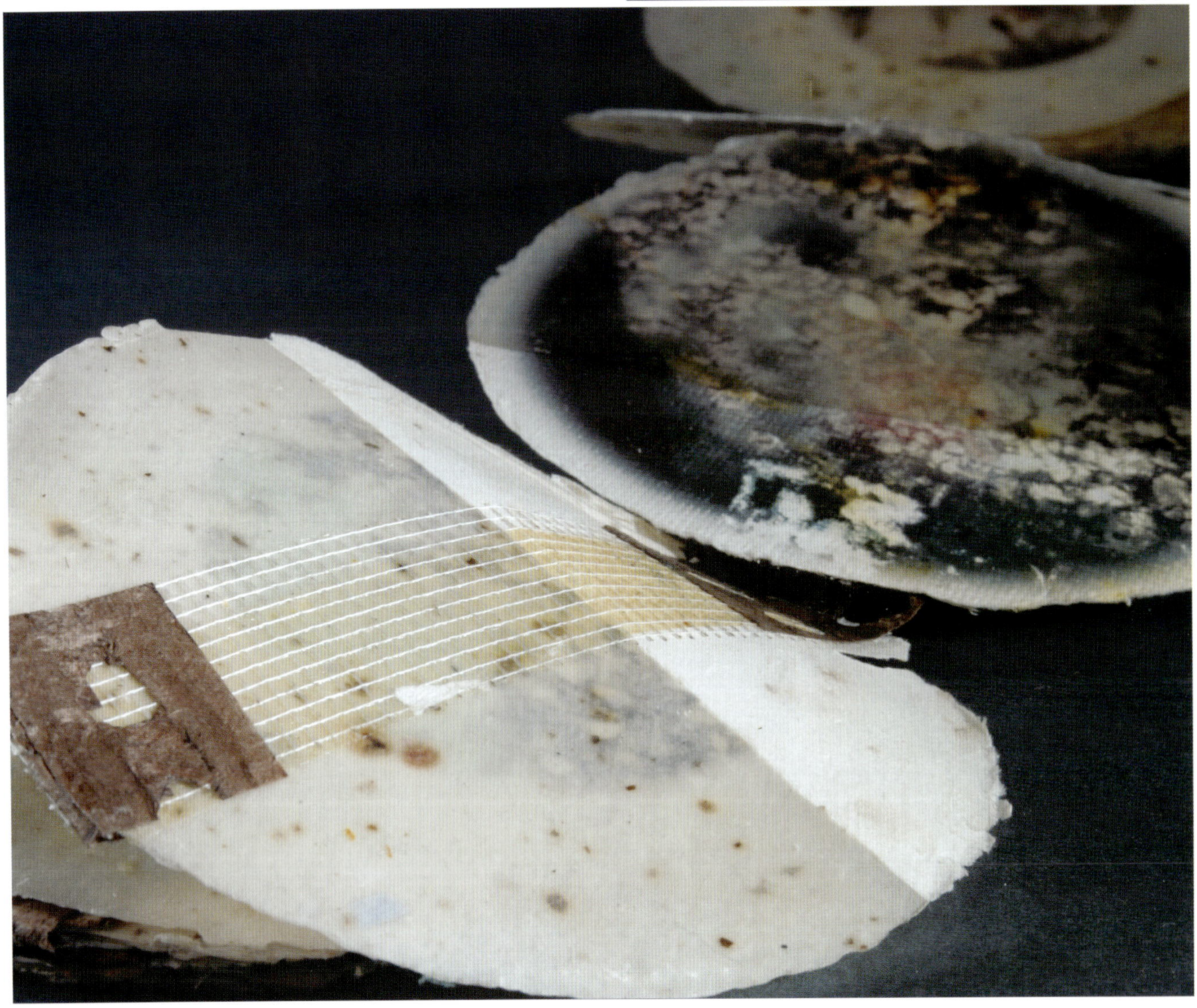

1 작은 쟁반을 가스렌즈 위에 올려 예열시킨다. 바닥이 평평한 그릇이나 냄비를 사용해도 된다.

2 적당한 사이즈로 자른 멀티 왁스 한 덩어리를 쟁반 위에 올려놓는다. 멀티 왁스는 화공약품 가게에서 구입 가능하다.

3 약한 불에서 15분 정도 녹이면 그림과 같이 투명해진다. 단 불을 세게 할 경우 연기가 날 수 있다.

4 투명해진 멀티 왁스에 종이를 담근다.

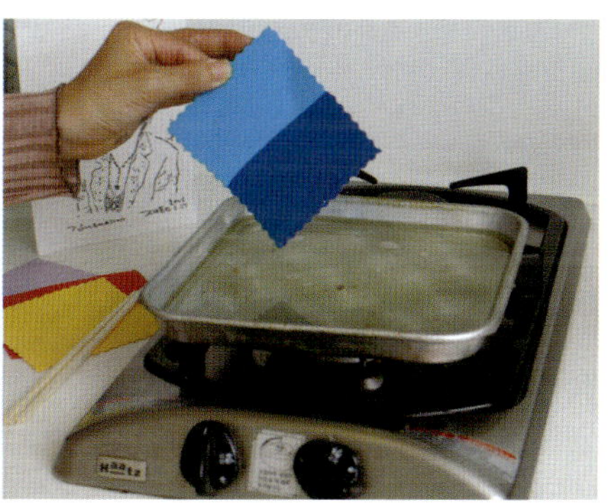

5 그림과 같이 멀티 왁스에 코팅된 종이는 확연히 색깔이 다르다. 단 프린트한 후에 담가야 한다.

6 말린 꽃도 멀티 왁스로 코팅하면 부서지지 않아 간직할때 편리하다.

7 수제종이도 왁스 코팅을 할 경우 투명해진다.

8 다양한 색상의 실도 코팅하여 색다른 질감을 낼 수 있다.

9 멀티 왁스가 덩어리져서 올라올 경우는 다시 담가서 풀어 준다.

❸ 페이스트 페인팅

준비물 »

종이 4절 여러 장, 하드보드 약간

수채화용 물감

밀가루 풀, 접시, 나무젓가락 여러 개

긁을 수 있는 다양한 재료(본 폴더, 송곳, 스탬프, 빗 등)

» 셰퍼드 바인딩 샵(런던).

1 │ 그릇에 밀가루 풀을 담는다.

2 │ 밀가루 풀을 담은 그릇에 수채화물감을 종류별로 몇 가지 풀어 놓는다.

3 │ 나무젓가락으로 저어 밀가루 풀과 골고루 잘 섞이게 한다.

4 │ 여러 종류의 물감을 하드보드에 묻혀 붓처럼 종이에 칠한다.

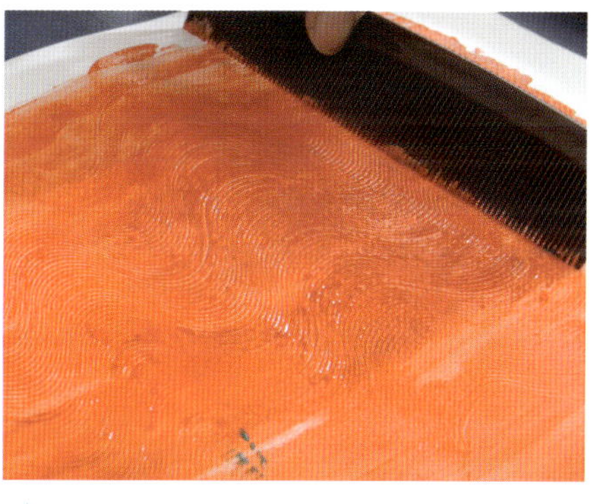

5 │ 물감으로 채워진 종이에 빗으로 곡선을 만들면서 밀어준다.

6 │ 다른 색깔의 종이에는 본 폴더로 사선을 그어 모양을 낸다.

7 │ 혹은 곡선으로 라인을 만들어 모양을 낸다.

8 │ 롤스탬프를 이용해서 패턴을 만들어 준다.

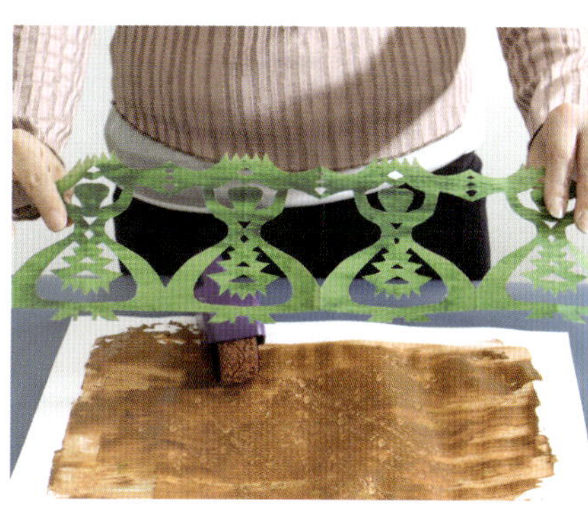

9 │ 페이스트 페인팅한 종이를 이용해서 페이퍼 커팅을 해도 좋다.

04 마블링

준비물 »

바닥이 평평한 플라스틱 통

마블링 물감

빗(패턴을 낼 수 있는)

종이(플라스틱 통에 들어갈 수 있는 여유)

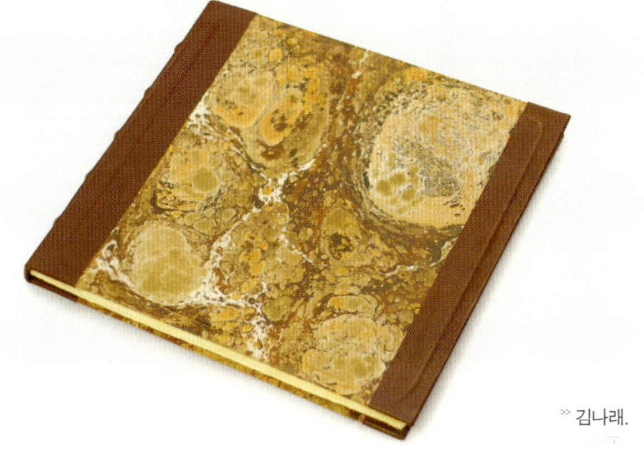

» 김나래.

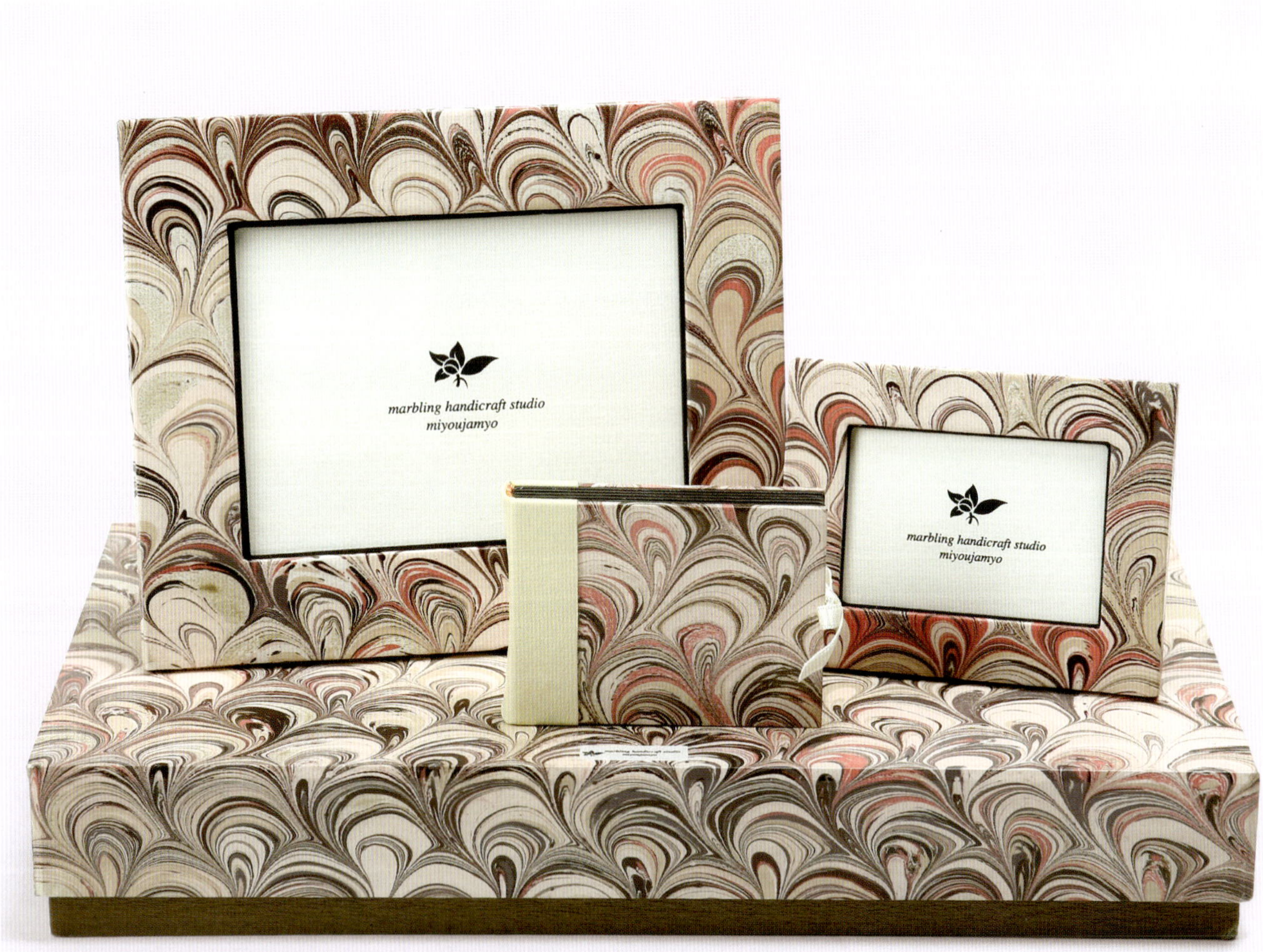

» 미유자묘.

1 플라스틱 통에 마블링용 베이스를 탄 물에 스포이드를 이용해서 마블링용 물감을 한 방울씩 떨어뜨린다.

2 플라스틱 통에 가급적 촘촘하게 스포이드로 떨어뜨린다.

3 다양한 색깔을 떨어뜨리는데 2~3가지 이상은 넘지 않도록 한다.

4 얇은 대나무 살을 이용해서 위아래로 패턴을 만든다.

5 참고로 패턴은 촘촘할수록 좋다.

6 패턴을 다 만든 다음, 종이를 물 위에 살짝 올려놓는다.

7 1분 뒤에 종이를 한쪽 끝에서부터 천천히 들어올린다.

8 종이에 마블링 패턴이 안착되었다.

9 물에 담가 살살 문지르면서 베이스 용액의 풀기를 닦아 준다.

 엠보싱 파우더

준비물 »

홀 바인딩한 노트 1권

송풍기, 엠보싱 파우더 여러 가지

스탬프, 스탬프 패드

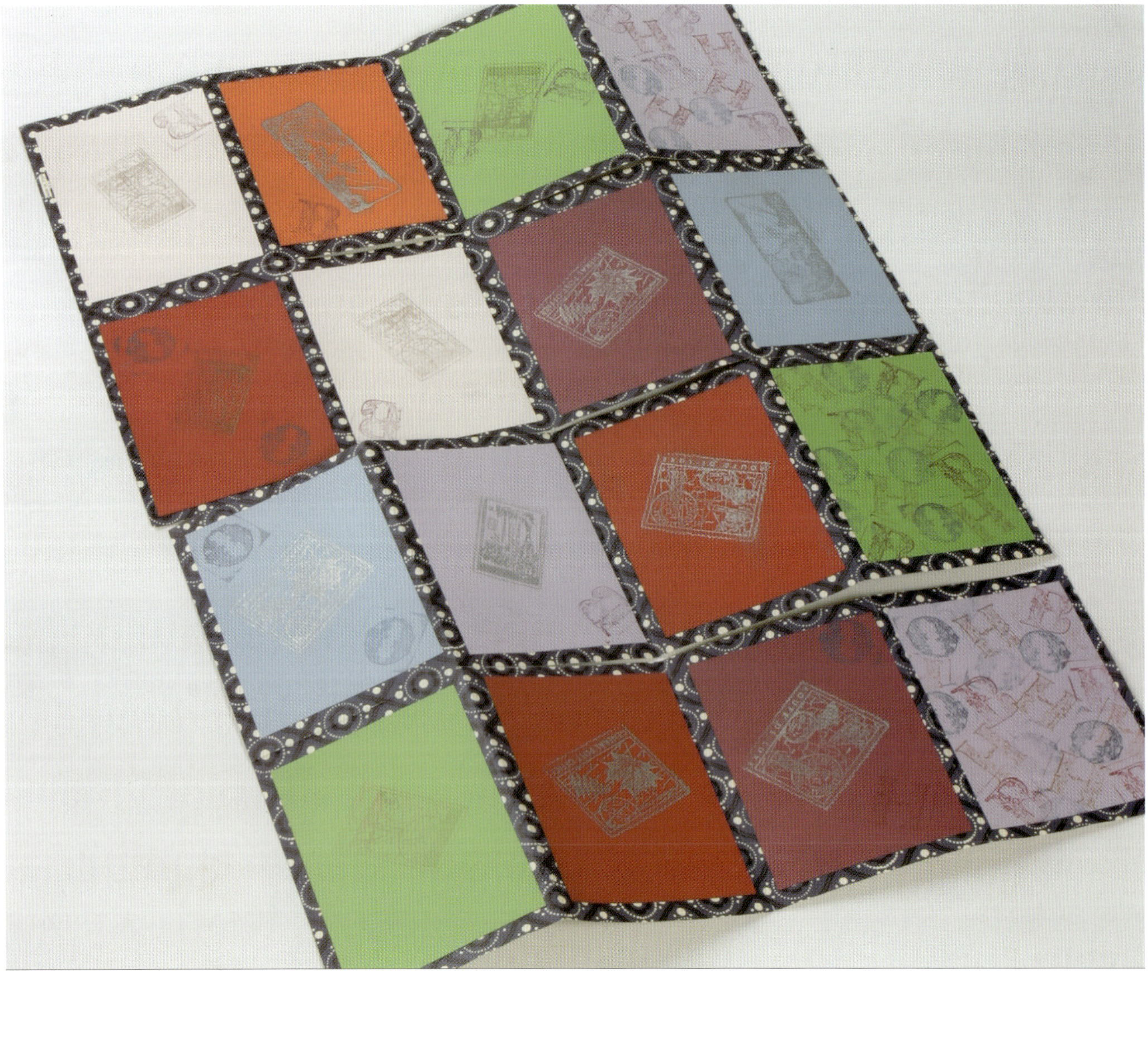

1 그림과 같이 송풍기, 스탬프, 스탬프 패드, 엠보싱 파우더, 노트 등을 준비한다.

2 스탬프에 잉크를 골고루 묻힌다.

3 바인딩 노트에 잉크가 골고루 묻게 잘 찍는다.

4 파란색 엠보싱 파우더를 골고루 뿌려 준다.

5 위아래의 패턴에 모두 뿌려 준다.

6 종이에 대고 잘 털어 낸다.

7 송풍기를 이용하여 열을 가해서 엠보싱 파우더를 녹여 준다.

8 엠보싱 파우더가 묻지 않은 곳은 엠보싱 느낌이 나지 않는다.

9 완성된 이미지.

06 스탬프 만들기

준비물 »
폴리우레탄(두께 3mm)
압축 스폰지(두께 1cm),
스탬프 잉크, 목공용 접착제
가위, 송풍기
엠보싱 파우더 금색, 은색 등

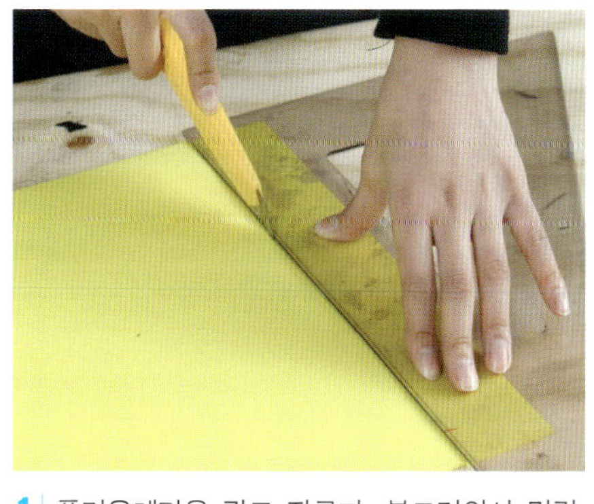

1 폴리우레탄을 칼로 자른다. 부드러워서 밀릴 수 있으므로 자를 때 칼에 힘을 빼고 여러 번에 그어서 자른다.

2 스탬프 만들 사이즈로 잘라 준다.

3 연필로 밑그림을 그린다.

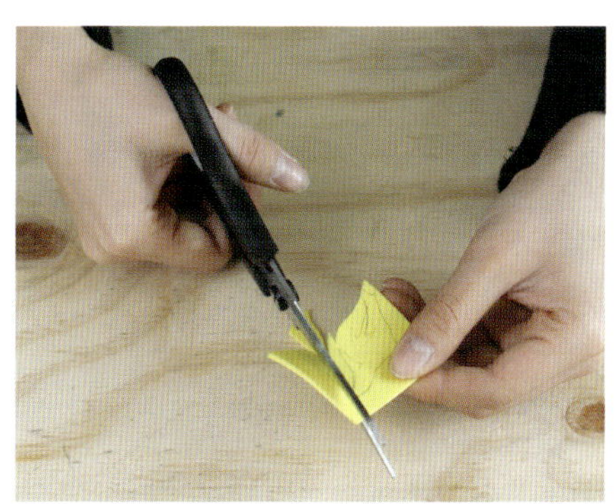

4 가위로 대강 라인을 잘라 준다.

5 문구용 칼을 이용해서 세밀한 외곽 라인과 패턴을 오린다.

6 뒷면에 목공용 접착제를 골로루 발라서 붙여 준다.

7 압축 스폰지에 단단히 고정시킨다.

8 다양한 패턴의 스탬프를 쉽게 만들 수 있다.

9 무지개 스탬프나 일반 스탬프를 이용하여 모양을 찍어 준다.

07 파치먼트

준비물 »

트래팔지 4절 1장

송곳(굵기별로 2~3가지)

꾸밀 재료들, 파스텔

본 폴더, 연필, 자, 칼, 마스킹 테이프

하얀색 잉크(파치먼트용)

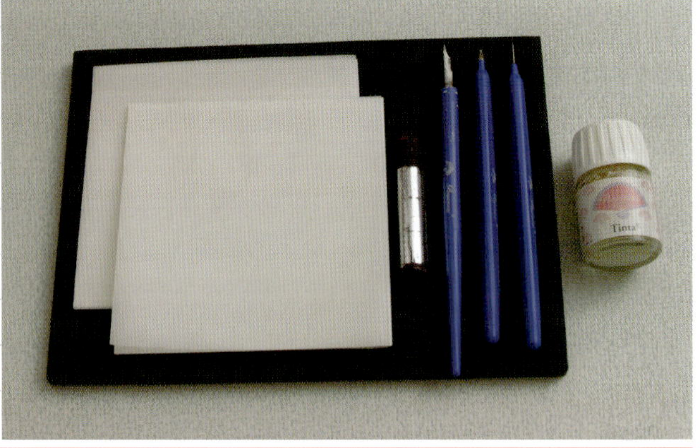

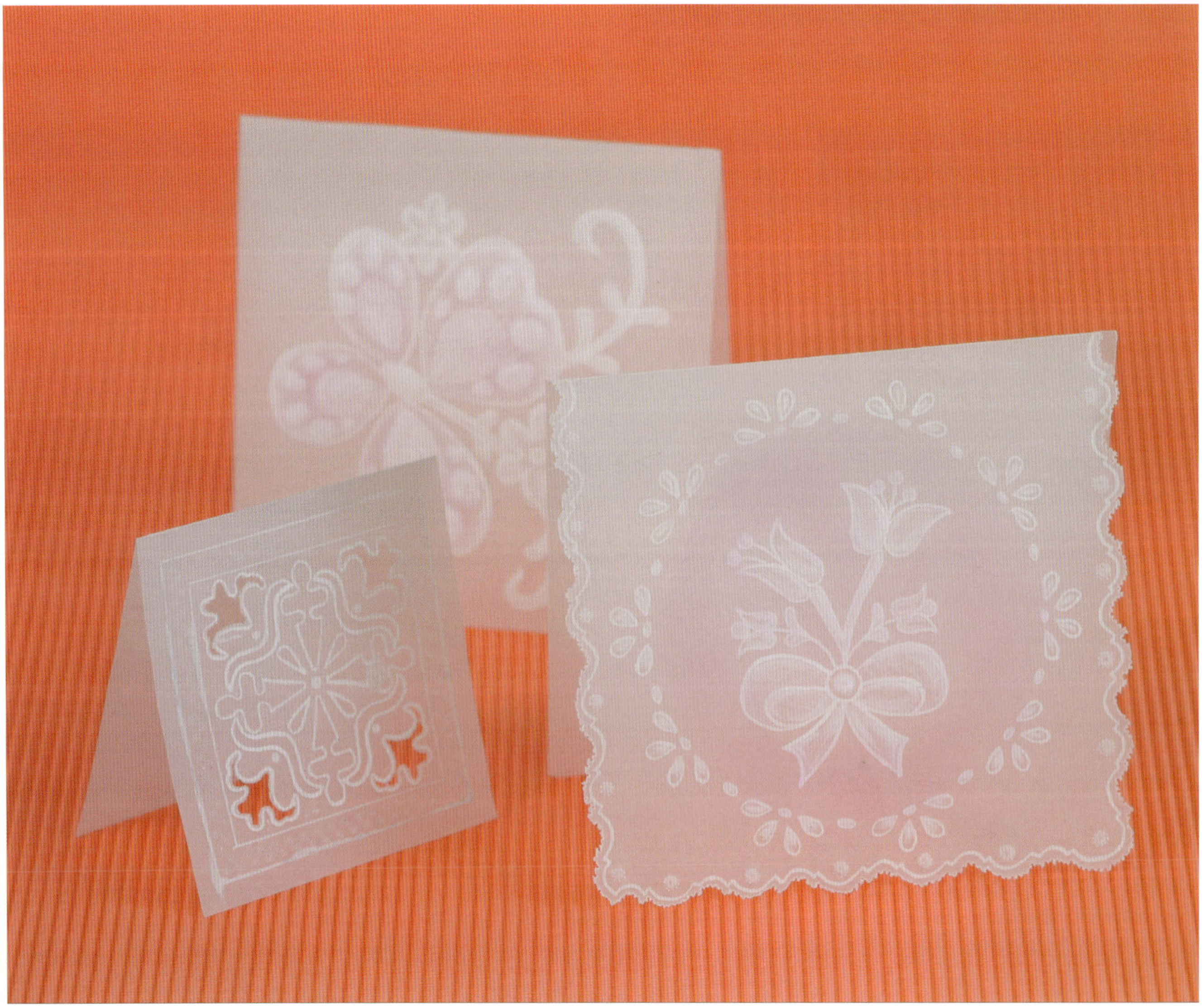

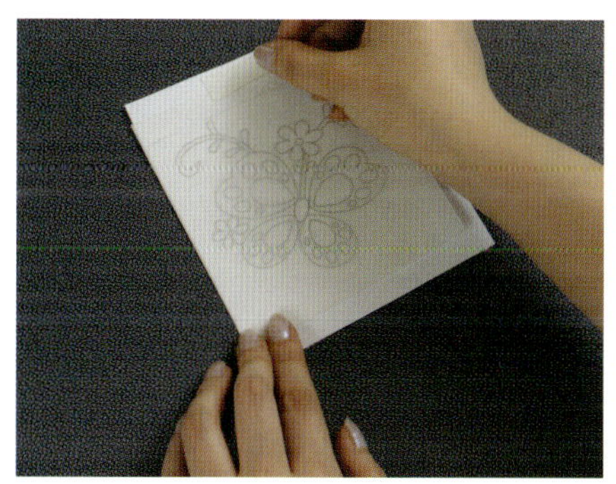

1 밑그림 종이를 트래팔지 위에 얹고 마스킹 테이프로 고정시킨다.

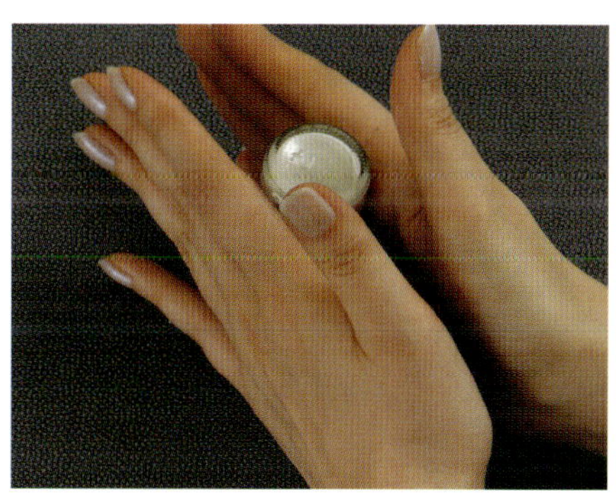

2 파치먼트용 하얀색 잉크를 잘 흔들어 침전물이 가라앉지 않게 한다.

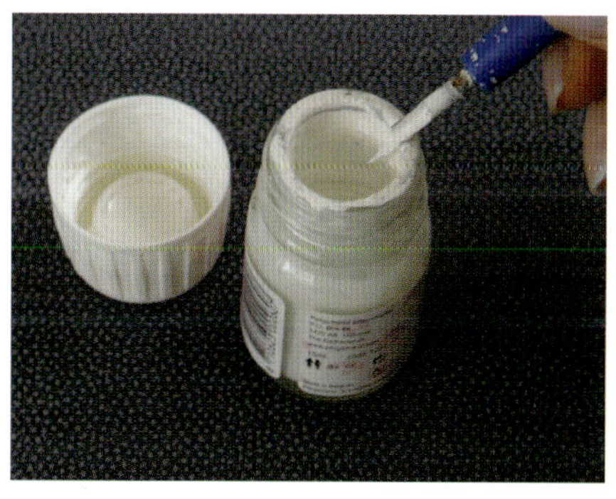

3 펜에 잉크를 묻힌다.

4 도안을 따라 잉크로 그린다.

5 트래팔지 위에 도안이 완성되었다. 다양한 사물들을 이와 같은 방법으로 표현할 수 있다.

6 밑그림 라인을 둥근 볼 모양의 송곳으로 문질러서 엠보싱 효과를 낸다.

7 라인 안쪽은 다양한 사이즈의 송곳을 이용하여 밑그림 위에 구멍을 뚫어 모양을 만든다.

8 송곳으로 구멍을 뚫어 모양을 만든 다음, 파스텔로 은은하게 색감을 내준다.

9 파치먼트를 이용하여 다양한 카드 혹은 책표지등을 만들 수 있다.

❽ 페이퍼 커팅

준비물 »

복사한 이미지

홀 바인딩한 노트

자, 연필, 칼, 가위, 고체 풀

본 폴더, 고무 매트

1 좌우 대칭된 복사한 이미지를 반을 접어서 준비한다.

2 색상지도 반으로 접어서 준비해 둔다.

3 복사한 이미지를 반으로 자른다.

4 색상지 접힌 부분에 복사한 이미지를 대고 마스킹 테이프로 고정시킨다.

5 미술용 칼로 이미지 부분을 따라서 오려낸다.

6 검정 이미지 부분만 남기고 하얀 부분은 모두 없앤다.

7 색상지를 펴서 복사한 이미지를 제거한다.

8 그림과 같이 페이퍼 커팅이 완성되었다.

9 책 표지 혹은 북 케이스 등에 예쁘게 풀로 붙인다.

09 지판화

준비물 »

판화용 잉크, 나이프, 가위

판화지, 롤러, 유리판, 휘발유

망사 약간, 에칭 프레스기

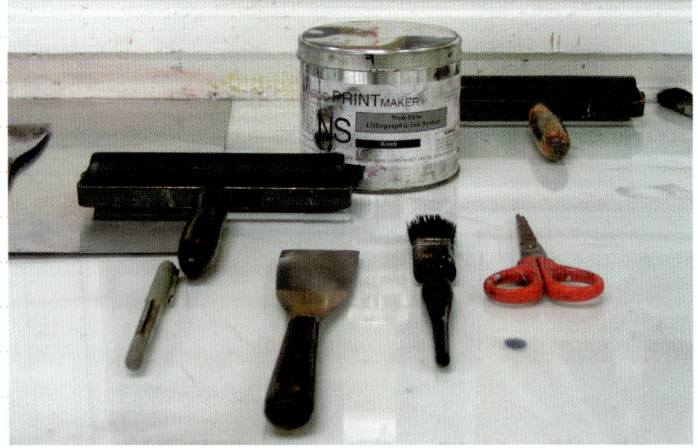

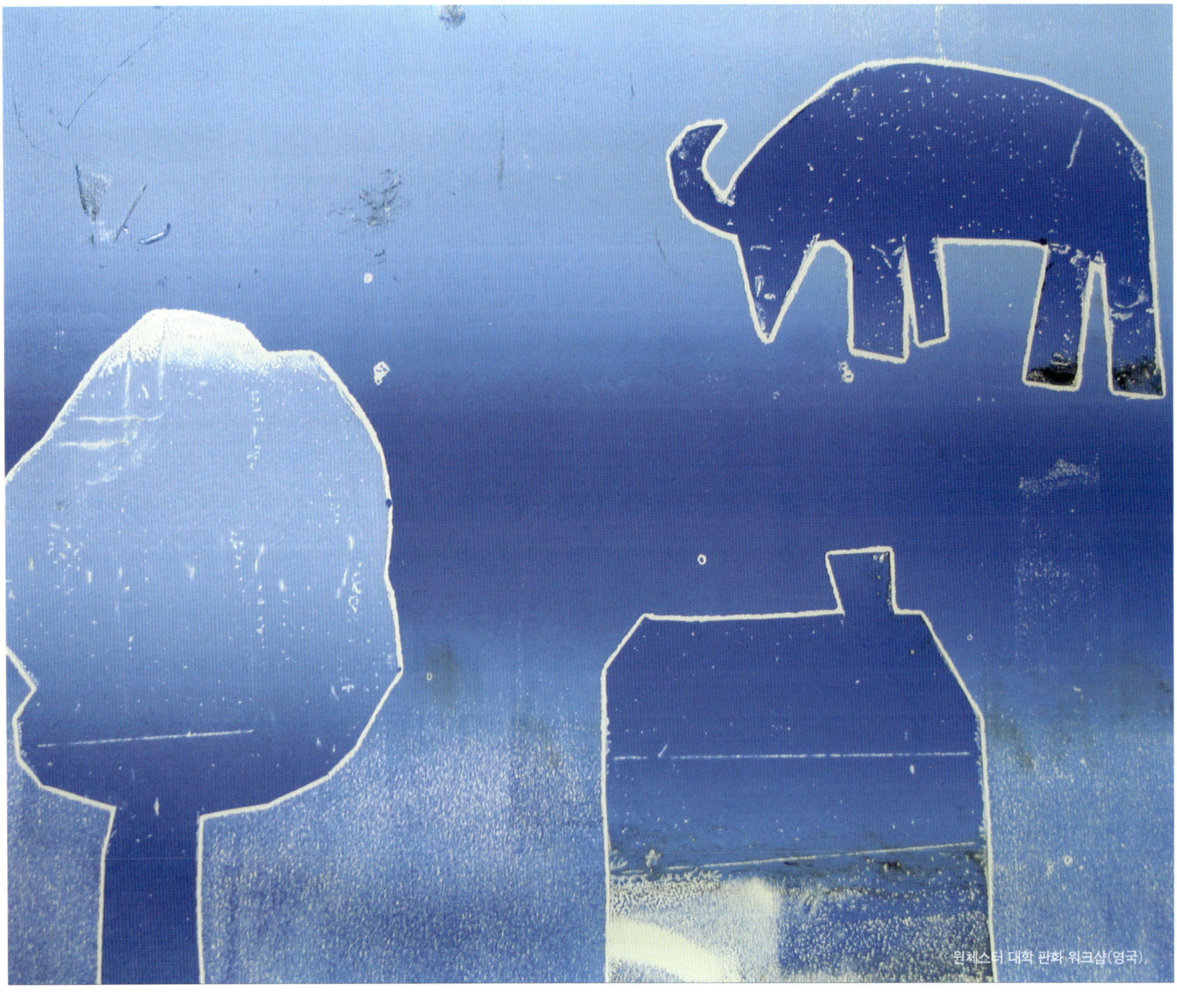

윈체스터 대학 판화 워크샵(영국).

1 유리판에 판화용 잉크를 덜어 놓는다. 나이프를 이용하는데, 너무 많지 않게 적당히 덜어 놓는다.

2 롤러로 문질러 잉크가 뭉치지 않게 골고루 펴 준다.

3 여러 가지 철판들을 이용해서 이미지를 만들수 있으므로, 잘라진 철판들을 몇 개 준비한다.

4 그림과 같이 철판에 롤러로 잉크를 골고루 묻힌다. 트레싱지에 자른 여러 가지 이미지에도 잉크를 묻혀서 철판 위에 얹힌다.

5 에칭 프레스기에 올려놓고, 위에 판화지를 덮는다.

6 마지막으로 양모를 덮고 에칭 프레스기를 작동시킨다. 두 번 좌우로 돌린 다음, 이미지를 꺼내면 완성이다.

7 에칭 프레스기가 없을 경우는 판화지를 이미지 위에 얹고 롤러로 밀어준다.

8 화선지를 올려놓고 롤러로 밀 경우, 이미지가 비춰진다.

9 완성된 이미지다. 트레싱지와 철판 사이의 두께로 인해 사물마다 하얀색 라인이 만들어졌다.

» 최우형 작

교사 노트 ..

북 아트 과정을 이수하고 현장에 나가 직접 강의를 하다 보면 요즘 수강생들은 처음 입문을 하는 사람이라도 웬만한 정보들은 이미 경험하고 온 상태가 많다. 요즘의 디자인된 바인딩은 나라마다 차별화 된 기술과 제본가 사이에서의 지역적인 경쟁 때문에 점차 나라마다의 독창적인 개성이 사라지고 있다. 어찌 보면 글로벌 시대의 한 단면이라고도 볼 수 있다. 그러나 유능한 강사는 많이 아는 것도 중요하지만, 강의의 내용을 쉽고, 재미있고, 흥미있게 잘 전달하는 것이 중요하다. 그리고 북 아트 강의를 할 경우 상당히 많은 치수들을 알아야 한다. 정확한 치수와 도면에 의해서만이 제대로 된 책이 나오기 때문이다. 이 점을 명심해 두기 바란다.

01

교·사·노·트

제 목	화투북
주 제	화투를 페이퍼 커팅과 폴드 형식으로 만든 작품.
구 조	폴드 북
사이즈	125 x 12 x 10cm
재 료	종이, 스핑글, 한지, 하드보드지, 풀
만든이	황은지
내 용	화투 48장을 4개씩 묶어, 한 세트가 나타내는 달을 순서대로 나열하여 하나의 병풍 달력으로 만든 작품이다.
응용 및 제작시 유의사항	상세한 부분이 많으므로 주의를 기울여 컷팅한다.

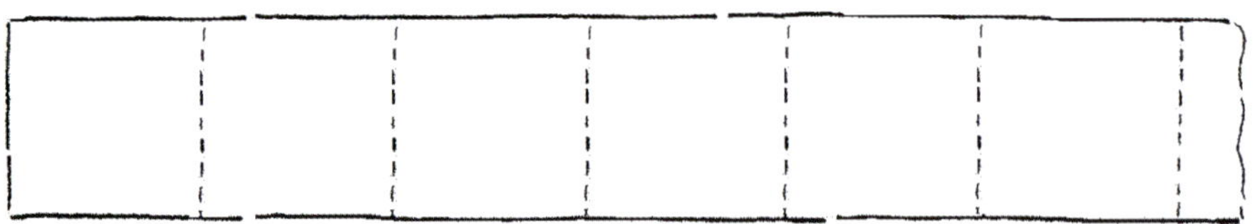

1 내지용 종이를 11.5x13.5cm 간격으로 접는다.

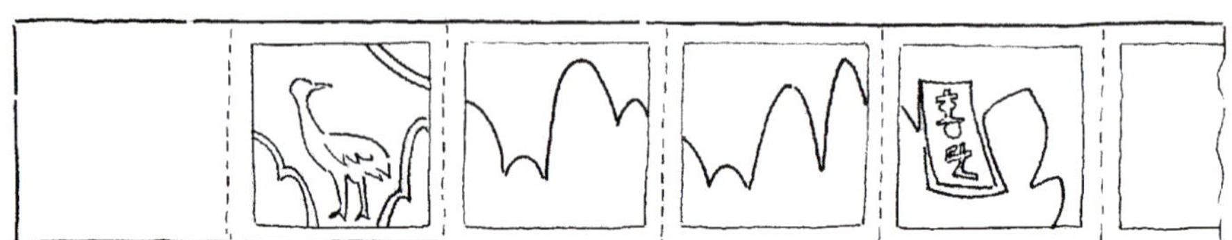

2 표현하고자 하는 그림을 그린 다음, 칼로 오려 낸다.

화투북

페이퍼 커팅으로 화투의 이미지를 함축화하여 간략하게 모노 톤으로 표현했다.
전체적으로 빨간색이 강렬한 느낌을 주며, 이야기가 있는 다른 주제로도 응용이 가능하다.

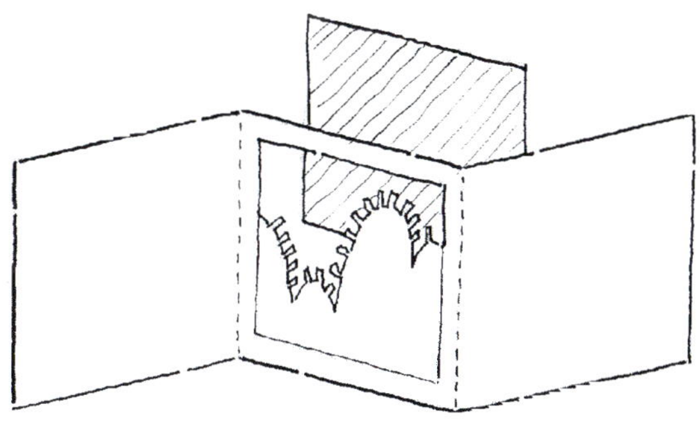

3 칼로 오려 낸 다음에 다른 종이를 붙인다.

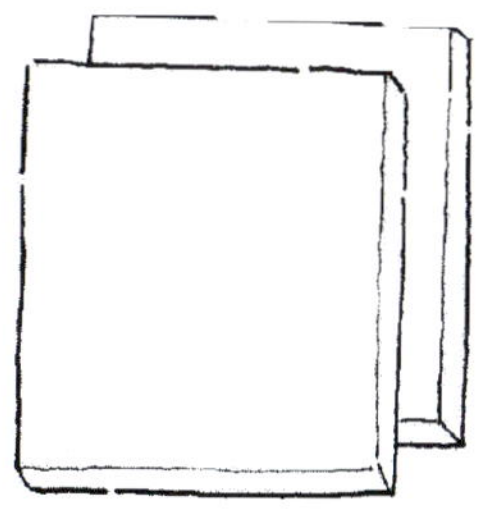

4 하드보드지는 12x14cm로 2장 자른다음,
커버링하여 내용을 넣은 내지 종이 앞과 뒤에 붙인다.

02

교 · 사 · 노 · 트

제 목	아름다움(Beauty)
주 제	캔버스 틀을 연결, 폴드 북으로 표현했다.
구 조	폴드 북
사이즈	15 x 25 x 6cm (접었을 때)
재 료	수제종이, 캔버스 틀, 끈 혹은 철사, 물감
만든이	방수진
내 용	사회적 관념 속에 자리 잡은 '미의 기준'의 양면성을 나의 관점에서 정립하여, 표현한 작품이다.
응용 및 제작시 유의사항	수제종이는 종이의 강도가 약해 잘 찢어질 수 있으므로 조심스럽게 연결한다.

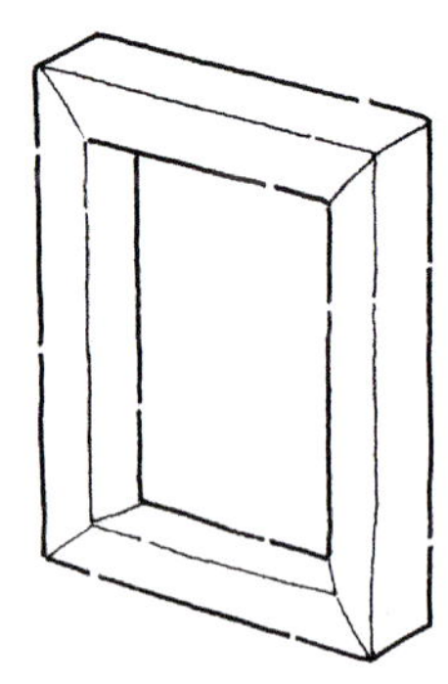

1 18 x 26cm 캔버스 틀을 4개 준비한다.

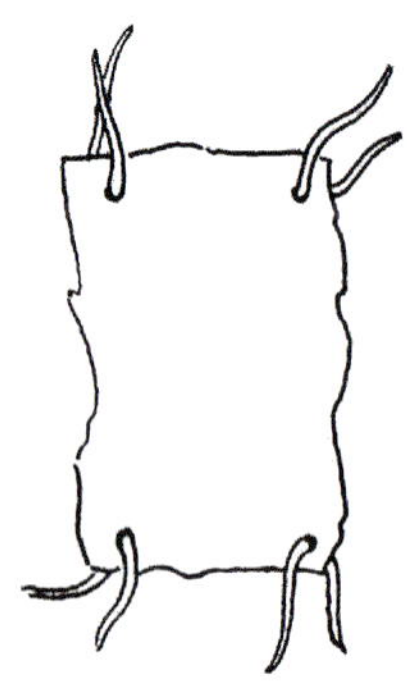

2 10 x 17cm 자른 다음, 내용을 넣고 네 군데 사이드에 구멍을 뚫고 실을 연결해 놓는다.

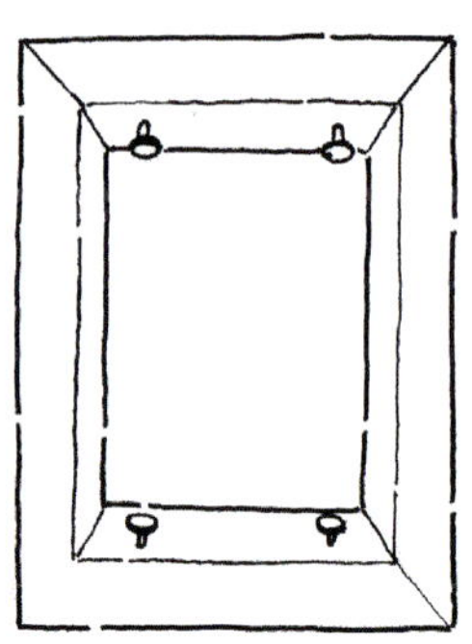

3 못은 캔버스 귀퉁이 네 곳에 박는다.

아름다움(Beauty)

투박한 캔버스 틀의 질감과 수제종이의 질감이 잘 어우러진다. 드로잉이 상당히 함축적으로 표현되었다.
세밀화 또한 잘 어울릴 듯하다.

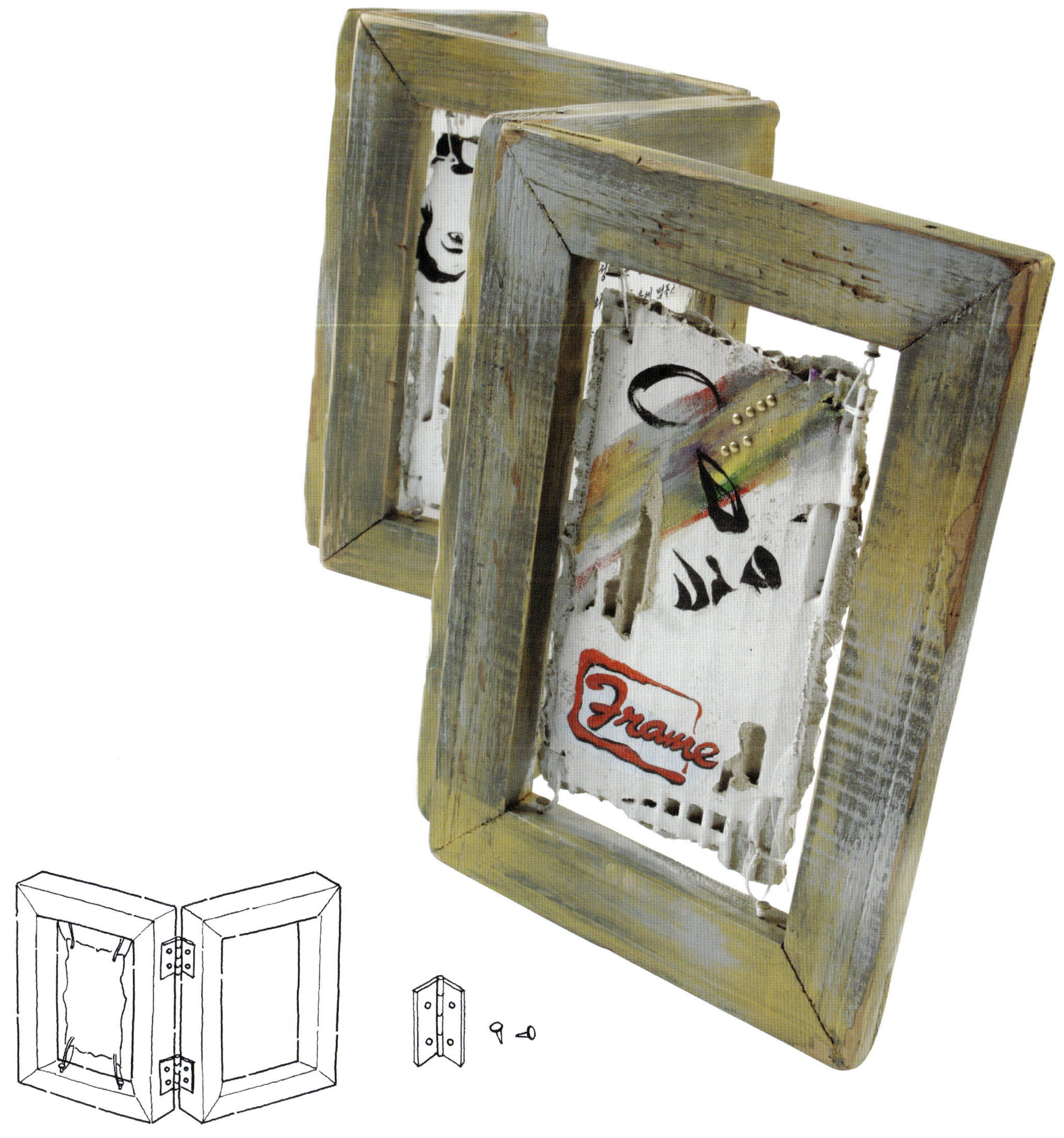

4 이렇게 4개의 캔버스 틀 못에 내용을 담은 종이를 묶은 다음, 경첩을 이용하여 캔버스 틀을 연결한다.

03
교·사·노·트

제 목	구름
주 제	구름과 시를 넣어 시화집으로 표현했다.
구 조	3단 깃발 방식
사이즈	20 x 30 x 3cm
재 료	반누보지, 출력지, 목공용 접착제, 칼, 자, 풀, 가위 등
만든이	이정아
내 용	구름의 모습을 시와 함께 넣어 깃발 방식으로 입체적으로 만들었다.
응용 및 제작시 유의사항	구름의 이미지를 하나하나 붙였는데, 고체풀로 붙일 경우 떨어질 수 있으므로 목공용 접착제로 단단히 고정시켜 붙여 준다.

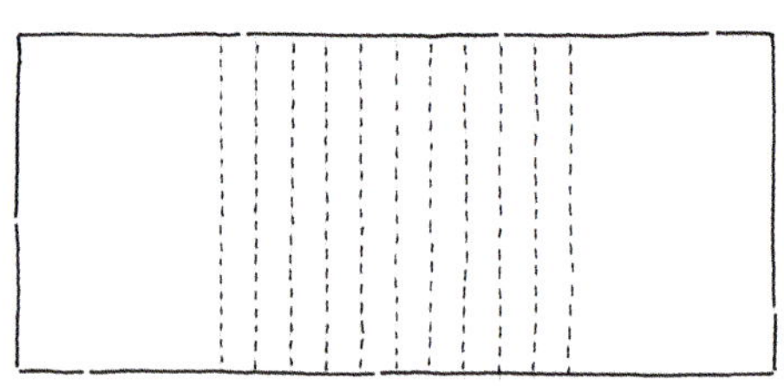

1 표지용 종이를 60 x 25cm 로 자른 다음, 양끝에서 15cm, 가운데 부분은 3cm간격으로 10면을 접는다.

2 구름이나 표현하고자 하는 그림을 그린 다음 자른다.

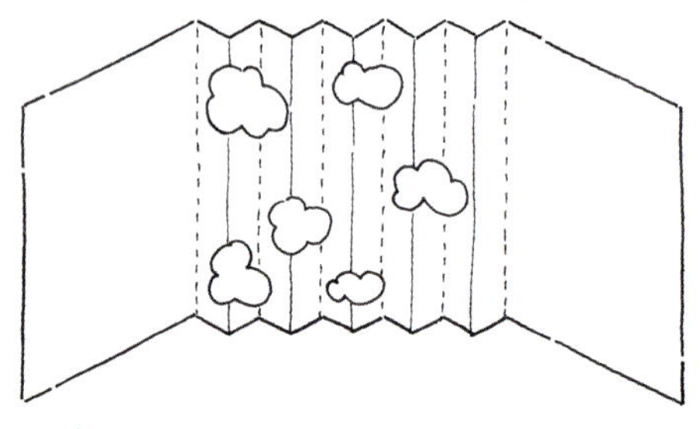

3 지그재그로 접은 10면에 구름 한쪽을 붙인다.

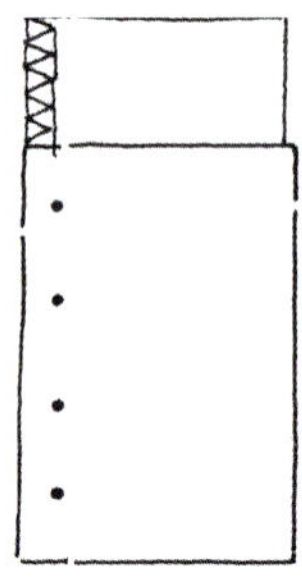

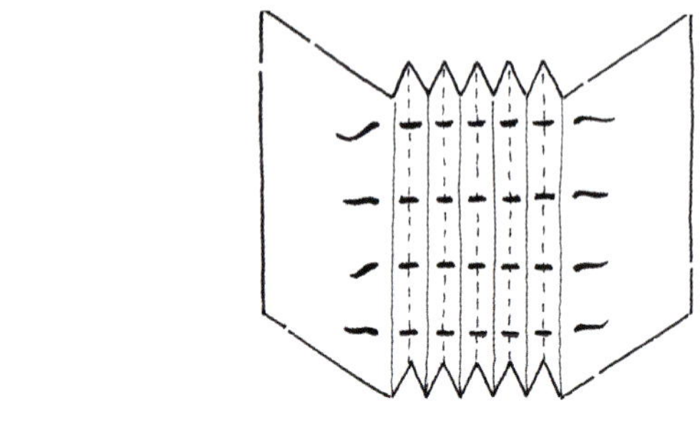

4 5cm간격으로 구멍을 4개 뚫는다.

5 뚫은 구멍 사이에 끈을 넣어 연결한다.

구름

깃발 북의 장점은 사방에서 볼 수 있다는 것이다.

이러한 장점을 최대한 이용하여 하늘에 흩어져 있는 구름의 이미지를 책으로 만든 것은 상당히 재미있는 아이디어이다.

04

교 · 사 · 노 · 트

제 목	일상
주 제	매일 접하게 되는 나의 소소한 일상들의 풍경과 하늘은 나의 꿈을 표현해 준다.
구 조	폴드 북 응용
사이즈	45 x 15 x 15cm (펼쳤을 때)
재 료	출력지, 하드보드지, 풀
만든이	박은경
내 용	하늘, 아파트, 바다 풍경 등을 사방에서 볼 수 있는 구조로, 입체적으로 제작했다.
목 적	하단면에 접지선을 넣으면 폴드 북처럼 접을 수 있다.

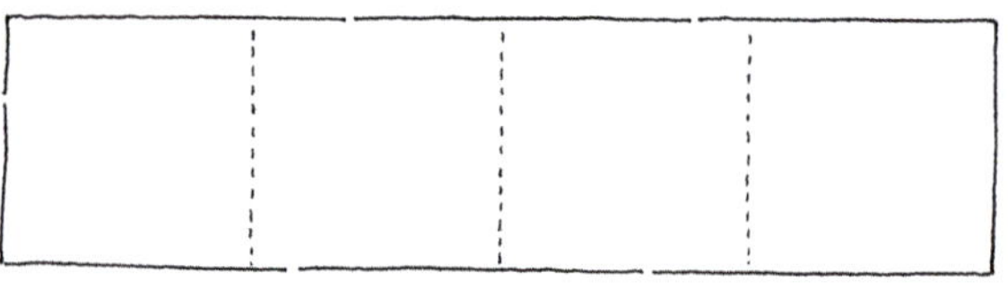

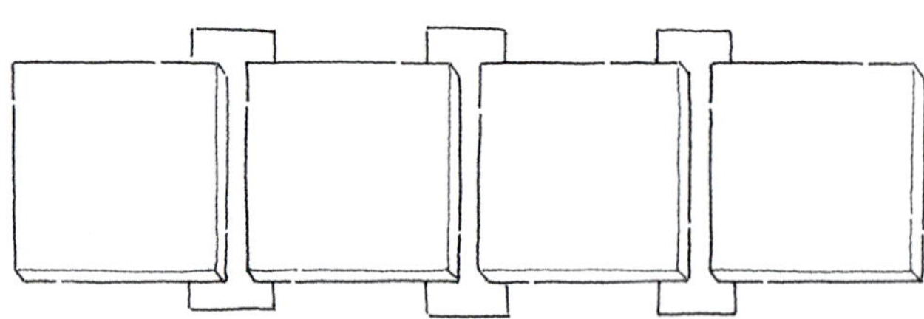

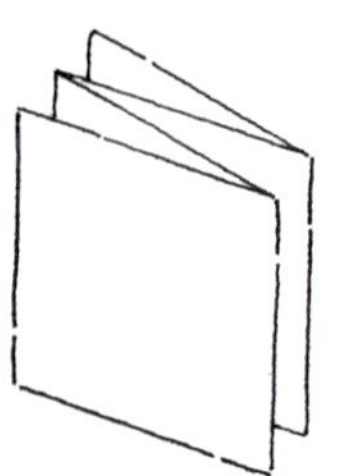

1 보드 4장을 16 x 16cm 자른 다음, 커버지로 하드보드지를 감싼다.

2 60 x 15cm로 내지용 종이 4장을 자른 다음, 15cm 간격으로 4면을 지그재그로 접는다.

일상

하늘, 바다, 건물들의 모습을 다른 시각에서 바라보고 의인화 하여 나의 꿈이 담긴 하늘을 감성적으로 잘 표현했다.
좀 더 연장하거나, 더 크게 제작하여 설치 작업으로 다양하게 응용이 가능하다.

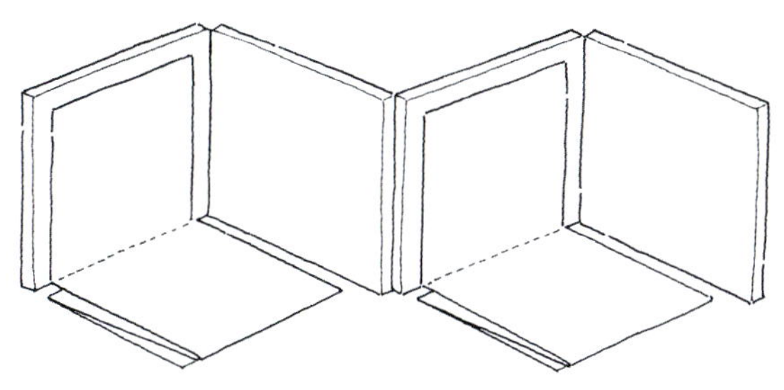

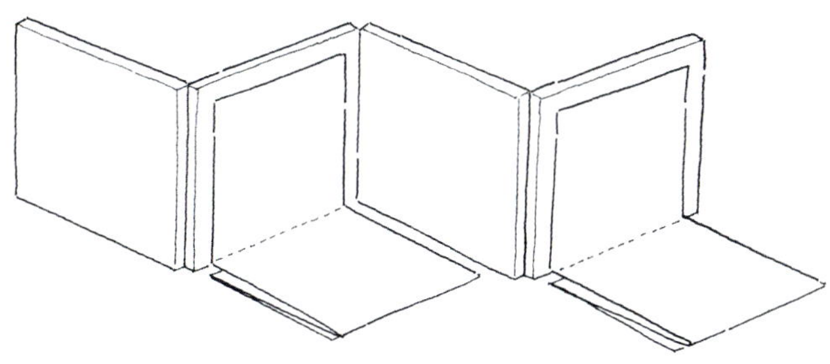

3 이야기 내용에 맞게 보드에 붙여 완성한다.

05

교·사·노·트

제 목	이끌림
주 제	자석을 모티브로 하여 남녀 관계를 빗대어 표현.
구 조	폴드 북
사이즈	12 x 15cm
재 료	출력지, 고무자석
만든이	이수경
내 용	남녀 관계를 간단한 아이콘 형식으로 부모님의 정다운 모습을 내용에 담아 나타냄.
응용 및 제작시 유의사항	고무자석은 잘 휘어져서 형태를 만들기 편리하지만, 다시 되돌아오는 성질이 있어 세심한 주의가 필요하다.

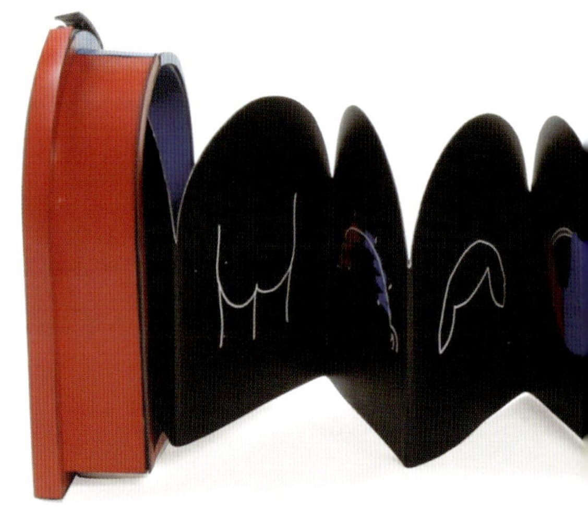

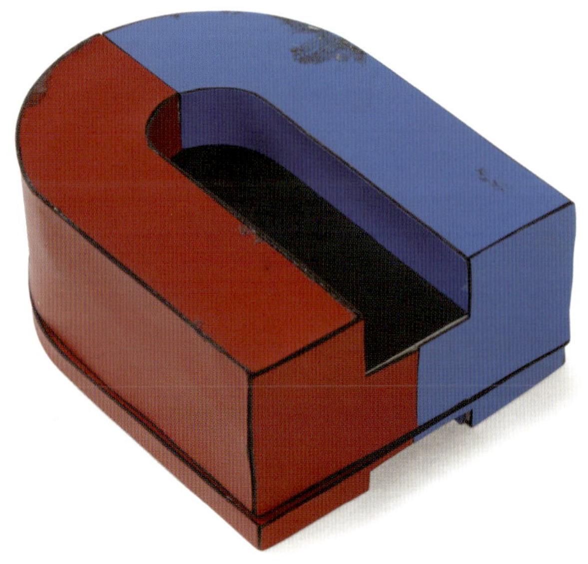

이끌림

디자인 아이콘을 북 아트 작업과 접목해 재미있게 표현했다.

색감이 전체적으로 어두워서 이미지가 한눈에 띄지만, 함축적인 텍스트가 좀 더 들어가면 이해하는 데 도움이 될 듯하다.

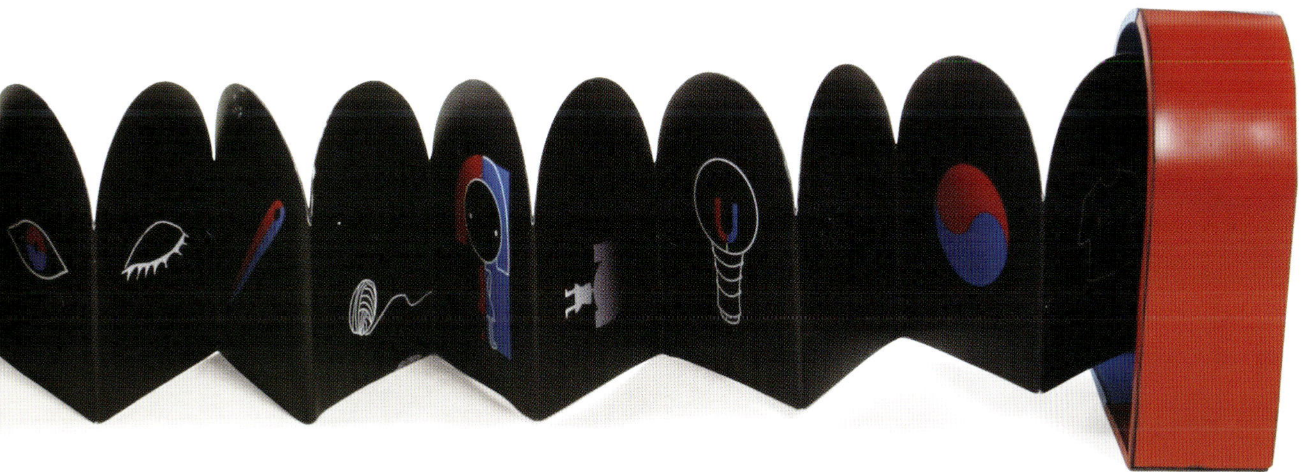

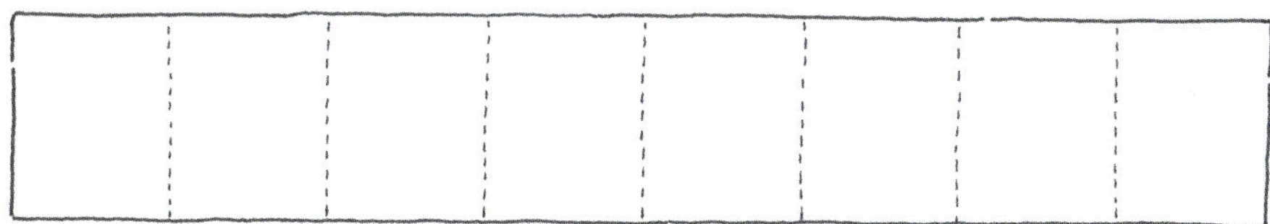

1 | 56 x 10cm로 자른 다음, 7cm 간격으로 8면을 접어 준다.

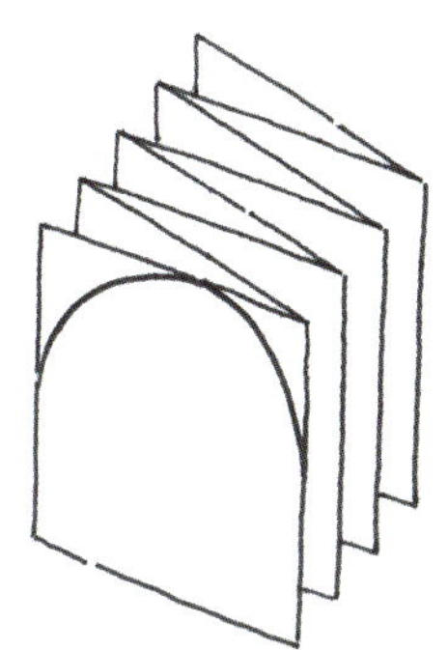

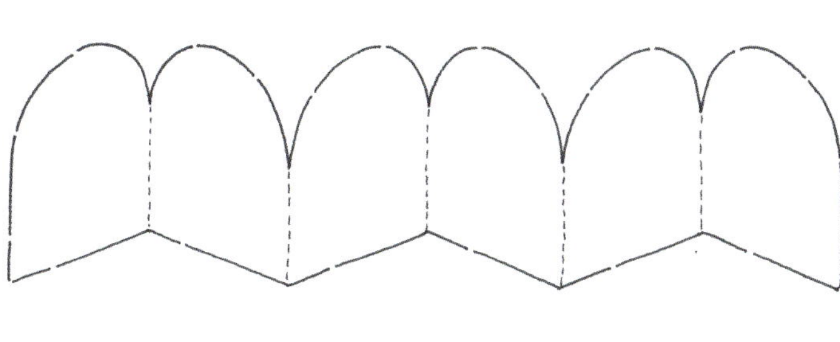

2 | 지그재그로 접은 종이에 표현하고자 하는 모양을 그린 다음 오려 낸다.

3 | 오린 종이 위에 내용을 담고 겉표지를 만들어 붙인다.

06

교·사·노·트

제 목	옷을 입은 임금님
주 제	북 아트에 기존의 동화책 내용을 넣는 것보다는 패러디하여 재미있게 각색하여 표현했다.
구 조	폴드 북 (하드커버 감싸기)
사이즈	10 X 12 X 1.5cm
재 료	수제종이, 가죽, 거울지
만든이	이윤진
내 용	벌거벗은 임금님이라는 동화를 각색하여 '테디베 어' 임금님으로 재탄생시켰다.
응용 및 제작시 유의사항	수제종이는 자칫 쉽게 접힌 부분이 잘라질 수 있으므로 꼼꼼하게 잘 붙이고, 다루는 데 있어서도 세심하게 주의해야 한다.

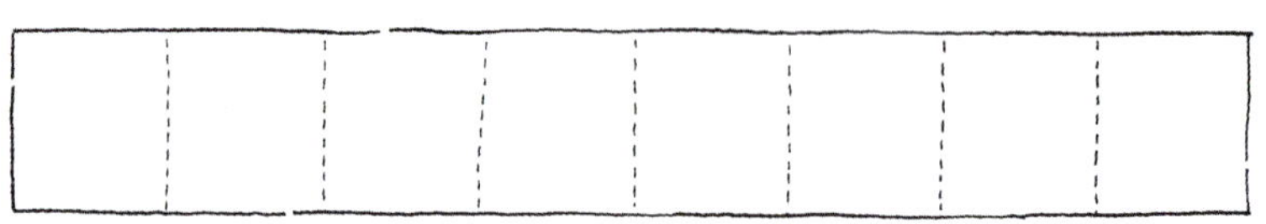

1 9.5 x 12cm 간격으로 접는다

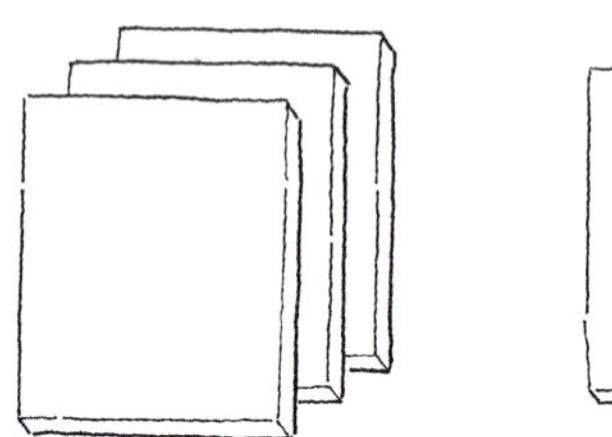
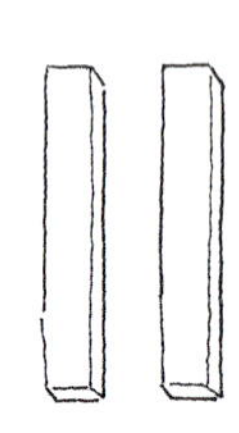

2 보드는 10 x 12.5cm 3장과 1.5 x 12.5cm 2장을 자른다.

옷을 입은 임금님

이 책은 북 아트의 기본인 폴드 북 구조를 잘 활용한 책으로, 왼쪽 면에는 수제종이에 잉크젯 프린트한 내용을 넣었고,
오른쪽 페이지에는 모두 거울지를 붙여서 왼쪽의 이미지들이 비치게 하여 다양하고 재미있는 효과를 만들었다.

3 자른 보드를 순서대로 나열한뒤 가죽이나 천으로 씌운다.

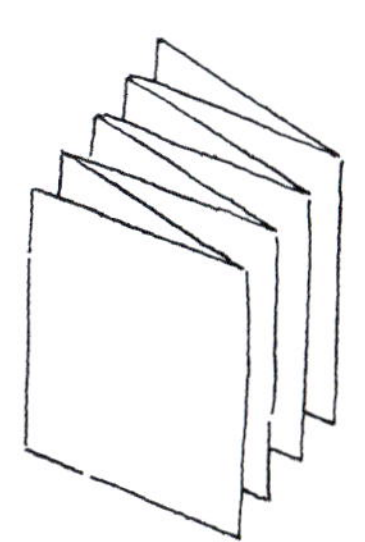

4 완성된 보드안에 내지를 넣는다.

07

교 · 사 · 노 · 트

제 목	우리 동네
주 제	알루미늄 철판을 망치로 두들겨 우리 동네의 모습을 나타냈다.
구 조	터널 북
사이즈	25 X 27cm
재 료	알루미늄판, 아크릴물감
만든이	이수영
내 용	우리 동네의 모습을 단순화 하여 동화 속 마을의 모습처럼 표현했다.
목 적	-알루미늄판을 두들겨 모양을 만들 때, 손이 베지 않도록 주의한다. -아크릴물감은 한 번 채색하면 지워지지 않으니 채색 시 신중히 색감을 칠한다.

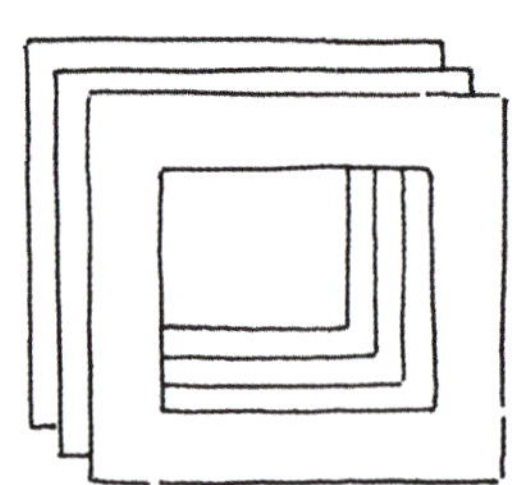

1 20 x 20cm 4장 자른 다음, 3장만 3cm 테두리를 남기고 칼로 뚫는다.

2 마지막 장은 뚫지 않고 그대로 둔다.

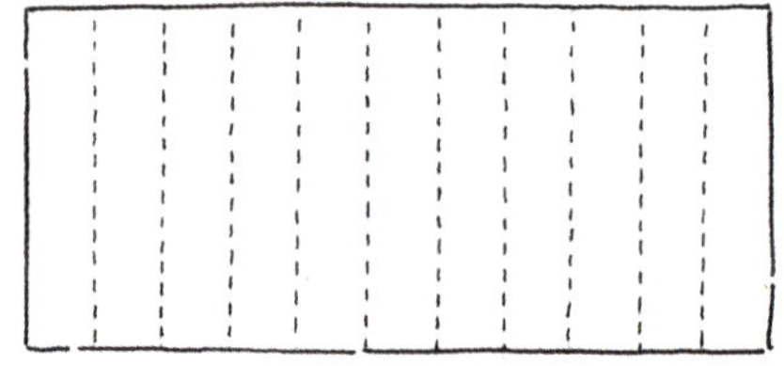

3 22 x 10cm로 자른 다음, 2cm 간격으로 10면을 접는다.

4 이야기거리를 그림으로 그린 다음, 오려 낸다.

우리 동네

터널 북은 성인 및 어린이 북 아트에서 다양하고 폭넓게 쓰일 수 있는 구조로, 페이지 페이지가 형태가
다양하게 제작과 응용이 가능하다.

   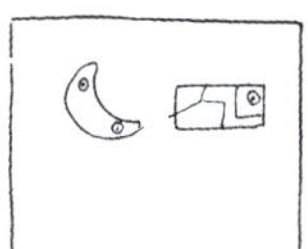

5 오려 낸 그림을 각 장 테두리 뒤에 붙인다.

 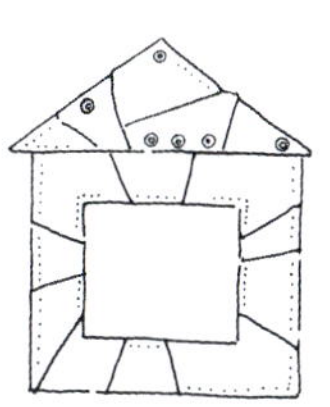 

6 이야기거리를 그림으로 그린 다음, 오려 각 장 테두리 뒤에 붙인다.

08

교·사·노·트

제 목	뽀그리 천사
주 제	'뽀그리'라는 천사들의 구름집에서의 연주
구 조	360° 회전 팝업 북
사이즈	25 x 37 X 3cm
재 료	하드커버, 가죽 천, 끈, 실크스크린(천사), 내지 등
만든이	홍승희
내 용	각자 다른 악기를 연주하는 뽀그리 천사들의 재미 있는 모습들을 팝업으로 표현했다.
응용 및 제작시 유의사항	4장의 90° 팝업을 연결하고, 표지를 붙이는 과정에서 2페이지와 3페이지 연결되는 부분을 1cm안으로 들어가게 붙여야 360도 회전이 자연스럽게 된다.

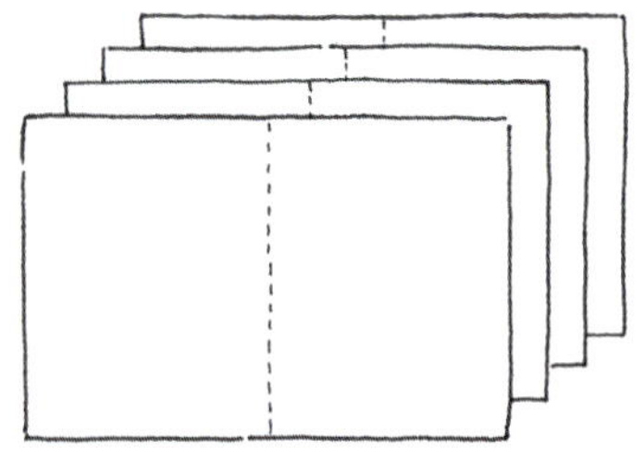

1 40 x 25cm 종이를 자른 다음, 반으로 접는다.

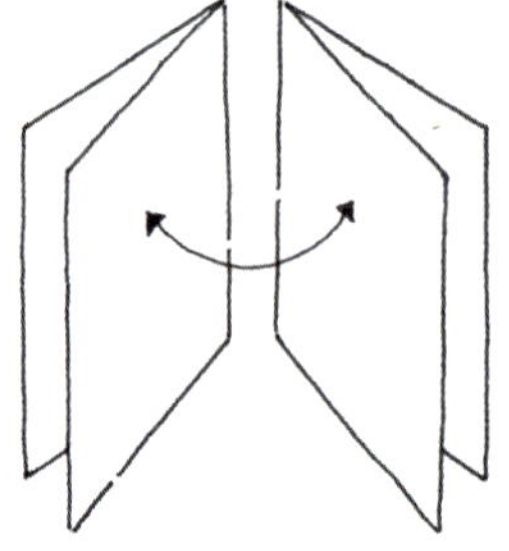
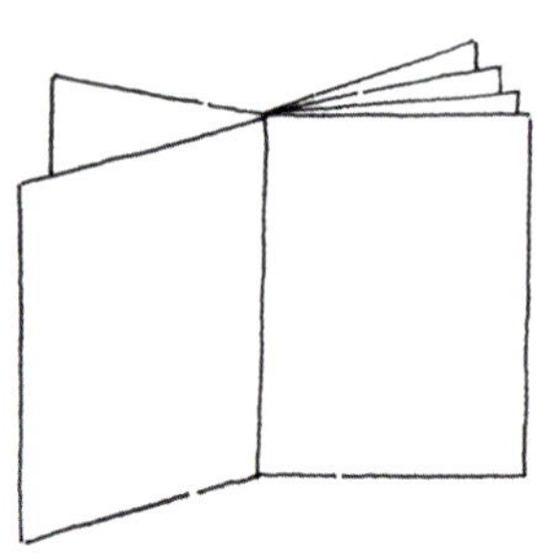

2 반으로 접은 종이에 풀을 발라 서로 붙여 연결한다.

뽀그리 천사

천사라는 캐릭터를 이용해 작업을 했다는 것이 독특하며,
하얀색과 은색 위주의 색감이 전체적으로 들어가 상당히 밝은 느낌을 준다.

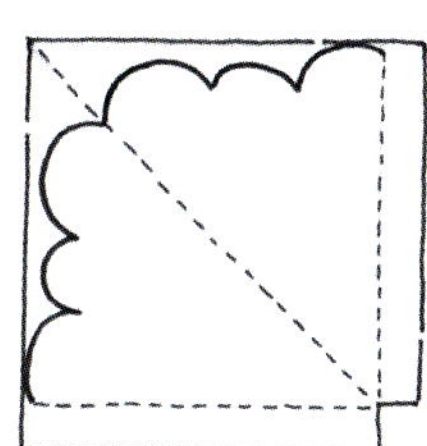

3 21 x 21cm로 자른 다음, 1cm 풀 붙이는 곳은 접고
대각선으로 반을 접어 준다.

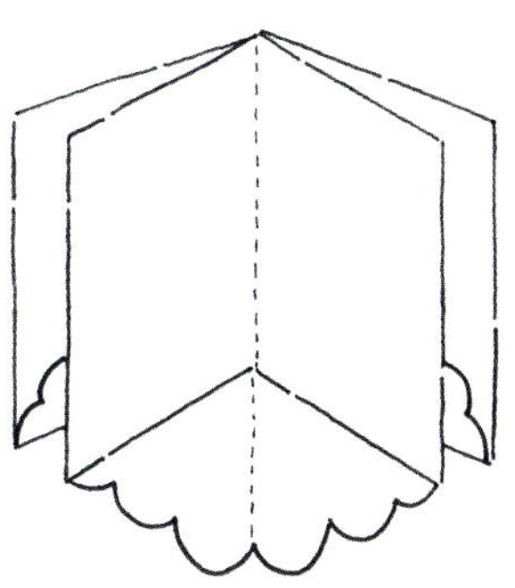

4 2번 종이에 3번을 각각 붙인 다음,
겉표지를 만들어 붙여 준다.

09

교·사·노·트

제 목	서커스
주 제	서커스에서 기억에 남는 장면들을 페이지 페이지에 팝업으로 표현했다.
구 조	폴드 북(팝업용)
사이즈	24 x 28 x 4cm
재 료	부직포, 철사, 끈
만든이	전유나
내 용	- 동춘 서커스를 관람하고 감상을 책으로 옮겨 놓았다. - 서커스의 대표적인 테마인 공중그네타기, 시소 타기등을 팝업으로 표현하였다.
응용 및 제작시 유의사항	부직포는 쉽게 더러워지거나, 보푸라기가 날 수 있으므로 항상 장갑을 착용하고 감상한다.

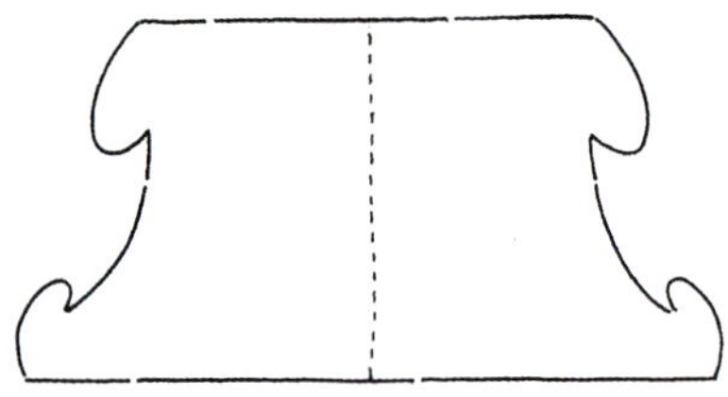

1 부직포를 50 x 25cm 로 자른 다음, 표현하고자 하는 모양으로 자른다.

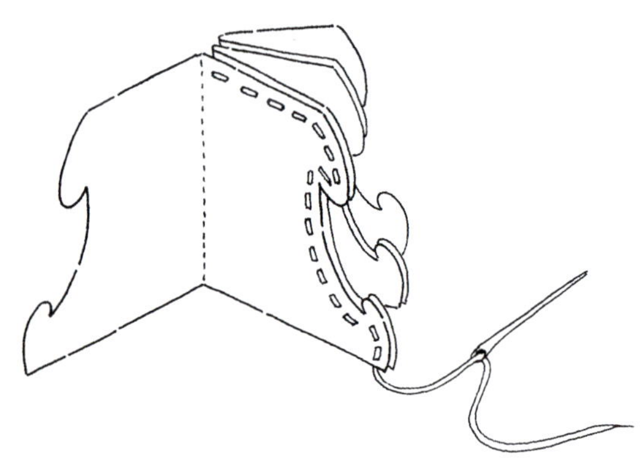

2 여러 개의 모양을 바느질로 서로 연결하여 붙인다.

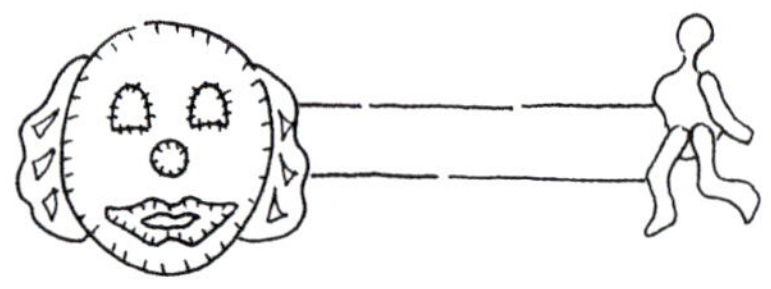

3 부직포로 표현하고자 하는 모양을 그려 끈을 만든다.

4 안에 내용물도 만들어 넣으며, 만든 끈을 부착한다.

서커스

다양한 재료와 부직포 소재가 상당히 잘 어우러지고, 중간 중간 할핀을 사용하여 이미지를 자연스럽게 연결했다.
손바느질로 페이지 페어지를 연결하여 상당히 완성도 있게 작업했다.

10

교 · 사 · 노 · 트

제 목	62일
주 제	62일동안 이용한 기차, 버스표를 이용하여 책을 만들었다.
구 조	피아노북 바인딩
사이즈	9 x 9cm
재 료	모아 둔 기차표(버스표), 사용한 커피 스틱, 낚싯줄, 조각 색지, 보드지
만든이	강혜영
내 용	62일 동안(2달간) 충주와 제천을 오가며 느낀 점을 글로 표현은 못하지만 주머니 속에서, 가방 속에서 함께한 버스표와 기차표를 이용하여 62일간의 여정을 표현했다.
응용 및 제작시 유의사항	- 낱장으로 된 모든 것들을 손쉽게 묶어 놓을 수 없는 바인딩. - 바인딩해야할 부분에 간격이 작으면 스틱을 끼우기가 어렵다. 스틱 크기를 고려하여야 한다.

62일

여행에서의 기록을 북 아트 책으로 만드는 것은 상당히 이전부터 많은 주제로 이용되었다.
그러나 그 속에 들어 있는 내용들은 각자의 경험을 넣으므로 상당히 다양하고 기발한 아이디어와 재치가 넘친다.

11

교 · 사 · 노 · 트

제 목	자전거
주 제	자전거의 형태를 연속적인 이미지(시퀀스)로 나열하여 표현함.
구 조	폴드 북(하드커버)
사이즈	25 X 9cm(접었을 때)
재 료	판화지, 하드보드지, 북클로즈, 목공용 접착제, 칼, 자 등
만든이	안혜자
내 용	자전거에 관한 에피소드를 다양한 형태와 시각으로 담아 표현했다.
응용 및 제작시 유의사항	판화로 제작된 작품으로, 엠보싱 효과가 들어갔다. 그러므로 책이 완성된 다음, 프레스기에 너무 압축하여 오래 눌러 놓을 경우 앰보싱 효과가 줄어들 수 있으니 유의해야 한다.

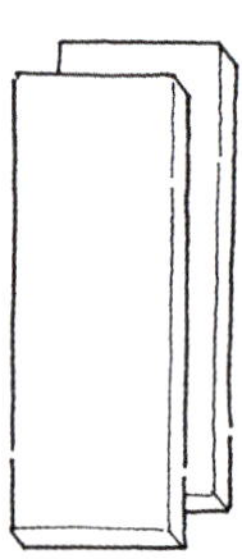

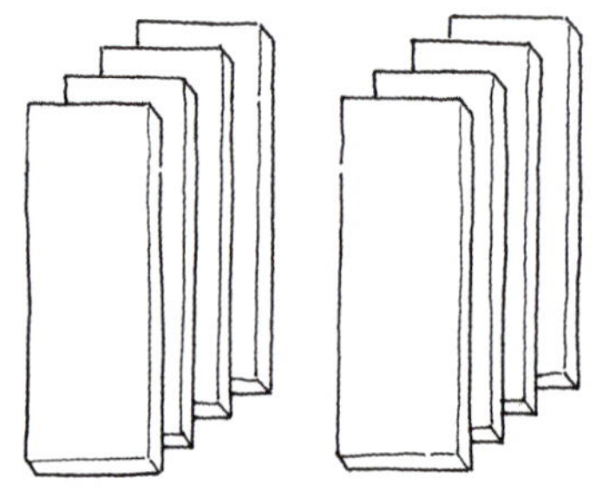
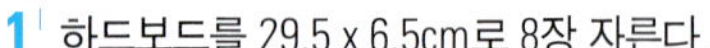

1 하드보드를 29.5 x 6.5cm로 8장 자른다.

2 겉표지로 사용할 칼라보드는 30 x 7cm로 2장 잘라 준비한다.

자전거

판화는 다른 예술장르와는 달리 에디션(한정본) 제작을 하므로 북 아트와는 상당히 친숙하게 서로 연결지어지는 미술 장르이다.
이 작품도 상당히 완성도 있는 판화 작품으로, 간단한 폴드 북 형식으로 제작했다.

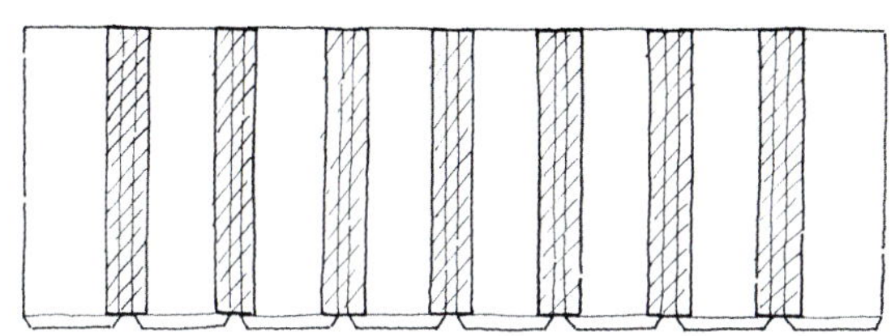

3 　하드보드를 나란히 놓은 다음, 테이프로 붙여 8장을 연결한다.

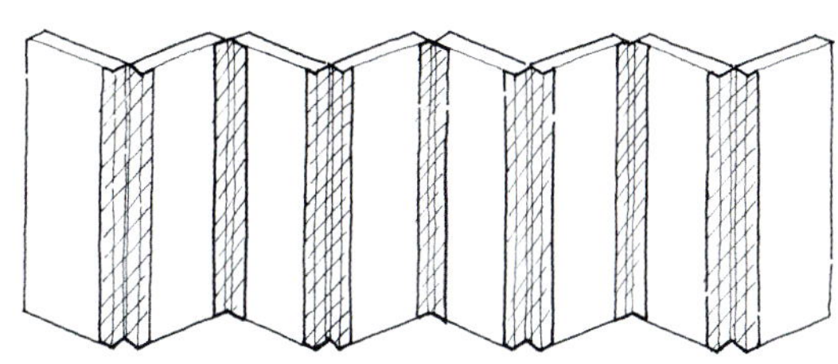

4 　지그재그로 접어 본 뒤, 내용을 넣고 겉표지로 사용할 칼라 보드지를 앞뒤로 붙인다.

12

교 · 사 · 노 · 트

제 목	부적
주 제	다양한 부적 이미지를 넣어 만든 책이다.
구 조	중철본
사이즈	25 X 25 X 0.5cm
재 료	내지 및 커버지, 스테이플러
만든이	임민주
내 용	건강, 행운을 비는 액운을 막는 부적 등 실제의 다양한 부적 이미지를 스캔해서 넣어 제작한 책이다. 적당히 믿는 것은 좋지만, 너무 빠져 들면 오히려 해가 된다는 내용을 담은 부적에 관한 아트 북이다.
응용 및 제작시 유의사항	잉크젯 프린트를 했을 때 물이 묻으면 번질 수도 있으니 주의한다.

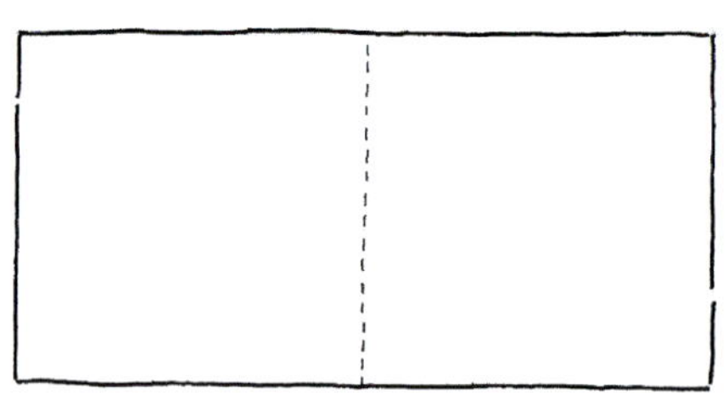

1 40 x 20cm로 자른 다음, 반으로 접는다.

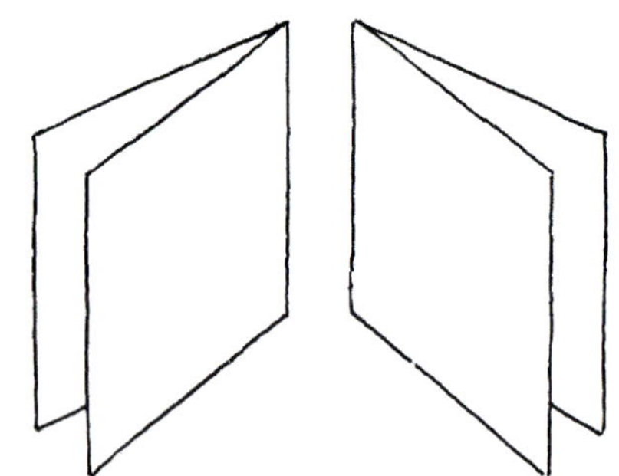

2 2, 3면 4, 5면 6, 7면을 서로 붙인다.

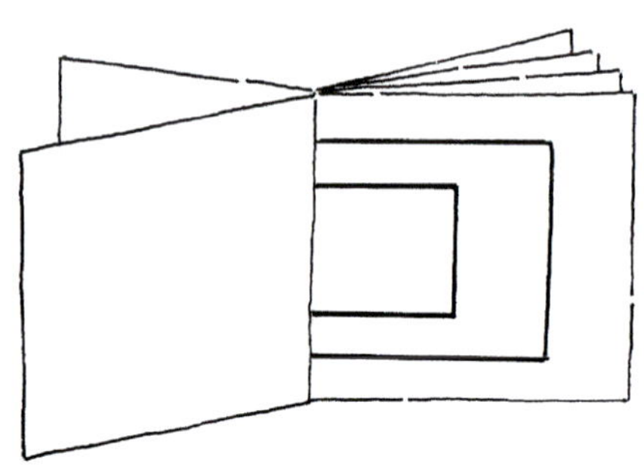

3 다양한 모양을 만들어 팝업이 되게끔 붙인다.

부적

북 아트는 그동안 상당히 다양한 주제를 이슈로 하여 전 세계의 작가들이 작업을 해 오고 있다. 여기서 다룬 주제인 우리 고유의
샤머니즘 사상을 가진 나라에서만이 이해할 수 있는 내용으로, 상당히 완성도 있고 기존의 부적을 다양한 컬러로 재탄생시켰다.

13
교·사·노·트

제 목	둥근 것들에 관하여
주 제	주변에서 볼 수 있는 둥근 것들을 모은 책.
구 조	팬 북
사이즈	15cm x 15cm
재 료	펄지, 아크릴, 스크류 포스트, 타공 철판, 에어비닐
만든이	홍승희
내 용	팬 북을 펼쳤을 때 원형으로 돌아가며 펼쳐지는 형식을 이용하여 주변에서 볼 수 있는 원의 형태를 찾아 묶어 보았다.
응용 및 제작시 유의사항	표지로 아크릴을 사용했는데, 아크릴 타공 시 아크릴이 깨질 위험이 있으니 주의한다.

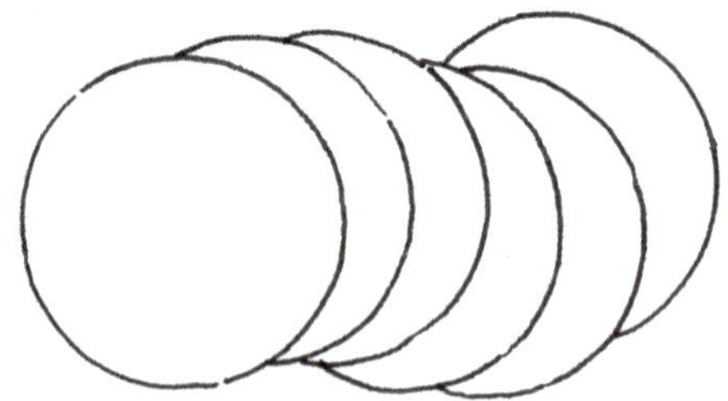

1 내지용 종이로 지름이 12cm인 원을 많이 오려 둔다.

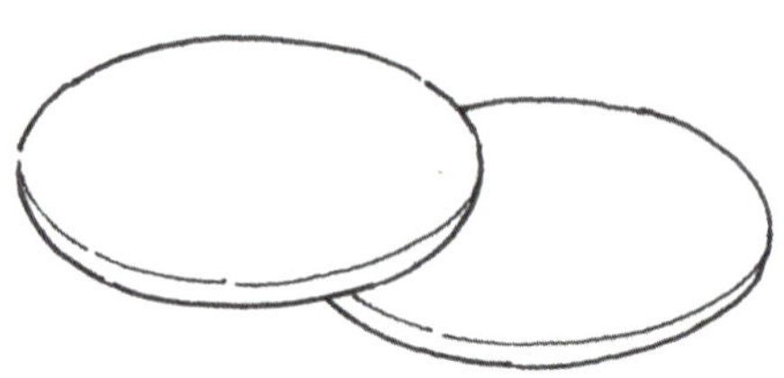

2 표지용으로 아크릴이나 두께감이 있는 재료를 이용하여 12cm 원을 2장 만들어 둔다.

둥근 것들에 관하여

스크류 포스트(볼트, 너트)를 이용해서 간단하면서도 재미있게 만들 수 있는 바인딩 방식을 잘 이용해서 만든 책이다.
북 아트 작업을 하기 위해서 처음 시작할 것은 리서치로 주변에 있는 다양한 사물이나 시선들을 새롭게 '재해석' 하고 들여다본다면
상당히 재미있는 작업들이 많이 나올 수 있을 것으로 확신한다.

3 표지와 내지를 한꺼번에 공구를 이용하여 구멍을 뚫은 다음, 스크류 포스트를 이용하여 끼워 완성한다.

14

교 · 사 · 노 · 트

제 목	코끼리
구 조	북 folio(폴리오)
사이즈	10 X 16cm (닫았을 때), 16 X 20cm (펼쳤을 때)
재 료	북플로우즈, 앨범 코너링, 펜화 이미지, 끈
만든이	지연준
내 용	- 간단한 카드 형식의 책 - 펼쳐서 장식용으로 책상 위에 올려놓을 수 있다.
응용 및 제작시 유의사항	앞 커버와 내지 커버를 부착할 때 목공용 접착제로 단단히 고정시키고, 프레스기에 잘 눌러 놓는다.

1 하드보드를 15 x 20cm로 4장 자른다.

2 그중에 하드보드 2장은 액자처럼 뚫는다.

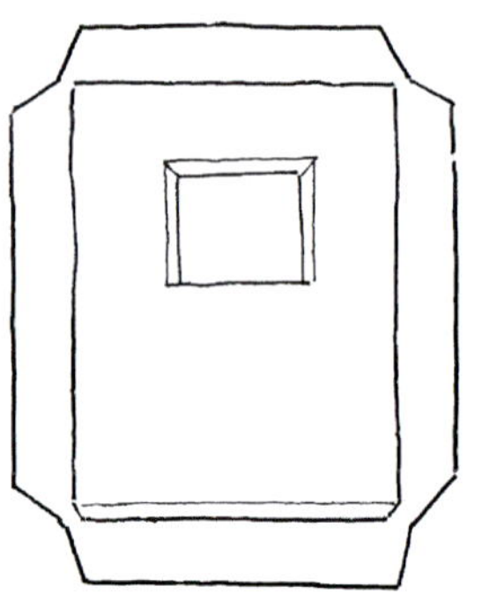

3 4장의 하드보드는 종이로 감싼다.

코끼리

이 작품은 책이라기보다는 액자 형식의 아트 북이다. 페이지를 넘기고 그 안에 내용을 담기보다는 장식용으로
책상 위에 올려놓고 감상할 수 있는 실용적인 액자 스타일이다.

4 │ 2장의 하드보드는 종이로 붙여 연결하고, 그 위에 2장의 하드보드를 맞춰서 붙인다.

15

교 · 사 · 노 · 트

제 목	아기고양이(Kitty)
주 제	내가 사는 동네의 풍경을 표현했다.
대 상	7세 ~ 초등학교 2학년
구 조	폴드폴드
사이즈	15 X 15cm
재 료	크라프트지
만든이	구조 – 박선민, 일러스트 – 권규리
내 용	커피를 마시다가 우연히 창밖의 아기고양이가 눈에 들어온다. 그 다음엔 아기고양이가 밖에서 창안을 들여다보는 내용의 이야기를 폴드폴드 구조에 창을 뚫어 공감각을 주었다.
응용 및 제작시 유의사항	폴드폴드 구조에 창을 뚫은 다음에 안에 이미지를 그린다.

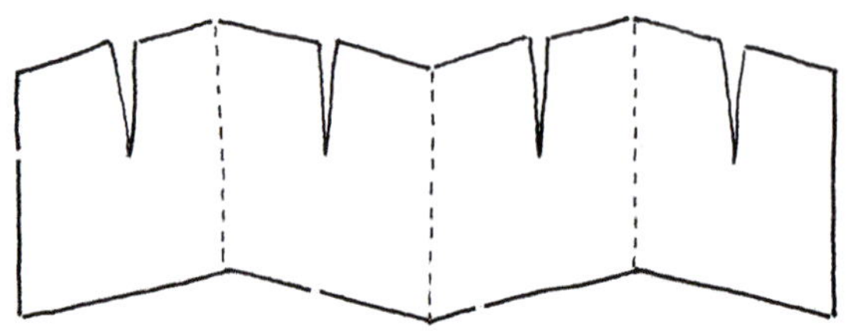
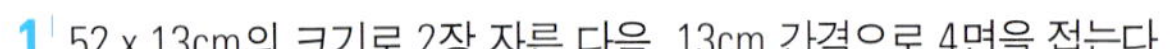

1 52 x 13cm의 크기로 2장 자른 다음, 13cm 간격으로 4면을 접는다.

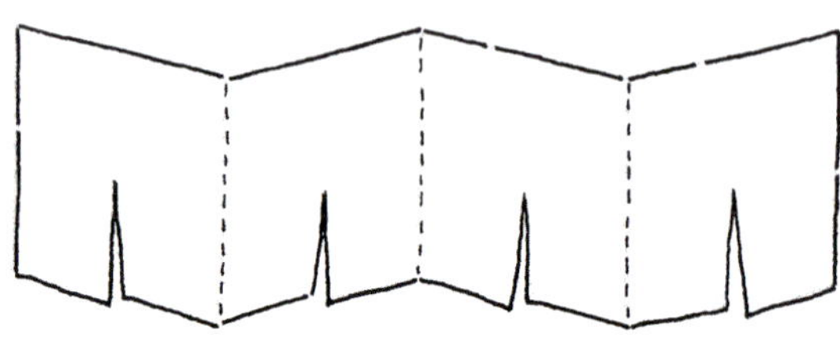

2 각 면의 중앙 부분에서 아래 쪽을 칼로 자른다.

아기고양이(KITTY)

폴드폴드 구조의 장점 중 하나인 전시 효과를 살렸다. 일상 중의 조그만 사건을 한눈에 쉽고 재미있게 고양이를 좋아하는
자신의 경험을 살려 중학생이 일러스트에 참여한 작품이다. 문득 떠오른 이미지를 간단하고 쉽게 작업하여 보기에도 편안하다.

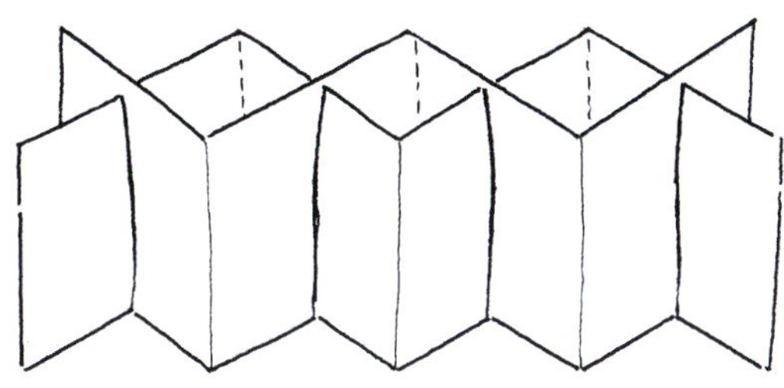

3 칼로 자른 곳을 서로 끼운다.

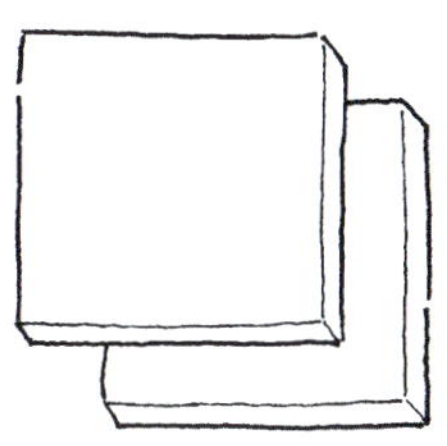

4 하드보드는 13 x 13cm로 2장 잘라 커버링한 후 앞과 뒤에 붙인다.

16

교 · 사 · 노 · 트

제 목	I'm thinking(해, 달, 나)
주 제	해도 달도 나도 되고 싶은 마음을 표현
구 조	삼각 폴드 북
사이즈	접혔을 때 12cm x 25cm 펼쳤을 때 70cm x 12cm
재 료	하드커버, 가죽지, 콤마지, 펜 드로잉
만든이	홍승희
내 용	– 해와 달 그리고 나 자신도 되고 싶은 생각과 　마음을 복잡한 드로잉으로 표현
응용 및 제작시 유의사항	– 삼각의 형태로 접어서 표지에 붙이는 방향에 　따라 보는 위치가 달라진다. – 내지를 너무 두꺼운 종이로 쓰지 않는 것이 좋다.

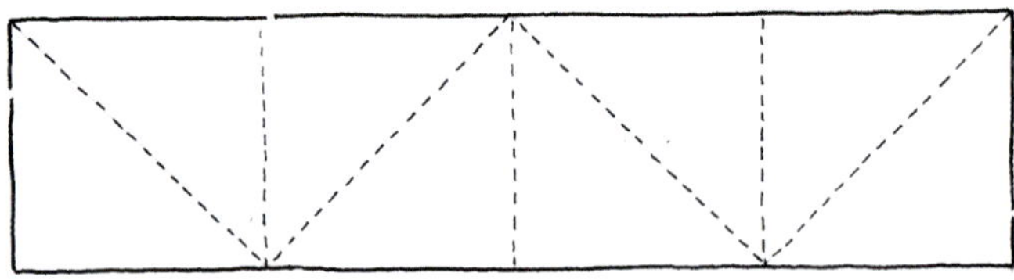

1 내지용 종이를 60 x 15cm로 자른 다음, 위와 같이 접는다.

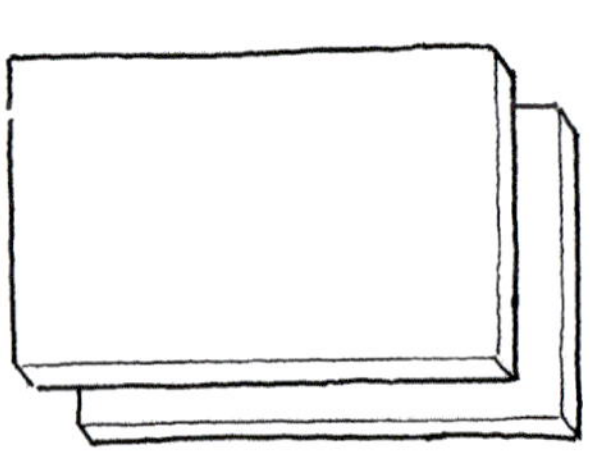

2 하드보드는 25 x 16cm로 2장 자른다.

I'm thinking (해, 달, 나)

독특한 라인으로 표현된 북 아트는 꼭 글이 들어가야 북 아트라는 고정 관념을 잊게 해 준다.

키스 스미스는 그의 저서에서도 북 아트는 텍스트, 이미지 혹은 텍스트 + 이미지와의 결합이라고 정의하고 있다.

3 천이나 종이로 하드보드를 감싼다.

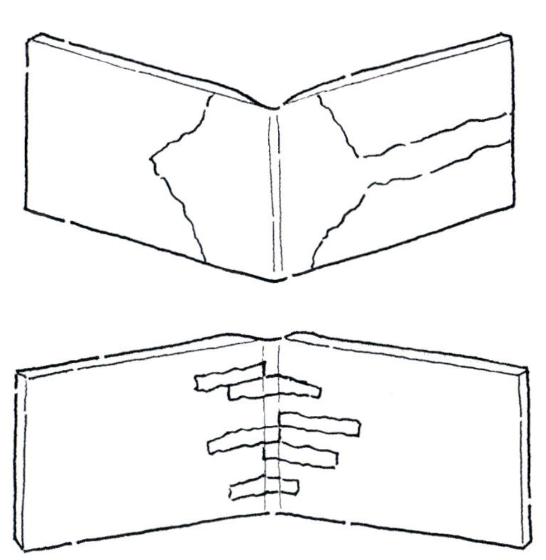

4 감싼 하드보드 위를 다양한 기법으로 꾸민 다음, 1번을 붙인다.

17

교·사·노·트

제 목	배낭 여행
주 제	배낭여행한 유럽 7개국 중 기억에 남는 4개국을 조사하여, 책으로 제작했다.
구 조	십자형 폴드 북
사이즈	16 x 17cm(닫았을 때)
재 료	수재종이, 캔퍼스지, 운동화 끈
만든이	이은주
내 용	- 유럽배낭여행한 나라중에 4개국을 선택하여 책으로 제작했다. - 독일, 이태리, 영국, 프랑스 4개국을 각기 독립적으로 펼쳤을 때 보이게 표현했고, 정 중앙에는 입장권, 티켓 등을 복사하여 꼴라주 형식으로 붙였다.
응용 및 제작시 유의사항	수제종이는 쉽게 손상될 수 있으므로 잉크젯 프린트를 할 때 수제종이 바닥에 A4 종이를 대고 한다.

배낭 여행

완성도 있는 작업으로, 가방 앞부분을 운동화 끈으로 만들어 한층 배낭 여행 때의 즐거움과 낭만을 느낄 수 있게 했다.

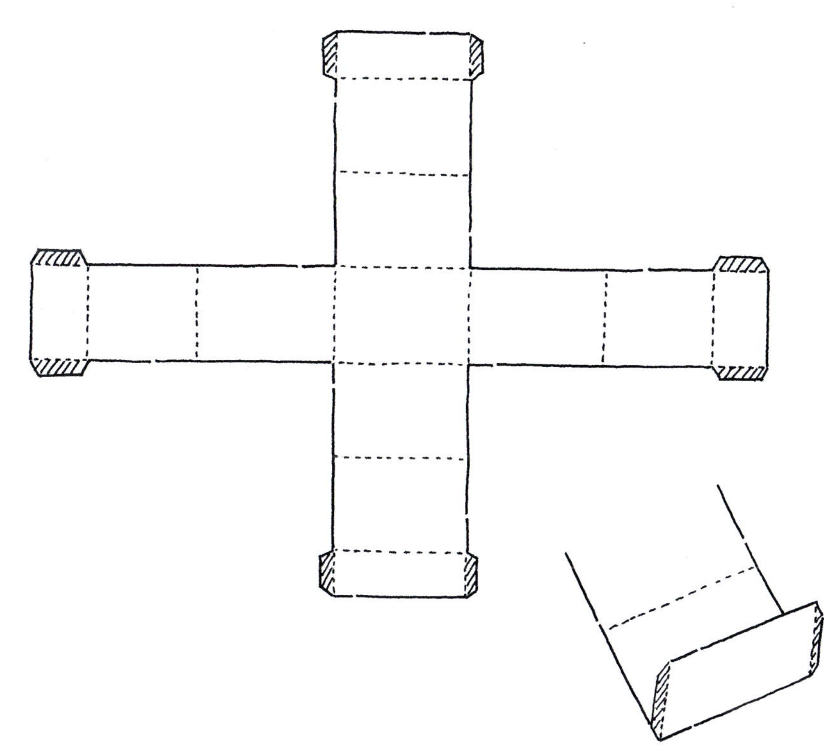

1 각 면을 18 x 14cm 되게 접고, 십자 모양의 끝부분을 봉투식으로 만든다.

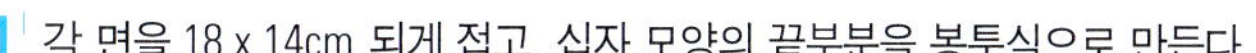

2 17 x 14cm 자르고 세로의 1cm는 풀치하는 곳으로 접는다.

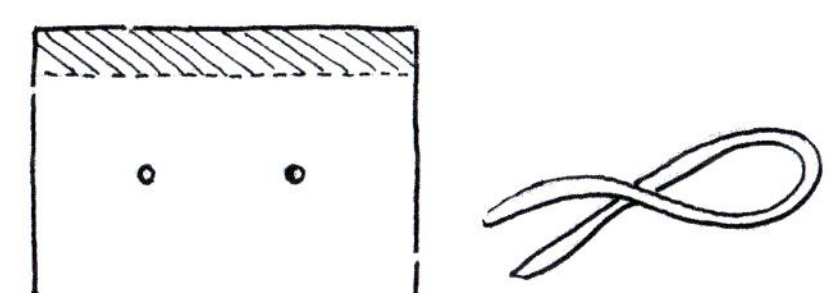

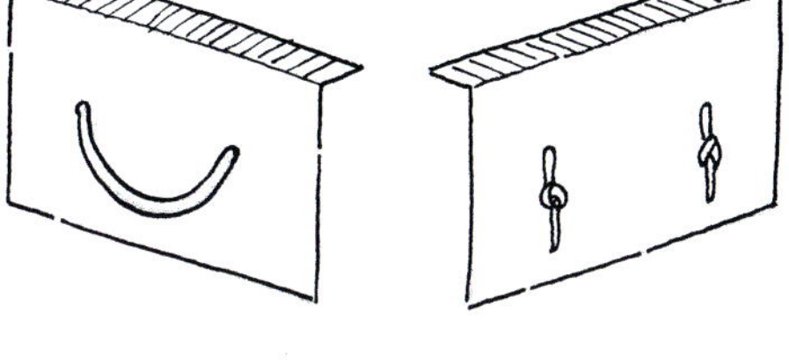

3 2번을 1번 정 중앙에 붙인 다음, 구멍을 뚫고 끈을 달아 소책자를 끼워 넣을 수 있게 한다.

18

교 · 사 · 노 · 트

제 목	Find book
주 제	사용하지 않는 카메라를 이용하여 카메라의 광학원리를 재미있게 재해석한다.
구 조	코덱스 형태 응용(오브제 이용)
사이즈	20 x 27 x 15.5cm
재 료	오래된 카메라, 잿빛 유리(반투명 유리), 소가죽, 하드보드지, 본드, 우드락
만든이	우영철
내 용	100년된 클래식 카메라를 응용한 코덱스 북 스타일에다 뒷표지에 상이 뒤집혀 맺히도록 잿빛 유리를 부착했다.
목 적	– 먼저 카메라 크기에 맞게 외형과 틀을 만들고 카메라가 흔들리지 않게 단단히 고정시킨다. – 카메라의 초점 위치에 따라 반투명 유리를 대고 상이 맺히는지 확인하고 고정시킨다.

Find book

사용하지 않는 카메라를 이용하여 카메라의 광학원리를 재미있게 재해석했다.

IV

기타 정보..

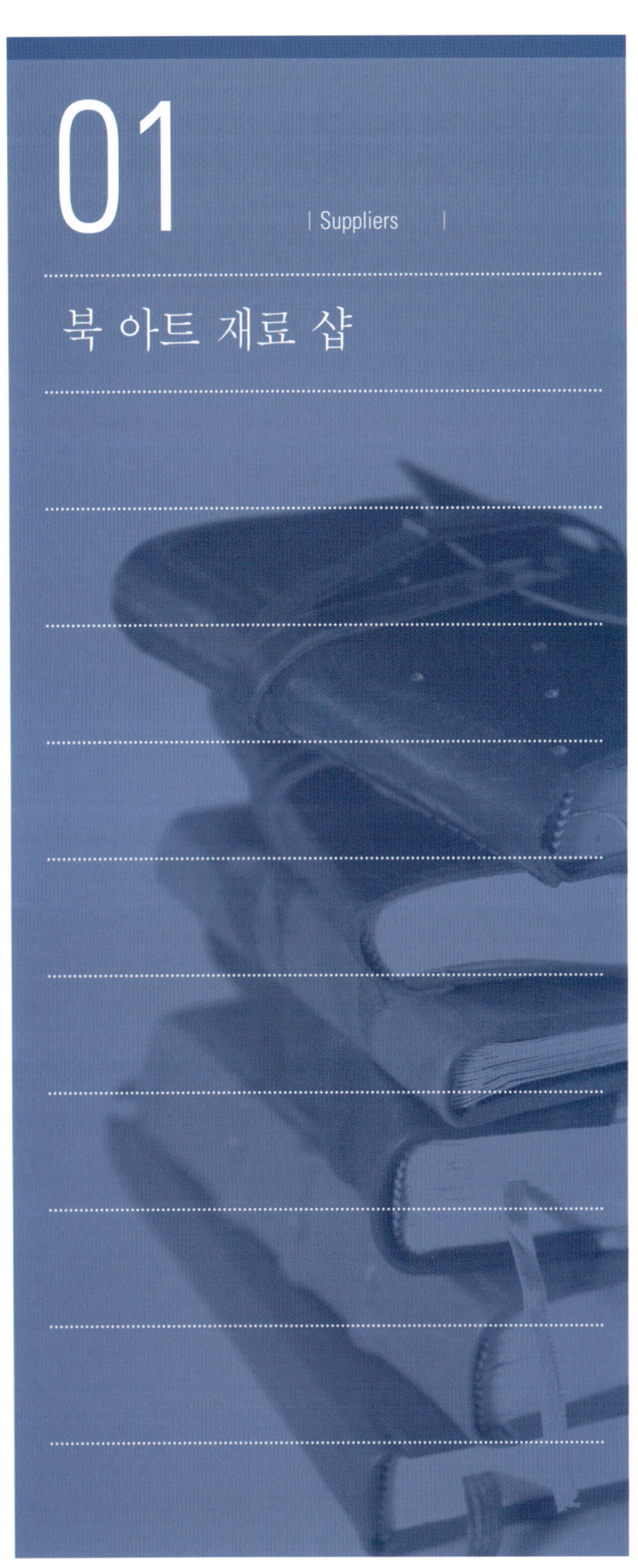

한국의 북 아트 재료 샵 ..

부키 아트

북 아트 재료 샵으로, 다양한 북 아트 재료와 함께 동영상 강의 및 이미지 강의도 겸하고 있는 곳이다.

www.bookyart.com

바인딩 몰

프랑스에서 직수입한 제본 기기 및 도구를 판매한다.

www.bindingmall.com

쎌통

북 아트 전문 재료 샵으로 교보문고 및 영풍문고에도 입점하고 있고, 세부적인 재료까지 쉽게 구입할 수 있다.

www.celltong.com

비본

북 아트 전문 재료샵으로 세부적인 재료까지 쉽게 구할 수 있고, 커뮤니티 운
영 및 제본 노하우까지 다양한 정보를 제공하고 있다.

www.bibon.co.kr

북 아트 몰

다양한 북 아트 재료 및 북 클로스, 일본 종이까지 다양한 재료를 구비하고 있다.

www.bookartmall.com

러브업

북 아트 린넨 쇼핑몰이다. 수공예 다이어리, 속지, 바인더, 수입 린넨, DIY, 컨츄리 소품 등을 판매한다.

www.loveup.co.kr

핸즈 북

북 아트 재료 쇼핑몰이다. 가죽, 바인더, 북 바인딩 강좌, 포트폴리오, 다이어리 주문 제작.

www.handsbook.com

» 셰퍼드 재료샵 (영국)

스탬프마마

수입스탬프 쇼핑몰,. 잉크패드, 캐릭터 스티커 등을 판매.

www.stampmama.com

유아쏘

스크랩북 제조용품 전문쇼핑몰, 앨번지, 스태커, 배경지 등 판매한다.
교보문고 핫트랙에도 입점해 있다.

www.ypuareso.co.kr

핸즈링크

스크랩북 제조용품 전문 쇼핑몰.　스탬프, 잉크패드, 펀치, 앨범재료 등
아트재료를 판매하고 있다.

www.handslink.com

해외의 북 아트 재료 샵 ..

딕블릭

전문 아트 샵으로 북 아트 재료뿐만 아니라 다양한 아트 재료를 판매한다.

www.dickblick.com

피에스 인그레이빙

영국에 위치한 핫 스템핑 전문 샵으로, 가죽에 문양을 찍을 수 있는 도구
및 오븐을 전문적으로 판매한다.

www.pandsengraving.co.uk

탈라스

미국의 로드 아일랜드에 있는 전문 북 아트 재료샵으로, 북 클로스 및 다
양한 전문 바인딩 제품 및 기기를 판매한다.

http://talasonline.com

버치바인더리 뮬러

독일에 위치한 북 아트 재료 샵으로, 주로 고전적인 오나먼트부터 핫 스템
핑 툴을 판매하고, 그 외에 전통적인 북 바인딩 기법 및 다양한 예술 바인
딩 작품을 온라인 갤러리를 통해 보여주고 있다.

www.mueller-buch.de/start.htm

텐디 레더 팩토리

가죽 전문 온라인 샵으로 다양한 가죽과 가죽을 이용한 핫 스템핑 및 스티
치할 수 있는 재료를 판매하고, 가죽을 이용한 다양한 크래프트 방법을 제
공한다.

www.tandyleatherfactory.com

02

| Homepage |

북 아트 관련 홈페이지

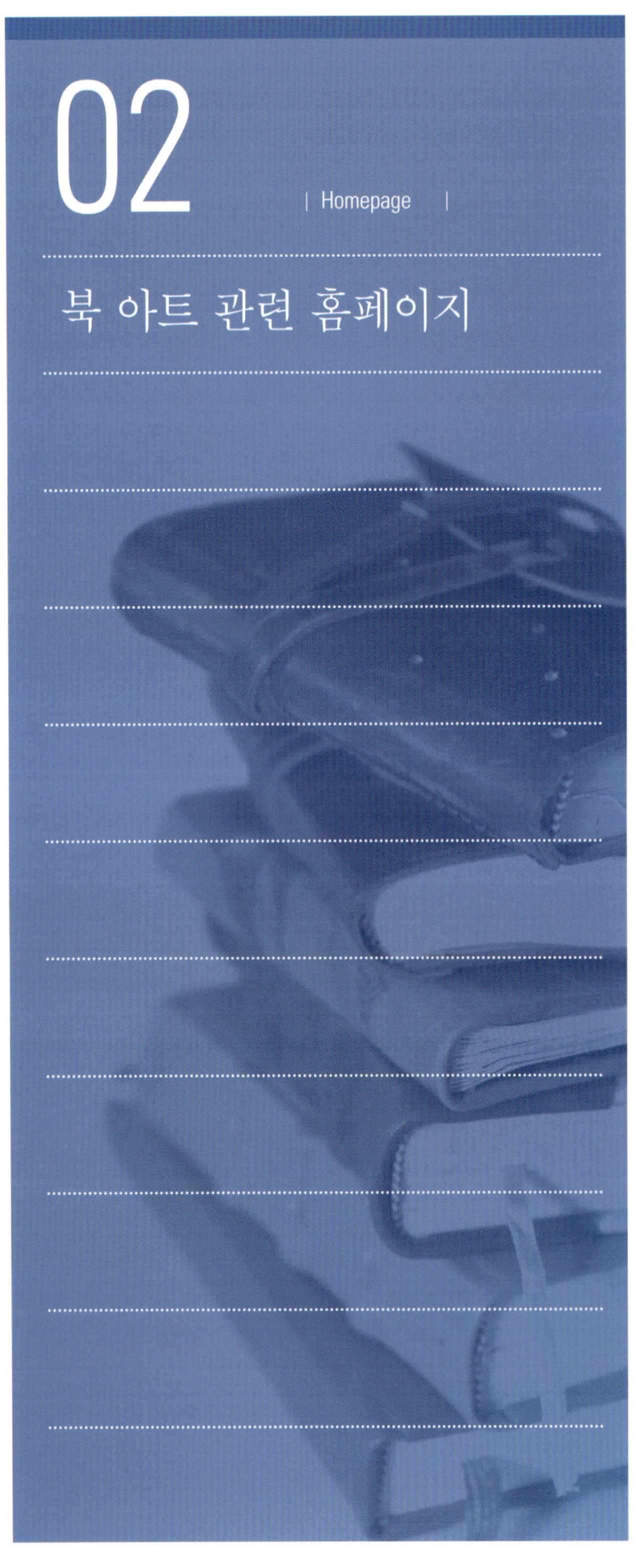

국내 사이트 │ 개인 홈페이지 ..

김나래의 북 아트

국내 최초의 북 아티스트 개인 홈페이지.

현재 대한북아트협회 회장, 북 프레스와 연세대학교 사회교육원 등에서

북 아트 지도자 과정 강의 및 국내 여러 대학에서 북 아트 강의.

www.bookarts.pe.kr

북 아트 작업실 미망

한국북아트협회 소속 개인 작가 김문희의 개인 홈페이지.

다음 카페도 병행하여 운영 중: cafe.daum.net/blocnote

www.bookartwork.com

박소하다

북 아티스트 박소영의 개인 홈페이지.

주로 개인 포트폴리오 형식으로 운영 중에 있으며, 본인의 활동 내용을

게재하고 있음.

www.baksohada.com

크래프트 러브

이화진 작가의 개인 홈페이지.

재료 판매, 수강 문의 접수 등 다양한 활동 중.

파치먼트 및 북 아트 관련 강의 진행.

www.craftlove.co.kr

유림의 북 아트

북 아티스트 유림의 개인 홈페이지.

북 아트 기초 지식 게재.

www.bookart.net

민지수의 북 아트

북 아티스트 민지수의 개인 홈페이지.

수강생 모집 및 북 아트 관련 간단한 지식들 게재.

www.bookatelier.com

장진경 |

서양화 전공 장진경 작가의 개인 홈페이지.

현재 자신이 포트폴리오 기능으로 운영 중에 있는 사이트.

www.canvaspage.com

국내 사이트 | 어린이 북 아트 및 기타 ..

대한북아트협회 |

한국의 북아트를 세계속에 알리는데 목적이 있는 단체이다. 국내외 전시
및 북아트 공모전 주최했다.

www.kba21.com

사단법인 한국조형예술공예협회 |

공예수강 및 자격증을 안내하고 있다.

북아트 뿐 아니라 클레이아트, 폴리머클레이, 플레이콘, 폼아트, 미니어처
등을 강의한다.

www.kptaa.com

책공방 북 아트 센터 |

어린이를 중점으로 하는 북아트 단체

www.bookbus.co.kr

즐거운 책 만들기 교실 |

유아아동미술연구회 산하기관에서 운영 중인 사이트.

어린이 북 아트 전문 강사 양성 과정 운영 중.

www.kidsbookart.com

키즈키즈 아카데미 |

어린이 미술 관련 다양한 프로그램을 운영 중인 사이트.

어린이 북 아트 강좌를 개설하고 어린이 북 아트 강사 양성 과정을 운영 중.

http://academy.kidkids.net

생각과 표현 |

조선일보에서 운영하는 논술 교육 기관. 어린이 대상의 북 아트 프로그램
과 교사 양성 과정을 운영 중.

www.nonsulchosun.com

까얘 |

북 아트 작품 전시 및 판매, 주문 제작 등을 진행하는 사이트.

비교적 순수 북 아트를 중점으로 운영하고 있는 사이트.

 www.cahier.co.kr

kj동영상 문화센터 |

다양한 공예를 온라인으로 강의하는 동영상 교육 사이트.

www.kjwcc.com

북 아트 길드 |

북 아티스트들의 작품을 온라인상으로 판매 전시하는 사이트.

www.bookartsguild.com

티치빌 |

교원연수 프로그램을 실시하고 있으며, 북아트 관련 연수 프로그램 또한
실행하고 있다. 북아트 재료도 간단히 판매하고 있다.

www.teacherville.co.kr

책만들며 놀자 |

북아트 컨텐츠를 개발 및 보급하고 있으며, 내외부 강좌, 방과후 학교 문
화예술교육, 강사양성 등의 일을 하고 있다.

www.mybookart.net

즐거운 책만들기 교실 |

북아트 단기과정을 교육하고 있으며, 아동 월별 북아트 프로그램을 제공
하고 있다. 사이트 내 작품 갤러리로 작품을 감상할 수 있으며, 키트와 교
재가 구입가능하다..

www.kjwcc.com

수작 |

수작은 북아트 전문 스튜디오이다. 북아트, 북바인딩 강좌와 북아트 작품
활동을 활발히 하고 있는 그룹이다.

www.thesujak.com

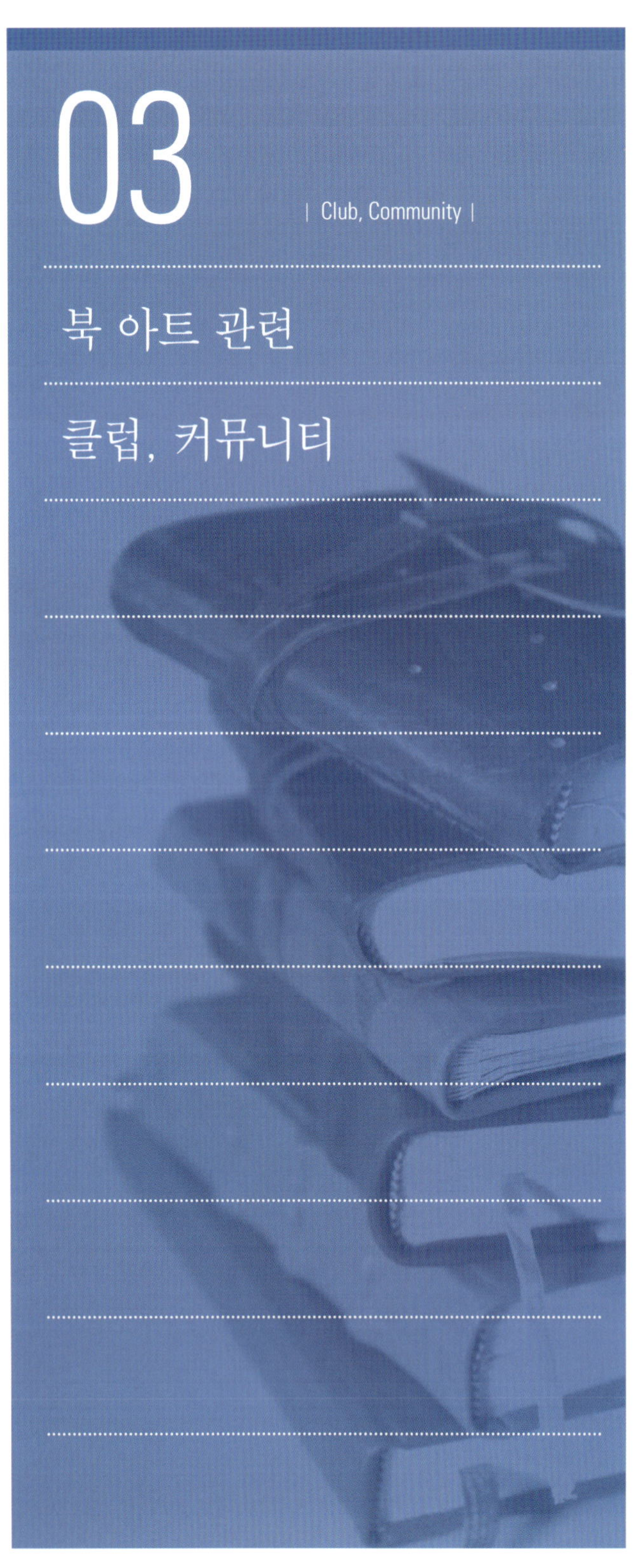

03

| Club, Community |

북 아트 관련

클럽, 커뮤니티

네이트 ..

현재 모든 포털 사이트 중 북 아트와 관련된 클럽 & 페이퍼가 가장 많으며, 활동도 매우 활발하다.

싸이월드 | **클럽** » 현재 85개의 클럽이 개설되어 활동 중에 있다.

세상에서 하나뿐인 책 만들기 |

| 클럽장 : 주은혜

가장 많은 회원을 보유하고 있는 클럽으로 처음엔 북 바인딩 위주의 활동을 하다가 북 아트에 대해 심층적으로 접근하고 있으며, 다양한 내용의 소그룹 결성과 정보를 교류하고 있어 회원이 꾸준이 증가하고 있다.

http://handmadebook.cyworld.com

북 아트 사랑해요 |

| 클럽장: 박미선

http://bookartslove.cyworld.com

601bisang |

| 클럽장: 유나원

디자인 전문회사 육공일 비상에서 운영하는 클럽이다. 육공일 비상에서 개최하고 있는 아트 북 공모전에 대한 정보를 얻을 수 있다.

http://601bisang.cyworld.com

Bookpress |

| 클럽장: 김나래

http://bookpress.cyword.com

내 글로 꾸며진 북 아트 |

| 클럽장: 소성숙

http://sobook.cyworld.com

책이 되는 꿈 아트북 프로젝트 |

| 클럽장: 서효정

http://artbookprojet.cyworld.com

즐거운 책만들기 교실 |

| 클럽장: 박정아

http://kidsbookart.cyworld.com

Making Books

| 클럽장: 신수현

http://makingbooks.cyworld.com

로사에스띨로

| 클럽장: 최영리

플로리스트들의 모임에서 북 아트를 접목하여 작품 전시 위주와 간단한
기법 소개 등으로 구성되어 있다.

http://flowerrosaestilo.cyworld.com

북 아트 만들기

| 클럽장: 이명숙

http://bookartsmakingarts.cyworld.com

_ 기타 75개의 클럽이 평균 10여 명의 회원을 보유하며 활동 중에 있다.
_ 페이퍼: 현재 85건 정도의 북 아트 관련 소식들이 게재되고 있으며, 한
달 평균 1~2건 정도의 페이퍼 진이 발행되고 있다. 대부분 북 아트에 대
한 이론적 내용이나, 보도 내용, 전시 소개 등이 주류를 이루고 있다.

네이버 ..

셀통에서 운영 중인 카페

북 바인딩 재료 판매 및 북 바인딩 작가들의 참여가 활발하다.

http://cafe.naver.com/handmadebook.cafe

크래프트 러브의 이화진 씨가 운영하는 카페

파치먼트 공예와 북 아트를 함께하는 카페.

http://cafe.naver.com/pachmentcraft

북 아트 & 핸드메이드 북

어린이 북 아트와 일반 핸드메이드 북 바인딩 위주의 카페.

http://cafe.naver.com/bookartlove

블로그는 개인 홈페이지 형식을 가지고 있다. 현재 네이버에는 193개의
북 아트 관련 블로그가 있으며, 그중 70여 곳이 활발하게 활동하고 있다.

엠파스 ..

해파리 산책

엠파스에 유일하게 있는 북 아트 관련 카페.

http://cafe.empas.com/heparee

대학에서의 북 아트

각 대학에서 디자인과 혹은 판화 회화과에서 북 아트가 수업 과목으로
이루어지고 있다.

연세대학교 사회교육원 | 북 아트 지도자 과정
Tel 02-2123-3581~3
http://extension.yonsei.ac.kr

Culture & Art
CA Academy

**종이문화재단
씨에이아카데미평생교육원은**

서울시교육청
방과후학교 협력 유관기관

평생교육을 리드하며 종이접기, 종이문화지도자 및 문화예술 최고위 과정 등을 교육하고 양성하는 교육기관입니다.

우리나라 종이문화 부활과 재창조, 세계화와 인재양성에 필요한 경쟁력 있는 자격증을 취득할 수 있도록 다양한 강좌를 개설하고 있습니다.

각분야별 교실 운영, 1:1 지도, 공부방, 방과 후 학교 수업, 각급 교육기관, 문화센터 등에서 선생님·강사 등 지도자, 국내외 종이공방, 지부, 교육원 창업 등으로 평생교육을 리드하며 종이문화예술산업 창업의 선두주자가 되시기 바랍니다.

유·초·중고등학교 방과후 수업, CA 수업, 어린이집, 도서관, 문화센터, 지역주민센터, 종이문화교육원 및 지부 자격증반 개설 등 2014년 신학기 신규 강좌개설 및 기존교육과정에 신규과정을 접목하여 보다 업그레이드 된 강좌를 개설할 수 있습니다.

각 분야별 최고의 스타 강사와 함께하는 교과활용 및 인기강좌 신설 과정을 마련하였습니다.

종이문화재단국내·해외 지부·종이문화교육원·종이공방·년등록지도자

입문

종이접기	강사	사범	지도사범 마스터
종이접기영재	지도사 2급	지도사 1급	마스터
영어종이접기	지도사 2급	지도사 1급	마스터
수학종이접기	지도사		
성경종이접기	지도사		
유아통합발달종이접기	지도사		
종이조형아트	지도사 2급	지도사 1급	마스터
골판지공예	지도사		
종이미술심리	지도사 2급	지도사 1급	마스터
북아트	지도사 2급	지도사 1급	마스터
북아트	어린이지도사		
북아트	역사지도사		
닥종이인형 / 현대인형	지도사 2급	지도사 1급	마스터
지승공예	지도사 2급	지도사 1급	마스터
지호공예	지도사 2급	지도사 1급	마스터
클레이아트	지도사 2급	지도사 1급	마스터
클레이아트	쿠키지도사		
클레이영재	지도사	마스터	
한지그림	지도사 2급	지도사 1급	마스터
종이그림아트	지도사	마스터	
색지공예	지도사 2급	지도사 1급	마스터
고지공예	지도사 2급	지도사 1급	마스터
종이조각미술	지도사 2급	지도사 1급	마스터
종이감기공예	지도사		
비즈아트	지도사 2급	지도사 1급	마스터
포장아트 / 종이장식	지도사 2급	지도사 1급	마스터
리본아트	지도사	마스터	
스크랩북킹	지도사 2급	지도사 1급	마스터
민화	지도사 2급	지도사 1급	마스터
풍선아트	지도사		
POP아트	지도사	마스터	
초크아트 / 폼아트 / 캘리그라피	지도사	마스터	
토탈공예	지도사 2급	지도사 1급	마스터
가죽공예	지도사		

평생교육원 CA아카데미 문화 예술 최고위 과정

종이문화재단·세계종이접기연합

3F 종이문화재단·세계종이접기연합 사무처, 평생교육원
www.paperculture.or.kr
2F 종이나라박물관 본관 (전시실, 체험교실, 포토존)
www.papermuseum.or.kr
1F 종이나라박물관 별관 (특별전시실, 박물관 Shop)

주소 100-391 서울 중구 장충단로 166 종이나라빌딩 3층
　(신라호텔 맞은편)

Tel 02-2279-7900　Fax 02-2279-8333

지하철 3호선 동대입구역 3번출구 앞
버스 144, 301, 407, 420, 7212(장충동 동국대입구 하차)

북아트 지도사 1급 자격 취득 교재

북아트교실 2
FUN & USEFUL BOOKARTS CLASS

2007년 6월 12일 초판 1쇄 발행
2015년 6월 22일 초판 5쇄 발행

지은이 | 김나래
펴낸이 | 노영혜

디자인 | 북프레스 www.bookarts.pe.kr
　　　　디자인_김지원 / 어시스트_정미희
사　　진 | 우영철
일러스트 | 박은경

발행처 | 종이나라(주)
등록 | 1990년 3월 27일 제1호
주소 | 우)100-391 서울시 중구 장충단로 166 종이나라 빌딩 7층
전화 | (02)2264-7667　팩스 | (02)2264-0671
홈페이지 | http://www.jongienara.co.kr
주문번호 | CAF00031
ISBN 978-89-7622-503-0